Joan Chittister OSB

Weisheit im Alltag

Benediktinisches Leben heute

Joan Chittister OSB

Weisheit im Alltag

Benediktinisches Leben heute

übersetzt von
Adelrich Staub OSB

Umschlagbild: Perle in Erbsenschale (www.istock.com)

1. Auflage 2013

Englische Originalausgabe:
Joan D. Chittister, O.S.B., Wisdom distilled from the Daily.
Living the Rule of St. Benedict Today.

mail@eos-verlag.de
www.eos-verlag.de

ISBN 978-3-8306-7593-8

Bibliografische Information der Deutschen Bibliothek
Die Deutsche Bibliothek verzeichnet diese Publikation in der Deutschen Nationalbibliografie; detaillierte bibliografische Angaben sind im Internet unter http://dnb.ddb.de abrufbar.

Umschlaggestaltung:
Martina Heuer, http://www.typoundlayout.de
Druck und Bindung: Friedrich Pustet KG Regensburg

Vorwort

Das vorliegende Werk trägt im Original den Titel „Wisdom Distilled from the Daily.“ Dieser Titel nimmt das Bild des Destillierens auf: Aus Früchten oder Flüssigkeit wird durch Destillieren ein Konzentrat gewonnen. Das führt nicht zu einem Verlust von Substanz. Dieses Destillat ist vielmehr das Kostbarste, der Inbegriff der betreffenden Materie. Die Weisheit der Regel Benedikts ist ein kostbares Konzentrat aus dem täglichen Leben. Die Regel ihrerseits ist aus dem Wort Gottes gewonnen.

Das hier nunmehr in deutscher Sprache vorliegende Werk kann durchaus als ein Klassiker der benediktinischen Spiritualität bezeichnet werden, wie der ehemalige Abtprimas der Benediktiner Rembert Weakland darüber äußerte. Schwester Joan hat es prägnant verstanden, die Bedeutung eines 1500 Jahre alten Dokuments für unsere Zeit aufzuzeigen. Ihre sehr konkrete und oft drastische Deutung hilft nicht nur, die benediktinische Spiritualität besser zu verstehen, sondern auch den eigenen Standpunkt zu klären.

Obwohl Schwester Joan in den USA einem weiten Publikum bekannt ist, mag es für deutsche Leser hilfreich sein, einige Worte zu ihrer Person zu sagen: Schwester Joan Chittister OSB ist Mitglied und frühere Priorin der Benediktinerinnen von Erie (Pennsylvania). Sie hat zahlreiche Werke zur benediktinischen Spiritualität und zu theologischen Fragen verfasst, die vor allem in den USA viel Gehör gefunden haben. Durch ihren Einsatz für die Friedensbewegung, für Umweltschutz und für die Rechte der Frau in der katholischen Kirche ist sie mit vielen staatlichen und kirchlichen

Institutionen in Konflikt geraten und manche ihrer Positionen sind recht umstritten.

Schwester Joans „muskulöses Christentum ist in der geistlichen Praxis der Regel Benedikts grundgelegt: Hören, Gastfreundschaft, Demut und Frieden. Ihr lebhaftes Verständnis von Heiligkeit macht es uns möglich, in furchtlosen Frauen und Männern, welche die Forderung nach Gerechtigkeit und einfühlsamem Dienen verkörpern, das menschliche Antlitz Gottes zu erkennen“ (Spirituality and Practice).

Der leidenschaftliche und kämpferische Grundton, der ihre Äußerungen auszeichnet, macht sich auch bei ihrem Grundriss benediktinischen Lebens bemerkbar, vor allem wenn Schwester Joan auf US-amerikanische Verhältnisse zu sprechen kommt. Auch wenn dem deutschsprachigen Leser hier einiges fremd anmuten mag, wird er die Fülle tiefer und weiterführender Einsichten dankbar aufnehmen können.

Abtei Sankt Otmarsberg, im Februar 2013
Pater Adelrich Staub OSB

Inhaltsverzeichnis

1

Die Regel – Ein Weisheitsbuch

Wenn du also zum himmlischen Vaterland eilst, wer immer du bist, nimm diese einfache Regel als Anfang und erfülle sie mit der Hilfe Christi. Dann wirst du schließlich unter dem Schutz Gottes zu den oben erwähnten Höhen der Lehre und der Tugend gelangen. Amen.

RB 73,8-9

Die Wüstenväter erzählen eine Geschichte vom geistlichen Leben, die plastisch zeigt, worum es in diesem Buch geht:

Eines Tages kam ein junger Mönch zu einem Altvater. Dieser saß inmitten einer Gruppe von Betenden, Arbeitenden und Meditierenden.

„Ich kann über das Wasser gehen", sagte der junge Schüler. „Gehen wir, du und ich, zum kleinen See hinüber, setzen wir uns dort nieder und tauschen uns über das geistliche Leben aus."

Aber der Meister antwortete: „Wenn du von diesen Leuten wegkommen willst, warum kommst du dann nicht mit mir, fliegst mit mir in die Luft und sprichst mit mir dort oben in der Stille?"

Der junge Suchende antwortete: „Das kann ich nicht, die Fähigkeit, von der du sprichst, habe ich nicht."

Da sagte der Meister: „Das stimmt. Deine Fähigkeit, über das Wasser zu gehen, haben die Fische. Meine Fä-

higkeit, durch die Luft zu fliegen, hat jede Fliege. Das alles hat mit der eigentlichen Wahrheit nichts zu tun, es führt vielmehr zu Arroganz und Konkurrenzdenken. Nicht zur Spiritualität. Wenn wir über geistliche Dinge sprechen wollen, sollten wir das hier tun."

So ziemlich alle, die ich je getroffen habe und denen es mit dem geistlichen Leben ernst war, bestätigten die Pointe dieser Geschichte. Das tägliche Leben ist der Stoff, aus dem die Heiligkeit gemacht ist. Und so ziemlich alle, die ich kenne, sind sich darin einig, dass das nicht leicht ist. Wir haben alle irgendwie gelernt, dass Spiritualität etwas ist, das ich da lassen muss, wo ich bin, wenn ich es finden will. Sie wird mir in kleinen Dosen geschenkt, an besonderen Orten und unter selten gegebenen Bedingungen. Ich hoffe, dass ich im Leben jeweils so viel davon bekomme, dass es mich durch die anderen Zeiten hindurch trägt. Der Gedanke, dass Heiligkeit ebenso zum Leben in der Ehe und zum Leben als Alleinstehender wie zum Leben im Orden oder als Priester gehört, ist ein sehr beliebter Gedanke, von dem wir aber selten tief überzeugt sind.

Zu der Zeit, in der die Geschichte spielt, und auch in unserer Zeit drängen Moden in das geistliche Leben hinein. Im einen Jahr sind angeblich Novenen eine Lösung, im Jahr darauf Exerzitien, im dritten Jahr sind es Meditationszentren. Die wahren Glaubenden betonen, der Kult ihrer Wahl sei die einzige Antwort auf die Probleme und Mühen des Lebens. Okkultisten versprechen, das Heil sei in den Sternen oder in alten östlichen Weisheiten zu finden. Therapeutische Gemeinschaften bieten Marathon-Sitzungen oder Seminare an, die den Zorn lösen und die Seele reinigen. Immer wieder setzt man auf Heilmethoden, auf bestimmte

Kulte und psychologische Übungen und verwirft sie wieder, während die Menschen nach dem suchen, was ihnen hilft, sich gut zu fühlen, was ihren Blick festigt und ihrem Leben Sinn und Ausrichtung bringt. Es ist aber eine alte Geschichte: Wenn wir nicht dort geistliche Menschen sind, wo wir sind und wie wir sind, sind wir es überhaupt nicht. Wir konsumieren dann nur geistliche Spielereien, die uns verwirren und betäuben, unserem Inneren aber nichts geben und unsere Herzen nicht frei machen können.

In den langen Jahren des Ordenslebens habe ich herausgefunden, dass Benedikts Regel mit den Augen des Herzens auf die Welt schaut und Bestand hat, anders als geistliche Moden, die mit den Lehrern, die sie anpreisen, kommen und gehen. In der Regel treffen sich Leben und Ziel, wer und was immer wir sind.

Seit dem 6. Jahrhundert ist die Regel Benedikts eine Anleitung zum geistlichen Leben für ganz gewöhnliche Leute. Was schon solange Bestand hat und auch in einer Wegwerfgesellschaft einen solchen Einfluss ausübt, verdient bestimmt Beachtung. Im vorliegenden Buch geht es um diese Fragen. „Wie gehen wir mit einer Lebensform um, die mehr als fünfzehn Jahrhunderte überdauert hat, und was besagt sie, wenn überhaupt, für das geistliche Leben in der heutigen Welt?"

Benediktinische Spiritualität bietet genau das, was unserer Zeit abgeht. Sie sucht die Leere zu füllen und die Gebrochenheit, in der die meisten von uns leben, zu heilen; auf eine sinnvolle, menschenwürdige und ganzheitliche Weise, die eine überbeschäftigte, überstimulierte, verplante Menschheit ansprechen kann.

Die Regel Benedikts rief die römische Klassengesellschaft zur Gemeinschaft auf, sie ruft auch uns dazu, auf unserer zerstückelten Erde. In einer Zeit der Barbareninvasionen rief die Regel zur Gastfreundschaft auf und sie ruft auch uns auf, in einer Welt, in der Nachbarn füreinander Fremde sind, umeinander besorgt zu sein. Sie rief in einer Gesellschaft, die aus Klassen und Kasten bestand, zur Gleichberechtigung auf und sie ruft uns dazu auf, in einer Welt, welche die Gleichheit aller verkündet, aber jeden und jede anders beurteilt. Benedikt rief das patriarchalische Rom zur Demut auf; genau dazu fordert er auch unsere eigene Welt heraus, deren Helden Rambo und James Bond, Generäle und Sportgrößen, Machos und Gewalttätige sind.

Benediktinische Spiritualität ruft in einer Welt, die vom Oberflächlichen und Künstlichen beherrscht ist, zur Tiefe auf. Einer Welt, die von ausgefallenen Ideen und schnellen Lösungen verführt ist, bietet sie eine Summe von inneren Haltungen an. Benediktinische Spiritualität bietet Einsicht und Weisheit, wo fromme Übungen ihre Bedeutung verloren haben und Askese nicht mehr gefragt ist.

Vor allem ist die benediktinische Spiritualität eine gute Nachricht in schwierigen Zeiten. Sie lehrt die Menschen, die Welt als eine gute Welt zu verstehen, die eigenen Bedürfnisse als berechtigt und menschliche Hilfe als notwendig anzusehen. Sie will nicht großartige Dinge oder große Selbstverleugnung. Sie möchte ganz einfach Verbindlichkeit. Sie zeigt, wie wir mit Gott, mit den Mitmenschen und mit unserem eigenen Innern eins sein können.

Alles in allem ist die Regel Benedikts etwas für gewöhnliche Menschen, die ein normales Leben führen. Sie wurde nicht für Priester, Mystiker, Eremiten oder Asketen geschrieben. Ein Laie hat sie für Laien verfasst. Als Modell für einen geistlichen Weg, für durchschnittliche Menschen, die ein Leben suchen, welches über das Oberflächliche und

Gleichgültige hinausgeht. Für Menschen mit einem tiefen geistlichen Empfinden und großer Ernsthaftigkeit, die sich nicht von der Welt absetzen, sondern in ihre Lebenshaltung eine Ahnung vom Göttlichen hineinnehmen wollen.

Die Regel Benedikts ist aus dem Alltag gewonnene, „destillierte" Weisheit. Das vorliegende Buch berichtet einfach davon, wie ich diese Regel seit mehr als dreißig Jahren in einer monastischen Gemeinschaft lebe und wie ich gelernt habe zu verstehen, was benediktinische Spiritualität für unsere Zeit bedeutet.

Spiritualität ist mehr als In-die-Kirche-Gehen. Man kann in die Kirche gehen, ohne je eine Spiritualität zu entwickeln. Spiritualität ist die Weise, wie wir in der realen Welt dem lebendigen Glauben Ausdruck geben. Spiritualität ist die Summe der Haltungen und Werke, die unser Leben als Glaubende definieren.

Für den Apostel Paulus bedeutet Spiritualität, „in Christus" zu leben und die Gaben des Geistes als Gaben zu verstehen, die „den Leib Christi aufbauen" sollen, hier und jetzt. Aber das Verständnis dessen, was ein vollkommenes christliches Leben ausmacht, hat sich im Laufe der Zeit immer wieder geändert. Es wurde, je nachdem, mit Martyrium und Rückzug, mit Evangelisierung und Selbstverleugnung gleichgesetzt. So bedeutete Spiritualität in der Zeit der Kirche, die uns am nächsten ist, schließlich, „den rechtmäßig eingesetzten Obern gegenüber" gehorsam zu sein und die Fähigkeit, im privaten Gebet ein großes Maß an lebendiger Antwort zur Sprache zu bringen. Viele maßen die Spiritualität oder das „Leben aus dem Geist" an der Anzahl von Messen, die man besuchte, oder daran, wie oft man den Rosenkranz betete, an der Zahl von Befehlen, die man gelehrig annahm, oder an der Menge und der Art von Dingen, die man „aufgegeben" hatte, um ein höheres oder „vollkommeneres" Leben zu führen. Folglich war man der Meinung, nur Nonnen, Mönche und Priester könnten ein geistliches Leben führen. Bis zum Zweiten Vatikanischen Konzil, das die allgemeine Berufung zur Heiligkeit und die authentische Berufung der Laien in der Kirche anerkannte, war dieses Verständnis vorherrschend.

Wie die Menschen früherer Zeiten sehen auch wir das geistliche Leben wieder in einem weiteren Horizont. Die Spiritualität, an der wir arbeiten, wirkt sich darauf aus, wie wir uns Gott vorstellen, wie wir beten, auf unsere Formen von Askese, und auf den Platz, den wir dem Dienst und der Gemeinschaft zuweisen, wenn wir „geistliches Leben" zu definieren suchen. Die Spiritualität führt uns über uns hinaus und lässt uns so die Bedeutung und den Sinn des Lebens erkennen. Unsere Spiritualität bestimmt unsere Werte: Selbstverleugnung oder Selbst-Entwicklung; Gemeinschaft oder Einsamkeit; Kontemplation oder Evangelisierung; persönliche Veränderungen oder soziale Gerechtigkeit; Hierarchie oder Gleichheit. Die Spiritualität, die wir entwickeln, ist mit anderen Worten die Brille, durch die wir unsere Welt und die Grenzen betrachten, in denen wir uns bewegen.

Die Spiritualität der Regel Benedikts will vor allem das gewöhnliche Leben außergewöhnlich gut leben. Hier zählt die Neugestaltung des Lebens mehr als seine Überwindung: Darum ist die Regel Benedikts für Menschen bestimmt, die hart arbeiten und aktiv sind, die sich durch Familienleben, Rechnungen, Bürgerpflichten und strenges Arbeiten in dieser Welt aufs Äußerste beanspruchen lassen und auch für jene, die sich einem Leben der öffentlich abgelegten Gelübde verpflichtet haben.

Es stellt sich nun die Frage, welche die geistlichen Werte sind, die seit 1500 Jahren in der Regel Benedikts verankert sind. Was – wenn überhaupt – haben sie unserer Zeit zu sagen, was zu unserem Versuch, in Frieden zu leben inmitten von Chaos, produktiv zu sein in einer Welt der Vergeudung, authentisch zu lieben im Sog des Individualismus und behutsam zu sein in einer Welt voller Gewalt? Was haben uns diese Werte zu sagen, da wir Antworten auf die großen Fragen des Lebens suchen, während unsere Familien nach unserer Aufmerksamkeit verlangen, unsere Freunde unsere Sorgen herunterspielen und die Politiker uns ständig erzählen, das Leben werde besser, wo wir doch wissen, dass für viele manches tatsächlich schlimmer wird.

Wie die Suchenden in der obigen Geschichte können die meisten von uns nicht ans Meer rennen, um Abstand zu gewinnen, oder aussteigen und anderswohin fliegen. Die meisten von uns müssen einfach da leben, wo sie sind, inmitten des Gedränges und der komplexen Fragen. Die meisten von uns haben keinen anderen Zugang zu Gott und zum guten Leben als im *Hier* und *Jetzt*. Das Problem besteht darin herauszufinden, wie wir das Hier und Jetzt für uns gut und heilig machen können. Wir haben nur das Hier und Jetzt, um das Leben menschenwürdig zu gestalten; das Leben, in dem Gott gegenwärtig und Heiligkeit eine normale, alles andere als unnatürliche Lebensform ist.

Für Menschen wie wir ist die benediktinische Spiritualität ihr Zuhause. Sie hat ganz mit dem Hier und Jetzt zu tun. Sie ist aus dem Rohmaterial des gewöhnlichen, täglichen Lebens gemacht. Sie nimmt keine großen asketischen Forderungen auf sich und verspricht keine beeindruckenden geistlichen Leistungen. Sie verlangt nicht, dass wir uns physisch verleugnen, und gibt uns keine großen mystischen Garantien. Sie verlangt keine besonderen Aufgaben und hängt nicht von einem Organisationsplan ab. Die Regel Benedikts nimmt einfach den gewöhnlichen Lehm oder Ton und macht aus ihm etwas Schönes.

Die Regel Benedikts ist keine Zusammenstellung frommer Sprüche, auch kein System von Verboten oder von Andachtsübungen und asketischen Vorschriften. Die Regel Benedikts ist tatsächlich überhaupt keine Regel im modernen Sinn dieses Wortes. Wenn „Regel“ den Sinn von Kontrollen, Gesetzen und Verpflichtungen hat, fällt die Regel Benedikts nicht unter diese Kategorie. Im Gegenteil. Die Regel Benedikts ist einfach ein Lebensplan, eine Summe von Grundsätzen, die dem lateinischen Wort *regula* oder Weisung deutlich nähersteht als dem Begriff *lex*, Gesetz. Von einer Religion erwarten wir ein Gesetz; was wir aber brauchen, ist Weisung. *Regula*, das Wort, das wir jetzt mit „Regel“ übersetzen, meinte in der Antike *Geländer* oder *Halterung*, etwas, an dem man sich im Dunkel halten kann, das eine bestimmte Richtung weist, auf den Weg deutet; etwas, an dem wir uns festhalten, wenn wir hinaufgehen. Mit anderen Worten: Die Regel Benedikts ist eher Weisheit als Gesetz. Sie ist nicht eine Liste von Vorschriften. Sie ist eine Lebensweise.

Das ist der Schlüssel für das Verständnis der Regel. Sie ist keine Regel.

Darum kann sie für Laien genauso bedeutsam sein wie für Ordensleute. „Höre, wer immer du bist,“ sagt Benedikt im Prolog zur Regel. *Wer immer* du bist.

Die Regel Benedikts ist einfach ein Stück Weisheitsliteratur, dazu bestimmt, die großen Lebensfragen zu behandeln, auf eine Weise, die diese verstehen hilft, nahebringt, klar und ausführbar macht.

Sich bewusst zu werden, dass in Kirche und Welt ein *ganzes* Gesetz oder gar keines gefragt ist, fällt aber nicht leicht. Formeln und Gebote lassen sich einfacher vermitteln als die ständige, beharrliche Sorge um die Qualität des Lebens, das wir schaffen und auch suchen. Anders gesagt: In jüngeren Jahren ist es sehr schwierig zu realisieren, dass wir, um dorthin zu gelangen, wo wir möchten, oft Dinge tun müssen, die wir selber nicht wählen würden. In aller Frühe aufzustehen, um zu beten und zu lesen, ist für den etwas Fremdes, der in seiner Firma aufsteigen will und überzeugt ist, dass man in erster Linie möglichst viel Schlaf braucht und alle Kräfte für den kommenden, schwierigen Tag bewahren muss. Für Ordensleute gibt es jedoch kaum etwas Sinnvolleres. Welchen Sinn können, so glauben sie, Karriere und Erfolg ohne Gebet und Lesung haben? Junge Ordensleute, für welche Arbeit und Studium eine magnetische Anziehung haben und etwas Gutes sind, betrachten es als total unrealistisch, mitten im Chaos des Tages innezuhalten und zu beten. Aber Jahre später wird klar, dass die tägliche Gewohnheit, innezuhalten und daran zu denken, was es mit den mitreißenden Höhepunkten des Lebens wirklich auf sich hat, die einzige ungeschminkte Realität dieser Lebensphase war.

Mit anderen Worten: Aufmerksamkeit und Bewusstheit sind das, was die Regel Benedikts zur Spiritualität beiträgt. Tatsächlich ist die Regel Benedikts gerade deswegen keine Regel im strikten Sinn, weil der Schlüssel zum benediktinischen Mönchtum genau dieses Eingetauchtsein ins Leben ist. Das Benediktinische besteht nicht aus in der Zeit erstarrten Vorschriften; es besteht darin, dass die Zeit unter dem Blick der evangelischen Werte steht. Benediktiner wollen nicht dem Leben entfliehen, sie wollen das gewöhnliche

Leben außergewöhnlich gut leben. Folglich sind jene wirkliche Ordensleute, die für die Welt offen sind.

Klöster scheinen kaum geeignete Orte zu sein, von denen aus die Welt analysiert werden kann. Ins Kloster gehen heißt, so der weitverbreitete Mythos, die Welt zu verlassen, nicht, tiefer in die Welt hineingezogen zu werden. Es braucht aber wohl Distanz, um besser zu sehen. Wer kein Geld hat, weiß möglicherweise besser, dass für ein gutes Leben das Geld nicht wesentlich ist. Vielleicht kann, wer nur ein kleines Zimmer, ein Bett, Bücher und einen Kleiderschrank hat, am ehesten ermessen, was eine Ansammlung von Besitz dem Leben antut. Vielleicht kann, wer jemandem Gehorsam verspricht, verstehen, wie sehr Egoismus ein Herz zersetzen kann. Gerade wer allein im Leben steht, kann vielleicht wirklich wissen, worum es in einer Gemeinschaft geht. Wer bewusst keine Macht hat, kann vielleicht am ehesten zeigen, welches die Macht der Machtlosen ist. Wer sich entschieden hat, keinen persönlichen Besitz anzuhäufen, kann vielleicht besser realisieren, dass Bankrott, Sozialhilfe und ein gerade ausreichendes Auskommen nicht das Schlimmste sind, was im Leben passieren kann. Und vielleicht kann, wer verwitwet oder aufgrund persönlicher Entscheidung unverheiratet ist, den Verlassenen, Verwitweten und Einsamen besser zuhören. Und nur derjenige, der keine Firmen- oder Kirchenleiter zu erklimmen hat, ist vielleicht geeignet, um über Gleichheit zu sprechen. Ja, das Kloster bietet einen privilegierten Ausblick, um die Welt klarer zu sehen.

Wenn Sie sich bewusst geworden sind, dass der Text der Regel Benedikts nur *ein* Element des monastischen Lebens ist, wird Ihnen auch klar, dass die drei anderen Dimensionen sicherstellen wollen, dass jemand in der wirklichen

Welt geerdet ist. Das Evangelium Christi, die Erklärungen der Verantwortlichen einer Gemeinschaft, sowie die gelebte Erfahrung und die Weisheit der jeweiligen Gemeinschaft sind selber so sehr Regel wie die Regel selbst. Diese Dimensionen geben der Regel Leben und Breite, Tiefe und Weite, Ziel, Alter und Bedeutung, ortsbezogene Eigenart und umfassende Offenheit. Diese vier Elemente – die Schrift, der Text der Regel, weise Führer und die Weisheit, Lebenserfahrung und die konkreten Umstände der Familie oder Gemeinschaft, in der wir leben – machen die Regel zu etwas Lebendigem; sie ist so kein toter Text, voll von vergangenen Praktiken, noch ein historisches Dokument, auch nicht Zeitvertreib für hochspezialisierte Altertumsforscher.

Die Regel Benedikts lebt und atmet von einem Zeitalter zum anderen. Sie beobachtet und ist flexibel, von einem Jahrhundert und von einer Kultur zur anderen. Sie führt die Menschen zu einer inneren Haltung, unterdrückt sie aber nicht mit einem System von Einzelvorschriften. Die Regel Benedikts ist genauso für unsere Zeit und die konkreten Umstände geschrieben wie für vergangene Zeiten. Sie wächst und geht mit den Zeiten. Sie gibt uns Festigkeit und den Halt, der uns hilft, dass wir von unserer Umgebung nicht zu geistlicher Belanglosigkeit und persönlicher Erstarrung herabgedrückt werden.

Die Ordensleute suchen im Hier und Jetzt nach Heiligkeit, unbelastet von eigenartigen Essenspraktiken, esoterischer Frömmigkeit oder zerstörerischer Selbstverleugnung. Die wahren Ordensleute gehen mit leichtfüßiger Seele durch das Leben, wach, bewusst, dankbar und nie ganz zu Hause.

Was bedeutet es demnach, nach der Regel Benedikts zu leben, monastisch zu denken und das Leben mehr als Geschenk denn als Kampf zu leben?

Zum einen bedeutet benediktinische Spiritualität eher Bindung an Grundsätze als an Praktiken. Benediktinische Ordensleute folgen nicht so sehr einem Stundenplan oder einem strengen Tagesprogramm, sie suchen die Ausgewogenheit zwischen den verschiedenen Aktivitäten, die das Leben ausmachen. Sie folgen nicht so sehr einem Kodex von Verhaltensweisen, sie entwickeln ein Gefühl für den Ort und den Lebenszusammenhang, der die Gespräche und alles gemeinsame Tun bestimmt. Benediktinische Spiritualität hat mehr mit gutem Leben als mit vollkommener Befolgung von Gesetzen zu tun.

Zum anderen führt die benediktinische Spiritualität zum Evangelium, sie ist nicht Selbstzweck. Benedikt nennt seine Regel „eine kleine Regel für Anfänger" im geistlichen Leben (RB 73,8); sie ist nicht ein Handbuch für eine Elite, für Gebildete oder Spezialisten. Sie will Hausfrauen und Hausmänner, Maestros und Karrierefrauen, Ordensleute und Laien, „euch alle, die ihr das himmlische Vaterland sucht", wie sie sagt (RB 73,8), nicht zu geistlicher Akrobatik, sondern zum kontemplativen Bewusstsein führen, dass das Evangelium und nur das Evangelium ein angemessener Maßstab für menschliches Tun ist.

Zum dritten zeigt die Regel deutlich, dass das Leben nach dem Evangelium nicht ein individuelles, von privaten Marotten und persönlichen Launen bestimmtes Unternehmen ist, sondern ein bewusstes Ganzes der Weisheit jener, die uns ermutigen und helfen können, die eigenen Entscheidungen auf Wert und Bedeutung hin zu prüfen.

Schließlich beruht benediktinische Spiritualität voll und ganz auf der Idee, dass nicht wir der einzige Maßstab für unsere geistlichen Bedürfnisse sind, dass vielmehr die menschliche Gemeinschaft, ja der Kosmos, ein Verdienst an unserem täglichen Tun geltend machen können.

In einer Welt, in der die Erde als ganze zu unserem Nachbarn geworden ist und wir mit unzähligen Menschenleben konfrontiert werden, kann die Regel mit ihrem Akzent auf der geistlichen Qualität des gemeinschaftlichen Lebens von bisher einzigartiger Bedeutung sein. Ich habe angefangen, angesichts der Unvernunft der Welt, die mich umgibt, in dieser sehr alten monastischen Regel eine Ahnung von Vernunft zu erkennen.

Am Anfang meines monastischen Lebens erhielt ich ein Exemplar der Regel. Sie ergab für mich keinen Sinn. Ich wollte Weisung. Ich wollte eine Formel. Ich wollte Heiligkeit nach Art einer Ratenzahlung: Kaufe jetzt, bezahle später. Ich brauchte Jahre um zu verstehen, dass ich, wenn ich gleich bezahlte, das bekam, wonach ich suchte, unter der Bedingung, dass ich selber das wurde, was ich suchte. Ich brauchte Jahre um zu verstehen, dass die Regel die Summe jahrelanger Erfahrung ist, eine Art Zusammenfassung dessen, was für Benedikt das geistliche Leben ausmachte; sie ist auch eine Zusammenfassung dessen, was damals offensichtlich die wirksamste Weise war, das in die Tat umzusetzen. Die Regel ist jedoch alles andere als ein präziser Plan.

Im Kapitel 72 der Regel warnt uns Benedikt vor dem „bösen Eifer“, vor dem Fanatismus und dem Absolutismus, die aus der Religion ein Werkzeug machen, um uns selber und andere zu unterdrücken. In Kapitel 73 verspricht er: „Wenn du diese geringe Regel erfüllst…, wirst du schließlich zu den Höhen der Lehre und der Tugend gelangen.“ Ich begann zu verstehen, dass es für dieses Leben Beständigkeit und Geduld und Ausgewogenheit braucht. Es ging um Wachstum, nicht um Praktiken. Dieses Leben würde mit der Heiligung des Gewöhnlichen zu tun haben, nicht mit geistlicher Gymnastik. Es ging um eine Lebensform, nicht darum, nach einem ganz bestimmten Muster zu leben.

Das hat zur Folge, dass ich mich nun an die Regel Benedikts wende, wenn ich mich frage, welches die christliche Antwort auf die ökologischen Probleme sein muss. Ich wende mich an die Regel, um meinen Weg durch das Dickicht der menschlichen Beziehungen zu finden. Ich verlasse mich auf die Werte und Grundsätze der Regel; sie sagt mir, wie ich mit den Launen des Lebens umgehen kann. Ich schaue auf die Regel, um meine Depression, meine Enttäuschungen und meine geistliche Langeweile zu verstehen. Ich brauche die Regel; sie hilft mir, von mir frei zu werden. Ich verstehe sie als eine Summe von die Zeit überdauernden Werten, die aber für meine eigene Zeit ein besonderes Gewicht haben.

Ich habe dieses Buch geschrieben, um die Jahre des Nachdenkens mit all jenen zu teilen, die diese Fragen ebenso ernst nehmen und die ebenso um den Weg besorgt sind wie ich. Sollen wir angesichts des anhaltenden Durcheinanders zurückgehen und Kirche sein wie früher? Könnte das ein Ausweg aus unserer Unsicherheit sein? Oder ist irgendeine Kirche die Antwort, in diesen Tagen und in dieser Zeit, da die Kirchen sich mit der Frage der Atomtechnik auseinandersetzen, mit den Fragen, welche die Frauen, den Lebensstil, die Seelsorge, die Familie betreffen, mit den persönlichen Fragen von Entfremdung und Unruhe? Was bedeutet Spiritualität in einer solchen Situation? Ein Rosenkranz pro Tag, fleischloses Essen, regelmäßige Exerzitien, die Mitarbeit in einer Pfarrgemeinde, öffentliche Aktivitäten? Fragen über Fragen. Antworten sind, so scheint mir, in dem zu finden, was nicht mit den Jahren und Zeiten kommt und geht. Antworten gibt es, wenn wir Weisheit, nicht Rezepte zum Tragen bringen.

Die folgenden Seiten halten mein Nachdenken über die Weisheit eines alten Textes fest, der mit unseren ganz alten und ganz neuen Sorgen zu tun hat. Um nach der Regel Benedikts zu leben, brauchen wir nicht ein System von Mechanismen, sondern eine neues Herz und einen neuen Geist.

Vor langer Zeit, so berichtet eine alte Mönchsgeschichte, sagte ein alter Mönch zu einem Geschäftsmann:

„Wie der Fisch auf trockenem Land verendet, so gehen Sie zugrunde, wenn Sie sich in der Welt verstricken. Der Fisch muss ins Wasser zurück und Sie müssen zum Geist zurückkehren."

Der Geschäftsmann war entsetzt: „Wollen Sie sagen, ich müsse mein Geschäft aufgeben und in ein Kloster gehen?"

Und der alte Mönch sagte: „Überhaupt nicht. Ich sage Ihnen, bleiben Sie bei Ihrem Geschäft und gehen Sie in Ihr Herz hinein."

Dieses Buch will ganz gewöhnlichen Menschen helfen, die heutige Welt durch die Brille der Regel Benedikts und der Sehnsucht des eigenen Herzens zu sehen.

2

Hören – Der Schlüssel zum geistlichen Wachstum

Höre, mein Sohn, auf die Lehren des Meisters und merke auf sie mit dem Ohr deines Herzens. Dieser Zuspruch kommt von deinem Vater, der dich liebt; nimm ihn an setze ihn getreu in die Tat um.

Öffnen wir unsere Augen dem Licht, das von Gott kommt, und unsere Ohren der Stimme vom Himmel, die uns täglich mahnt: „Wenn du heute Gottes Stimme hörst, verhärte dein Herz nicht (Ps 95 (94),8).“ Und wiederum: „Du, der Ohren hast zu hören, höre auf das, was der Geist den Kirchen sagt.“ (Offb 2,7). Und was sagt der Geist? „Kommt und hört auf mich und ich will euch die Furcht des Herrn lehren.“ (Ps 34 (33),12). „Laufe, solange du das Licht des Lebens hast, damit das Dunkel des Todes dich nicht überwältige.“ (Joh 12,35)

RB Prolog 1, 9-13

Die Glocken eines Benediktinerklosters sind ein altertümliches Mittel, um die Gemeinschaft auf die Tagesordnung aufmerksam zu machen. Das ist nicht ihr einziger Zweck, denn es gäbe zweifellos effizientere Mittel. Summer, Hausglocken, Blinklichter und Rufanlagen (um nur diese zu nennen) wären wirksamer. Benediktinische Glocken tun aber mehr, sie rufen die Tagesordnung in Erinnerung und wollen auch die Welt darauf aufmerksam machen, wie zerbrechlich die Achse ist, um die sie sich dreht. Sie bringen uns zum Hören, wo wir sonst nicht hören würden.

Vor Jahren – ich war eine junge Ordensfrau – lehrte man uns, mit der Arbeit innezuhalten und ein Gebet zu sprechen, wenn die Uhr eine volle Stunde anzeigte. Das war eine alte Praxis, die aber seit langem aufgegeben worden ist; in der Gemeinschaft kann sich niemand so richtig an sie erinnern. Alle wissen aber, was der Sinn dieses Gebetes war. Wer von uns besondere Aufgaben außerhalb der Gemeinschaft hatte, wo es kein Glockenzeichen gab, sollte an die Zerbrechlichkeit des Lebens und an die jede Minute fordernde Gegenwart Gottes in unserem Leben erinnert werden.

„Höre", sagt die Regel.

„Höre", sagen die Glocken.

„Höre", sagt die monastische Spiritualität.

Um dieses Hören geht es in der benediktinischen Spiritualität, inmitten einer Kultur, die vom Sehen geprägt ist und nur selten zuhört.

Der benediktinischen Spiritualität geht es um ein vierfaches Hören: Hören auf das Evangelium, auf die Regel, auf einander und auf die Welt um uns herum. Für die meisten von uns ist es leicht, auf die eine oder die andere dieser Wirklichkeiten zu hören, aber wir tun uns schwer mit dem Hören auf alle vier. Wir lesen gewissenhaft die Schrift, aber wir können sie nicht umsetzen. Wir hören auf die Not der Armen, aber wir vergessen, die Schrift als Ganze zu lesen. Wir gehen regelmäßig zu einem geistlichen Führer, aber wir übersehen die Weisheit der Menschen, mit denen wir leben. Wir hören lieber auf uns selber als auf die Weisheit anderer, aus Angst, diese könnten von uns mehr fordern, als uns lieb ist. Benediktinische Spiritualität verlangt ein umfassendes Hören.

Ein Wüstenvater lehrte das folgendermaßen:

Ein junger Suchender fragte den Meister: „Ich habe den Auftrag bekommen, etwas Gutes zu tun, aber da, wo ich dafür sein müsste, lauert die Versuchung. Den Auftrag möchte ich erfüllen, aber ich fürchte die Gefahr."

Der alte Meister sagte: „Wenn es um mich ginge, würde ich den Auftrag erfüllen und so wäre ich sicher, die Versuchung zu bezwingen."

Mit anderen Worten: Im geistlichen Leben ist es nicht damit getan, einen Teil des Lebens zugunsten eines anderen zu unterdrücken. Wir bringen es erst zu etwas, wenn wir auf das Leben als Ganzes hören und lernen, umfassend darauf zu antworten.

Die Glocken, welche die Ordensleute zum Gebet rufen, läuten außerhalb, aber auch innerhalb des Klosters. Sie rufen uns von da, wo wir sind, zusammen. Sie helfen uns zu überlegen, wie wir unsere Arbeit besser, verheißungsvoller und prophetischer gestalten könnten. Und sie führen uns dorthin, wo Gottes Wort sich mit dem unsrigen trifft.

Für die Regel Benedikts ist die Heilige Schrift die Stimme Christi (Prolog 19), göttliche Medizin (28,3) und eine Waffe gegen den Teufel (Prolog 28). Anders gesagt, wir hören auf die Schrift, um uns vor dem, was nicht wichtig ist, zu bewahren. Wenn wir die Schrift an trüben Tagen aufmerksam betend lesen, ruft sie uns den eigentlichen Sinn des Lebens in Erinnerung. Wenn alles sinnlos scheint, bringt sie uns in direkten Kontakt mit Christus, der doch so weit von Büro, Kirche und Straßenecke entfernt zu sein scheint.

Die Schrift heilt uns von unserer Enge und Kleinheit und von den Streitereien um den Glauben, in einer Zeit, in der es angeblich darum geht, Freunde zu übertrumpfen, die Nummer Eins zu sein, Geld zu machen, Ansehen zu gewinnen und auf Instrumente des Terrors, Atomschild genannt, zu vertrauen. So führt uns die Schrift dazu, auf die großen Gestalten des Evangeliums zu schauen; diese mussten in Zeiten, die nicht weniger gefahrvoll waren als die unseren, selber um den Glauben ringen. Es gibt keine benediktinische Spiritualität ohne auf die Schrift zu hören; wir müssen einen einfachen, praktischen Weg finden, um die Gute Nachricht draußen zu leben; da, wo wir lebten, als uns die Glocken zum ersten Mal riefen. Beim Klang der Glocken rufen wir uns in Erinnerung, warum wir etwas tun und wohin wir wieder gehen, wir rufen uns in Erinnerung, warum wir etwas taten, als uns die Glocken zum ersten Mal riefen.

Benediktinische Spiritualität versteht das Gebet nicht als Unterbrechung unseres arbeitsreichen Lebens, auch nicht als etwas Abgehobenes. Es ist die Brille, die uns hilft, die Welt auf rechte und auf neue Weise zu sehen, wenn wir gut zuhören. Nur so leben wir nicht taub, stumm und blind.

Das Gebet kann aber auch ein bequemer Ersatz für wirkliche Spiritualität sein. Ohne Gebet gibt es keine Spiritualität. Man kann durchaus auch ohne Spiritualität beten. Es gibt beispielsweise Geschäftsleute, die regelmäßig an Gebetsfrühstücken teilnehmen, dann aber die Zinssätze für Drittweltschulden und die Hausmieten heraufsetzen; sie weigern sich, Landwirten zu helfen, strecken aber gleichzeitig Rüstungskonzernen Gelder vor. Andere sind in Gebetsgruppen, haben aber für die Armen keinen Cent übrig. Und es gibt Ordensleute, die beim Betreten der Kapelle vergessen, dass das Lesen des Evangeliums aus ihnen Menschen der Frohen Botschaft, nicht Treibhauspflanzen machen will.

Durch Heiligkeit macht sich der Satan tatsächlich an heilige Menschen heran. Nach Benedikt „trennt der bittere

Eifer von Gott“ (72,1). Das weist uns darauf hin, dass Heiligkeit dem Wachstum Schranken setzen kann. Wenn wir nicht im gleichen Maße auf die Nöte der Mitmenschen hören, wie wir unsere bevorzugten Gebete verrichten, wird unser Gebet eine Selbsttäuschung sein. Wir mögen uns dann als gute Menschen sehen, werden aber kaum zu besseren Menschen.

In meiner Klosterjugend beteten wir sehr viel. Siebenmal am Tag, insgesamt mehr als drei Stunden. In einer fremden Sprache. Nach einer genauen Ordnung. Aber kein Fremder kam je in unseren Speisesaal. Kein Armer schlief in unseren Häusern. In unseren Kapellen weinten keine Kinder. An unseren Türen standen keine Flüchtlinge. Niemandem wäre es eingefallen, uns um Kleidung, um ein Obdach oder um Unterstützung oder sonst etwas zu bitten. Wir lebten in unserer Welt, die Menschen in der ihren. Und wir alle beteten.

Auch heute gibt es Leute, die regelmäßig die Kirche besuchen, Woche für Woche. Die restliche Zeit widmen sie sich allerdings ganz dem Geldverdienen und gehen ihren Vergnügungen nach. Währenddessen wartet der hungrige Lazarus darauf, dass die Christen unserer Zeit sein Elend sehen, sich zu ihm hinabbeugen und ihn wahrnehmen. Schon im Evangelium wartete Lazarus vergeblich auf Hilfe von den reichen und frommen Leuten.

Die Regel Benedikts legt sehr viel Wert darauf, dass wir auch auf jene hören, mit denen wir leben. Benedikt begann als Eremit – das war das monastische Ideal der damaligen Zeit –, verließ die Höhle aber nach einiger Zeit, um in einer Gemeinschaft zu leben und auf die Bedürfnisse und die Weisheit der Hirten der umliegenden Berge und auf die Mönche zu hören, die sich um ihn scharten. Jedermann wurde als Himmelsbote gesehen. „Die Gäste wie Christus aufnehmen“ (53,1), sagt Benedikt. „Der Abt soll alle fragen, angefangen mit den Jüngsten“ (3,4). Sartre sagt zwar zynisch, die anderen Menschen seien die Hölle, aber das gemeinsame monastische Leben ist nicht ein Hemmnis, es hilft uns vielmehr Gottes Gegenwart zu erkennen.

Nicht zuhören bedeutet, nicht zu wachsen. Aber mehr als das: Nicht zuhören können heißt, auch nicht geben können. Es ist leicht zu wissen, was für andere gut ist. Doch ist es nicht so einfach, auf das zu hören, was sie selber zu sagen haben. Einem Testament oder letzten Willen gleich fasst Benedikt seine Regel gegen Ende kurz zusammen: „Sie sollen einander in Ehrfurcht zuvorkommen; die körperlichen und charakterlichen Schwächen sollen sie mit größter Geduld ertragen; sie sollen einander selbstlos lieben, Gott in Liebe fürchten“ (RB 72,4-10). Nur mit sehr viel Zuhören werden wir verstehen, was unsere Mitmenschen brauchen, noch bevor sie davon sprechen. Anders gibt es keine gute, menschliche Gemeinschaft. Zuhören und Lieben sind deutlich ein Ganzes.

Benediktinisches Hören bedeutet jedoch mehr als nur der Schrift Beachtung zu schenken, als zu beten und offen zu sein für die Bedürfnisse der Mitmenschen. Es hat auch damit zu tun, dass wir uns nach weisheitlicher Führung umsehen. Auf das zu hören, was uns vor Augen steht, ist das eine. Etwas anderes ist es, unsere Ideen der kritischen und weiseren Stimme auszusetzen.

Ordensleute, die älteren, heiligen und gewöhnlichen Gliedern der Gemeinschaft vertrauen, suchen diese weise Führung; für das persönliche Wachstum ist das wesentlich. Frauen tun das auch für ihre Männer, Männer für ihre Frauen; Eltern für ihre Kinder; Berater für ihre Kunden; Arbeitgeber für ihre Angestellten. Wir alle müssen lernen, auf das zu hören, was andere zu sagen haben. Wir verstehen sehr wenig von einem hörenden Herzen, wenn wir meinen, Hören heiße einfach, Befehle anzunehmen. Hören ist auch die Bereitschaft, uns selber und unsere Welt zu verändern. Hören ist etwas betont Religiöses, es hat mit Ehrfurcht zu tun und führt zur Umkehr.

Das vergessen wir zu oft. Uns selber mit einem religiösen Ritual zu umgeben, ist kein Ersatz für authentische Spiritualität. Spiritualität ist keine Übung in blindem Gehorsam, sie ist Hingabe an den göttlichen Glanz. Im Kloster läuten die Glocken, um unsere Mitmenschen daran zu erinnern, dass wir jetzt auf das Wort Gottes hören; um der Welt zu sagen, dass wir jetzt etwas anderes tun; um das Universum darauf hinzuweisen, dass wir Gottes Flüstern im stillen Wehen des Lebens deutlicher wahrnehmen wollen.

Das Wort Gottes ist nie ein Selbstzweck. Es hat immer etwas bewegt. Es führte Abraham, Mose, Maria und Maria Magdalena zu neuen Formen von Hingabe und Bewusstheit. Und es beanspruchte ein ebenso intensives Maß an bewusstem Einsatz, als es durch Mordechai zu Ester, durch Samuel zu Eli und durch Elisabeth zu Zacharias kam. Wenn wir anfangen, auf das Wort Gottes zu hören, auf die Nächsten und auf die Weisen und Erfahrenen, wird aus einem trockenen, auf Unabhängigkeit bedachten Leben ein Leben der Anteilnahme und der Sinnfülle. Wenn wir anfangen, auf Gottes Wort zu hören, dürfen die Menschen von uns Neues erwarten.

Benediktinisches Hören führt uns aber auf ein gefährliches Gelände. Wir hören nur dann wirklich auf das Evangelium, wenn wir einen Lebensstil in Frage stellen, der endlos konsumiert, Dinge hortet, Obdachlose und Unangepasste übersieht und an ihnen nicht interessiert ist. Kann man die Erzählung vom reichen jungen Mann, vom blinden Bettler oder der betrübten Witwe hören und dabei übersehen, dass es heute ganz an uns liegt, ob sich an den Armen, Ausgestoßenen und Krüppeln Wunder ereignen? Wenn wir wirklich auf die Menschen hören, können wir dann vernachlässigte Kinder sehen, Partner, die nicht beachtet, oder Nachbarn, die abgewiesen werden? Wie können wir die Herzensgedanken und die Lebenshoffnung jenen zur Prüfung vorlegen, die weiser und heiliger als wir selbst sind, wenn wir Situationen tolerieren, die längst hätten beendet werden können, bevor sie an unserem Selbst zu nagen begannen?

Die Regel lehrt uns, auf das eigene Leben zu hören. Wir müssen anfangen, uns dem zu stellen, was unsere Lebensweise uns sagen will. Was will uns die Angst sagen, das heißt die Furcht vor Misserfolg, das Verdrängen unserer Schwachheit, Panik beim Gedanken an peinliche Auftritte in der Öffentlichkeit, das Gefühl wertlos zu sein, das mit dem Verlust von Anerkennung kommt? Was bedeutet es, dass wir immer wieder in die gleichen Kämpfe verwickelt werden? Kommt das daher, dass ich das, was ich mit großem Enthusiasmus begonnen habe, vorzeitig abbreche? Oder dass ich mich nur zögernd ändere, obgleich das für mich nur gut wäre? Oder dass ich unbefriedigende Beziehungen von früher auf jede Person, die mir neu begegnet, übertrage? Oder dass ich mich nie wirklich an etwas hingegeben habe, außer an mich selbst? Weder an meine Freunde, noch an meine Arbeit und meine Berufung?

Wenn ich nicht lerne, auf die Schrift, auf meine Nächsten, auf die unterschwelligen Botschaften meines Lebens, auf die Weisheit anderer und auf die Gefahren eines Lebens ohne Motivation und Sinn zu hören, kann ich über das Leben tatsächlich nichts sagen. Ein Leben, das nicht zuhören kann, ist überhaupt kein Leben. Ich bewege mich dann nur im eigenen Sumpf.

Hören ist folglich ein grundlegendes Element benediktinischer Spiritualität. Ja, benediktinisches Hören ist wie ein in Stereo gelebtes Leben. Jeder Mensch lebt und hört auf irgendetwas. Aber nur wenige leben so, dass ihr Leben auf alle Bereiche abgestimmt ist. Benediktinische Spiritualität gestattet keine selektive Wahrnehmung; sie verlangt ein breites, tiefes Hören und volle Wachsamkeit. Wir müssen lernen, gleichzeitig und auf jeder Ebene zu hören, wenn wir ganzheitlich leben wollen. Leider sind sehr viele von uns aber zumindest auf einem Ohr taub.

Wir müssen lernen, auf die Schrift zu hören. Und wir müssen lernen, auf das Leben um uns herum zu hören.

Die Regel sagt uns, wir müssten jeden Tag die Schrift lesen. Wie können wir Gottes Stimme hören, wenn wir sie nicht kennen? Wie können wir Gottes Wege entdecken, wenn wir sie nie gesehen haben? Wie können wir Gottes Willen im eigenen Leben entdecken, wenn wir nie seinen deutlichen, oft aber krummen Spuren im Leben der Schwachen und der vor uns Berufenen folgen? Die Schrift ist die Grundlage benediktinischen Lebens, aber es ist ebenso wichtig, Gottes Stimme in der Welt zu hören. Das ist wohl auch der Prüfstein für ein hörendes Herz. Etwas in der eigenen Sprache zu hören, ist nicht schwierig. Heiligkeit verlangt aber die Fähigkeit, auf die Sprache anderer Menschen zu hören.

Menschen in Führungspositionen wissen, dass sie nicht gehört werden, wenn jene, die sie führen sollen, jedes Gespräch zu einem pubertären Kampf mit den Geistern ihrer Eltern machen.

Die Armen wissen, dass die Reichen nicht auf sie hören können, weil der Erfolg sie taub gemacht hat. Die Reichen können die Stimmen derer nicht hören, die als Reinigungskräfte, Kanalgräber oder Tellerwäscher keine Arbeit bekommen können; diese Arbeiten waren für frühere Generationen selbstverständliche Etappen auf dem Weg nach oben.

Frauen wissen, dass ihre Männer auf ihre Sorgen um die Kinder, um die Erziehung, um Selbständigkeit, gleiche Löhne oder umfassende menschliche Chancen nicht hören oder sie nicht ernst nehmen.

Die Alten und Alleinstehenden wissen um die Wichtigkeit der Macht, jetzt da sie diese nicht länger innehaben.

Familien entdecken schnell, wessen Stimme Gewicht hat, wessen Wille im Haus heilig ist, wer nicht zuhört und wer nicht antworten will.

Wer einsam ist, weiß, dass niemand auf sein Bedürfnis nach Liebe und Lachen hört.

Die Kirche weiß, dass ihr Gottesdienst für die einen mehr Pflicht als Dialog, für andere eher eine Therapie als etwas Prophetisches ist.

Unsere Generation ist taub. Schrift, Weisheit, Beziehungen und persönliche Erfahrung werden nicht zur Kenntnis genommen. Wir sind die Generation, die zahlreiche Kriege hinter sich hat und Zeugin des massivsten Wettrüstens der Weltgeschichte ist – trotzdem wird diese Zeit eine Zeit des Friedens genannt. Unsere Generation kennt große Armut und großen Reichtum, große Einsamkeit in großen Gemeinschaften; massive persönliche Zusammenbrüche und die Zerstörung der Gesellschaft neben beispiellosem sozialem Wachstum; wir erleben eine große geistliche Verödung und behaupten doch großspurig, ein christliches Land zu sein.

Mitten in diese verwirrende Kakophonie hinein rufen die Glocken eines Benediktinerklosters: „Höre". Höre mit dem Herzen Christi. Höre mit dem Herzen eines Liebenden. Höre auf die Stimme Gottes. Höre mit dem Herzen auf die Stimme der Wahrheit, auf den Ton, wenn kostbares Glas mit einem Stück Metall angeschlagen wird.

Das Problem liegt wohl darin, dass die meisten von uns gar nicht wissen, was zum Hören gehört. Die Regel Benedikts sagt es uns unmissverständlich.

Zum einen will Benedikt, dass alles mit Rat getan wird. Benediktinische Spiritualität kennt keine Arroganz, die sich als Inspiration ausgibt. Wer monastisch leben will, muss um Rat nachsuchen und bei wichtigen Fragen auch Rat annehmen und auf andere Meinungen hören. Reflexion gehört wesentlich zum Prozess des Wachsens und ist für unser Handeln grundlegend. Rasche Entscheidungen sind verdächtig, auch wenn sie sich als richtig herausstellen. Warum sollen wir um Rat suchen? Weil die Wahrheit Gottes Angesicht wie in einem Mosaik zeigt. Weil Gottes Stimme oft dort zu hören ist, wo wir sie am wenigsten erwarten: in einem brennenden Busch, im Fremden, im Traum, von einem weitgereisten Boten oder einem Hofpropheten. Auf alle müssen wir hören.

Sodann lehrt Benedikt, dass das Leben ein Lernprozess ist. Die westliche Kultur und das Gewicht, das sie akademischen Graden beimisst, hat diese Wahrheit aber beinahe erstickt. Wir haben die Worte „Graduierung" und „Ausbildung" beinahe zu Synonymen gemacht. Wir messen Erfolg an den akademischen Noten. Wir werten Erfahrung, Tiefe und Misserfolg ab, glauben dafür an Aktionen, Resultate, Produkte, an Profit und Jugend, und betrachten die Älteren als unnütz.

Am Ende sind aber all diese Errungenschaften nichts als geistliche Ödnis, es sei denn, wir haben uns dem Finden der Wahrheit, der Pflege der Schönheit und der Anerkennung wahrer Lebensbildung gewidmet.

Benediktinische Spiritualität ist folglich eine Spiritualität des offenen Herzens. Die Bereitschaft, sich berühren zu lassen. Der Sinn für das Anderssein. Es gibt keinen Raum für isolierten Prunk oder Selbstgenügsamkeit. Das ganze Leben wird zu einem Lehrmeister und wir sind die Lernenden. Ein Diplom ist für sich noch keine Qualifikation. Der Hörende wird immer lernen, umkehren und neu anfangen. Das Offene kann immer gefüllt werden. Der wahre Schüler wird sich immer von Gott überraschen lassen. „Höre mit dem Ohr des Herzens" (RB Prol 1), lehrt die Regel.

Sobald ich aber selber zur Botschaft geworden bin, gibt es nichts mehr zu hören. Keine Chance zu wachsen oder sich zu ändern. Das ist nur noch das Echo meiner eigenen Stimme.

An einem gewissen Punkt meines monastischen Lebensweges war ich überzeugt, dass die Kenntnis der Regel und das Praktizieren ihrer Übungen das Geheimnis eines heiligen Lebens sei. Jetzt weiß ich, dass es nicht genügt, dieses Dokument zu kennen, wenn wir auf die Stimme Gottes hören wollen, wo immer sie zu finden ist. Ich hoffe nicht mehr länger, dass ich irgendwann und irgendwie so viel zugehört haben werde, dass die einfach zu erlernenden Frömmigkeitsübungen keine weiteren Fragen mehr stellen. Jetzt widme ich mich mit ganzem Eifer der Qualität des geistlichen Lebens, sie muss ich kennen, wenn ich wachsen soll.

Vor langer Zeit, heißt es in einer Geschichte, gab es einen Suchenden, der von der Himmelsfrucht gehört hatte und sie begehrte.

Der Suchende fragte einen Meister: „Wie kann ich diese Frucht finden und schnell zum Wissen gelangen?"

„Der beste Rat, den ich dir geben kann, ist, dass du mit mir studierst," sagte der Meister. „Wenn du das nicht willst, musst du ganz entschieden durch die Welt ziehen und wirst ruhelos sein."

„Bestimmt gibt es einen besseren Weg," dachte der Suchende. Er verließ den Meister und fand einen anderen und wieder einen anderen und so noch viele.

Der Suchende verbrachte dreißig Jahre mit Suchen. Schließlich kam er zu einem Garten. In dessen Mitte stand der Himmelsbaum, an seinen Ästen hing die große Himmelsfrucht.

Und dort, neben dem Baum, stand sein erster Meister.

„Warum hast du mir nicht gesagt, dass du selber der Wächter der Himmelsfrucht bist, als wir uns zum ersten Mal trafen?" fragte der Suchende.

„Weil du mir", sagte der Meister, „damals nicht geglaubt hättest. Und abgesehen davon, trägt dieser Baum nur einmal in dreißig Jahren und dreißig Tagen seine Frucht."

Es gibt keinen schnellen und einfachen Weg, damit aus unserem Leben ein Leben mit Gott wird. Es braucht Jahre der geistlichen Lesung, Jahre des Hörens auf das Leben als Ganzes; Jahre, in denen wir lernen, durch den Filter dessen, was wir gelesen haben, zu hören. Eine Umwelt, für die Fastfood, Automatenkaffee, Popcorn vor dem Fernseher, Computerspiele und schnelles Kopieren wichtig sind, bereitet uns nicht auf das langsame, mühevolle Hören und Lernen vor, das uns immer wieder, Tag um Tag aufgetragen ist, um schließlich die Menschen, die wir lieben, wieder wahrzunehmen, und um die Menschen zu lieben, die wir nicht mögen. So beginnen wir zu verstehen, dass unsere Heiligkeit im Hier und Jetzt liegt. Aber irgendwann, vielleicht in dreißig Jahren und dreißig Tagen werden wir genügend zugehört haben und bereit sein, die Ernte der vielen Jahre einzubringen, während denen wir Christus kennengelernt haben, oder um, mit der Regel Benedikts, wenigstens „einen guten Anfang" zu machen.

Bis es soweit ist, läuten die Klosterglocken und erinnern uns geduldig an das Hören. Einfach nur hören. Zuhören.

3

Gebet und *lectio* – Mitte und Schwerpunkt des Lebens

Wenn wir mächtigen Menschen etwas unterbreiten wollen, wagen wir es nur in Demut und Ehrfurcht. Um wie viel mehr müssen wir zum Herrn, dem Gott des Weltalls, mit aller Demut und lauterer Hingabe flehen. Wir sollen wissen, dass wir nicht erhört werden, wenn wir viele Worte machen, sondern wenn wir in Lauterkeit des Herzens und mit Tränen der Reue beten. Deshalb sei das Gebet kurz und lauter; nur wenn die göttliche Gnade uns erfasst und bewegt, soll es länger dauern. In der Gemeinschaft jedoch sei das Gebet auf jeden Fall kurz, und auf das Zeichen des Oberen hin sollen sich alle gemeinsam erheben.

RB 20,1-4

Unsere Klosterkirche ist während der Vesper an Sonntagen und großen Festen von Weihrauch erfüllt. Weihrauch umhüllt den Akolythen, der ihn zu Beginn der Feier durch das Schiff trägt. Beim Singen der Psalmen steigt der Weihrauch aus dem Gefäß auf, das vor dem Altar steht. Während der Lesung aus der Bibel umweht er die Kerzen. Und am Ende des Gebetes entschwindet er still zur Decke des Raumes. Wenn die Gemeinschaft das „Magnifikat" singt, ist von ihm nichts mehr zu sehen. Kaum dass der Duft noch etwas bleibt. Vorbei das, wozu er gedacht war. Zu Ende. Fertig.

Wozu dient nun all dieser Weihrauch? Nicht der Mystifizierung: Die Kapelle bleibt die Kapelle, mit oder ohne Weihrauch. Nicht der Wärme: Die Kohle bringen nur gerade den Weihrauch zum Dampfen, sonst nichts. Da ist auch nichts von Altertum: Die Einrichtung ist zu modern, als dass wir uns einbilden könnten, in der gleichen Weise und im gleichen Umfeld zu wirken wie die Ordensleute vor 1500 Jahren. Nein, es ist klar, der Weihrauch an Sonn- und Festtagen hat eine andere Funktion.

Der Weihrauch, der mit duftender Schwere durch die Gemeinschaft zieht, will uns auf etwas andere Weise an die jenseitige Dimension des Gebetes erinnern. Das Gebet, das sagt der Weihrauch, ist keine Rezitationsübung. Es ist der Filter, durch den wir unsere Welt betrachten. Das Gebet fordert uns auf, das Leben um uns herum auf frische, neue Weise zu sehen. Das Gebet ist das, was bleibt, wenn sich der Weihrauch verzogen hat. Die alten Mönchsväter sagen das so:

„Hilf uns, Gott zu finden," baten die Jünger den Alten.
„Niemand kann euch dabei helfen," sagte der Alte.
„Warum nicht?" fragten die Jünger erstaunt.
„Aus dem gleichen Grund, aus dem niemand einem Fisch helfen kann, das Meer zu finden."

Benediktinisches Gebet will die Menschen nicht aus der Welt herausholen, damit sie Gott finden. Benediktinisches Gebet soll Menschen befähigen, die Gegenwart Gottes in der sie umgebenden Welt wahrzunehmen.

Wie der Weihrauch der Klosterkirche soll uns auch das Gebet in Erinnerung rufen, dass Gott hier und jetzt da ist, und ihn nicht zu einer Art privater Flucht aus dem Leben machen. Im Gegenteil. In der benediktinischen Tradition ist das Gebet eine Sache der Gemeinschaft und eine Sache des Gemeinschaftsbewusstseins.

Benediktinisches Gebet hat seine Wurzeln in den Psalmen und in anderen Bibeltexten und holt uns aus uns selber heraus, um in uns ein Bild vom Leben zu formen, das breiter ist als das, das wir selber im eigenen Leben gewinnen können. Benediktinisches Gebet bringt uns gleichzeitig in Kontakt mit der Vergangenheit und der Zukunft, und so wird die Gegenwart deutlicher und die Zukunft möglich.

Als junge Ordensfrau empfand ich das Gebet als eine lange, ja langweilige Unterbrechung des Lebens. Es war nicht das, was die zeitgenössischen geistlichen Bücher und Lebensbeschreibungen versprachen. Es war nicht süß. Es gab mir keinen persönlichen Trost. Es belastete den Tag einfach mit lästigen Zerstreuungen. Meine Arbeit mit Studierenden war zweifellos wichtiger als das Hinein und das Heraus aus der Kapelle zum gemeinsamen Rezitieren von Gebeten, das mit mir und mit dem, was ich gerade tat, nichts zu tun hatte. Wo war da Licht? Wo waren die Weisheiten? Wo waren die lieblichen Gottesvisionen, die man von Heiligen erzählt, die von der Allgemeinheit vorausgesetzt und von geistlich Unreifen erwartet werden? Allmählich lernte ich es.

Die verschiedenen Merkmale benediktinischen Gebets haben mehr mit einer Spiritualität der Bewusstheit als mit Tröstungen zu tun. Dieses Gebet ist etwas Regelmäßiges, Umfassendes, es hat mit Umkehr zu tun. Es ist besinnlich. Und es ist gemeinschaftlich. Daraus ergibt sich ein ganz neues Leben, und Menschen werden anders. Vielleicht nicht so, wie Tornados vieles ändern, eher wie ein Sandkorn in der Auster.

Regelmäßiges Gebet bringt meine eigene Wichtigkeit und die Gescheitheit der Welt durcheinander. Gute Menschen verwechseln leicht ihre eigene Arbeit mit dem Werk der Schöpfung. Wir glauben schnell, was wir tun, sei so viel wichtiger, als was wir sind. Es ist so leicht, viel zu tun, anstatt zu wachsen. Es ist so leicht, der Forderung unserer Zeit nach Dingen und nach Aktion so lange nachzugeben, bis die Dinge uns verschlingen, die Aktion uns erschöpft und wir nicht mehr wissen, warum wir das überhaupt auf uns genommen haben.

Aber das regelmäßige Gebet heilt das alles. Die Regelmäßigkeit bindet uns an unseren Platz im Universum. Morgens und Abends, Jahreszeit um Jahreszeit, Jahr um Jahr sehen wir die Sonne auf- und untergehen. Tod und Auferstehung kommen und gehen jeden Tag, Anfang und Ende folgen aufeinander ohne Angst und Weh. Wir fangen an zu merken, dass wir kleine Elemente einer fortwährenden Schöpfung sind, und das gibt uns Hoffnung und Trost und eine Perspektive. Wenn ein Vertragsabschluss für mich das Wichtigste in der Welt ist; wenn das Waschen der Schulkleider der Kinder Mitte und Höhepunkt meines Lebens ist; wenn ein Treffen, eine Beförderung oder mein Lohn meine ganze Konzentration fordert und meine Lebenszeit ganz ausfüllt, bin ich keine Person mehr, sondern eine Sache, und das Leben zieht wahrlich an mir vorüber. Oder ich gehe am Leben vorbei.

Benedikt fordert, regelmäßig, zu bestimmten Zeiten des Tages zu beten, mitten in der offensichtlich dringenden und wichtigen Arbeit. Die Botschaft ist eindeutig. Niemand soll vergessen, worum es geht. Niemand soll vergessen, warum er oder sie sich für dieses Leben entschieden hat. Niemand soll vergessen, was der Sinn des Lebens ist. Niemand soll die Erinnerung vergessen. Nie. Benediktinische Spiritualität ist nicht eine Spiritualität der Flucht; benediktinische Spiritualität füllt die Zeit mit dem Wissen um die Gegenwart Gottes.

„Bete allezeit“, sagt die Schrift. „Ziehe nichts dem Gottesdienst vor“ (RB 43,3), mahnt die Regel. „Unmöglich“, halten wir dem entgegen. Wenn unsere Seele aber an das Bewusstsein von Gott gebunden ist, wie die Regel verlangt, gerade auch angesichts von angeblich wichtigeren und unmittelbar wertvollen Dingen, wird das Bewusstsein von Gott zu etwas Selbstverständlichem. Und das Bewusstsein von Gott ist unablässiges Gebet.

Inmitten des Alltäglichen zu beten bedeutet, einfach und bestimmt zu erklären, dass dieser trübe und ermüdende Tag heilig ist und dass in diesem Moment die gewohnten Tätigkeiten für mich der Stoff der heilenden Gegenwart Gottes sind. Zu beten, weil jetzt einfach Gebetszeit ist, ist ein nicht unbedeutender Akt der Vertiefung in den Gott, der bereit ist zu warten, bis wir aufmerksam, bereit und willens sind, unser Leben zu etwas Neuem werden zu lassen.

Das Gebet, so die benediktinische Spiritualität, ist nicht eine Sache der Laune. Nur dann zu beten, wenn wir aufgelegt sind, bedeutet, Trost zu suchen, statt Umkehr zu riskieren. Nur zu beten, wenn es uns passt, bedeutet, Gott unsere Bedingungen zu stellen. Nur zu beten, wenn es uns passt, heißt, dem Leben mit Gott auf meiner Prioritätenliste einen Schlussplatz einzuräumen. Nur zu beten, wenn man sich gut fühlt, heißt, gerade dann der totalen Leere nachzugeben, wenn wir am dringendsten Fülle bräuchten. Es ist eine Tatsache, dass niemand Zeit zum Beten hat. Wir müssen uns die Zeit nehmen. Es gibt immer etwas, das dringender, wichtiger ist als das offensichtlich ergebnislose, leere Beten. Wenn diese Haltung aber überhand nimmt, ist das der letzte Schritt auf einer sehr kurzen Straße, denn ohne Gebet haben wir keine Kraft für den Rest des Lebens. Der Treibstoff geht aus. Wir werden zu unseren eigenen schlimmsten Feinden: Wir sagen, wir seien zu müde und zu beschäftigt, um zu beten. Dabei sind wir tatsächlich zu müde und zu beschäftigt, um nicht zu beten. Schließlich zermürben uns die Lasten des Tages und wir wissen nicht mehr, warum wir uns entschieden haben zu tun, was wir tun: die Arbeit an diesem Projekt, die Ehe mit dieser Frau, diese Kinder zu haben, an diesem Ort Dienst zu leisten. Und wenn ich nicht mehr weiß, warum ich mich für etwas entschieden habe, kann ich auch nicht verstehen, wie ich weiterfahren soll. Ich bin müde und meine Vision wird schwach und schwächer.

Zu beten, wenn wir nicht beten können, bedeutet andererseits, Gott unser Gebet sein zu lassen. Die Spiritualität der Regelmäßigkeit erfordert, dass wir unser verletztes, blutendes, zerstückeltes und zerstreutes Selbst der Möglichkeit der Umkehr zuwenden, im Rückblick und in der Hoffnung, in guten und in bösen Zeiten, Tag um Tag, morgens und abends, in diesem Jahr und im kommenden.

Die Regelmäßigkeit im benediktinischen Gebet ist aber nicht der einzige Ruf zum Anderssein. Wie der Weihrauch bei der feierlichen Vesper aus unserer Hand aufsteigt, so vergeht die Ansicht, das Gebet sei eine private Medizin, schnell, wenn wir nur einige Zeit die benediktinische Spiritualität gelebt haben. Benediktinisches Gebet gründet fast ausschließlich in den Psalmen und in der Schrift. „Machen wir uns auf diesen Weg," sagt die Regel, „unter der Führung des Evangeliums» (RB Prol 9). Folglich ist das benediktinische Gebet nicht auf die Bedürfnisse und Wünsche und Einsichten der Beter ausgerichtet. Benediktinisches Gebet bringt mich aus mir heraus und weitet mich über mich hinaus aus, so dass ich eines Tages, vielleicht, ganz ich selbst sein kann.

Die Schrift ruft uns, uns das Verhalten Christi anzueignen. Die Psalmen rufen aus den Kämpfen der Beter heraus, die Gott suchen, aus den Kämpfen eines Volkes, welches das Leben sucht, und aus dem Bewusstsein des Kosmischen und Umfassenden. Wenn ich die Psalmen und die Schrift bete, schaue ich mit den Augen Christi, feiere Gott in der Schöpfung, kämpfe wie die Psalmisten mit meiner eigenen emotionalen Unreife und gebe mich in die Kämpfe des ganzen Volkes Gottes hinein.

Im hellen Licht des erweiterten menschlichen Bewusstseins wird mir klar, dass ich nicht das Zentrum des Universums bin. Vielmehr bin ich aus seinem Gewebe gemacht und seinem Ringen unterworfen, auch wenn ich seine Verheißungen erhalten habe. Ich lerne, dass das Gebet meinen Horizont nicht verbirgt, sondern erweitert. Ich meine, ich trage zur Mikrowelt des Gebetes nicht nur meine momentane Laune bei, sondern auch die lebenslange Aufgabe, ein ganzer Mensch zu werden. Die benediktinische Spiritualität hat ihre Wurzeln in der Schrift und taucht den Menschen in die Gefühle und Kräfte des ganzen Kosmos ein und macht uns größer, als wir sind.

Das benediktinische Gebetsleben ist biblisch, regelmäßig und besinnlich. Es will uns dazu bringen, unser Leben im Licht des Evangeliums zu betrachten. Es ist nicht eine Rezitation um ihrer willen. Es bringt die Haltung Christi in den Bruchstücken unseres eigenen Lebens zum Tragen. Es erfordert das beständige Ringen mit dem Wort Gottes. Dafür braucht es Zeit und sein Wert hängt nicht vom Quantum ab.

Vor nicht so langer Zeit begann aber eine Gebetsmühlenmentalität auch an den monastischen Gemeinschaften zu nagen. In der Welt der Industrie wurde das Fließband zum Modell für die beste aller Welten, und so machte sich auch in Kirchen und Klöstern die Meinung breit, mehr sei besser. Novenen folgten auf heilige Tage, diese folgten auf die liturgischen Zeiten, diese wiederum auf private Andachtsübungen im Anschluss an zusätzliche Eucharistiefeiern. Wir beteten und beteten und beteten.

An die ländliche, von Zeit und Jahreszeiten geprägte Kultur hängten wir die industrielle Kultur mit ihren nicht enden wollenden Arbeitsschichten und ihrer gehetzten Produktivität. Schon bald wurde die Praxis der sieben Tagzeiten durch eine Menge sehr langer Gottesdienste ersetzt. Das Gebet wurde immer länger, schneller und mechanischer. Benedikt ging es dagegen in einer viel einfacher strukturierten Welt schlicht um ein regelmäßig gefeiertes Gebet, unterbrochen von langen Zeiten geistlicher Lesung und ebenso viel sinnvoller Arbeit. Unsere Kultur machte aus dem geistlichen Leben eine Welt des „Mehr-ist-besser" und verlor schnell das Gespür für den wahren Wert dieser Gegenwelt.

Gebet, Lesung und heilige Muße sind die drei Stützen, auf denen das geistliche Gebäude des benediktinischen Ordenslebens ruht. Das eine soll das andere ergänzen. Keines soll zu kurz kommen. Das Gebet bringt uns die Gegenwart Gottes zum Bewusstsein, die Arbeit macht uns zu Mitarbeitern des Gottesreiches, die heilige Muße gibt uns Zeit zum besinnlichen Lesen der Schrift – das und nicht so sehr die Rezitation von Formeln macht aus dem Gebet eine wirkliche Erfahrung. Besinnliche Schriftlesung zieht mich in den Text hinein, der Text nimmt mich in mein Leben hinein. Wie das erwählte Volk befand ich mich auf einem Exodus; ich habe meine Fragen vor Gottes Angesicht gebracht, ob meiner Lebensumstände gemurrt und vor den Idolen getanzt, vor meiner Karriere, meinem Selbst und meinen Wünschen. Wie Eli habe ich das Böse in der Welt toleriert und nie ein Wort gesagt. Wie Esther war ich überzeugt, dass ich für die Zerstörung ganzer Völker durch meine Regierung nicht verantwortlich bin. Die benediktinische Tradition der *lectio* oder des besinnlichen Lesens der heiligen Bücher ruft mich, meinen Platz unter diesen Menschen einzunehmen, die gerufen waren, sich für ihre Rettung ins Zeug zu legen. Ich lebe ja in einer Welt, die darauf wartet, dass jemand sie an den ewigen Willen Gottes erinnert.

Benediktinisches Gebet will mehr als nur Zeit für das Gebet; es will Aufmerksamkeit für die Schrift. Mehr als Worte verlangt es eine Änderung meines Geistes und meiner Werte. Es will mehr als ein Ritual; es verlangt Tiefe und Besinnung. Es verlangt, dass ich nicht nur meine Gebete bete; es verlangt, dass ich mein Herz eintauche in das Handeln Gottes in der Geschichte.

Das Gebetsleben, das sich aus Regelmäßigkeit, Besinnung und einem Sinn für das Universale ergibt, führt schnell zu Veränderungen. Ziel des Gebetes ist es nicht, Gott zu beschwatzen, er möge uns von uns selber befreien. „Bitte, Gott, lass uns nicht in einem Atomkrieg sterben", das ist bestimmt kein richtiges Gebet. Wir verhindern einen Atomkrieg selber, wenn wir die Herstellung von Atomwaffen stoppen. Menschliche Wesen haben sie erfunden und menschliche Wesen können sie zerstören. Nein, im Gebet geht es nicht um Magie. Es geht nicht um Erpressung des Unendlichen. Nicht darum, den Geist Gottes in Bezug auf Entscheidungen zu ändern, die wir selbst für uns schon getroffen haben.

Das Ziel des Gebetes ist es, meinen eigenen Geist zu verändern und den Geist Christi anzunehmen, der Gnade zu ermöglichen, in mir einzubrechen. Ein Gebet, das nur privatisierte Religion oder eine Spritztour ist, ist kein Gebet. Kontemplatives Gebet, Gebet der Umkehr, ist ein Gebet, das die ganze Welt durch den Weihrauch sieht – ein heiliger Ort, an dem das Heilige wohnt, ein Ort, der durch die Beter anders werden soll und den Gott durch die Schönheit allen Lebens versüßt. Es öffnet unsere Ohren, damit wir auf die Armut der Witwen hören, auf die Einsamkeit der Witwer, auf das Weinen von Frauen, die Verletzlichkeit der Kinder, den Kampf der Ausgestoßenen, auf das Menschsein der Feinde, die Einsichten der Ungebildeten, auf die Angespanntheit der Bürokraten, die Ängste der Herrschenden, die Weisheit der Heiligen, die Macht der Machtlosen.

Das Gebet führt uns, es wirkt wie Sauerteig in uns und erleuchtet uns. Und verändert uns. Es macht uns zu etwas, das uns übersteigt.

Schließlich ist das benediktinische Gebet etwas Gemeinschaftliches. Es ist ein Gebet mit der Gemeinschaft, für die Gemeinschaft und als Gemeinschaft. Es ist Einsatz für das pilgernde Volk, dessen Einsichten mit der Zeit wachsen und dessen Bedürfnisse wir alle teilen. Gemeinschaftsgebet in der benediktinischen Tradition erinnert ständig daran, dass wir nicht nur für uns selbst in die Kirche gehen. Wir sind ein auserwähltes Volk, ein heiliger Stamm, ein Leib von Gläubigen, die zuerst füreinander als Zeugen dafür einstehen, dass Gott Gott ist. Und doch nicht so, als gäbe es keinen Raum für uns selber. Das eigene Selbst wächst am besten, wenn es nicht sich selber sucht. Zu sagen: „Ich habe ein gutes Gebetsleben, ich muss nicht zur Kirche gehen", oder „Das Gebet gibt mir nichts", heißt, unsere Mängel auf der gemeinschaftlichen wie auf der persönlichen Ebene zuzugeben.

Es mag wirklich so sein, dass wir in der jüngsten Vergangenheit als Kirche zu sehr auf private Eucharistiefeiern fixiert und zu wenig vom gemeinsamen Gebet bestimmt waren. Die Zeiten der Pfarrvespern, der Pfarrexerzitien und Volksmissionen sind vorbei. Der Individualismus hat auch die Kirchen infiziert. Wir finden Gott privat und schaffen uns Gott nach unserem Bild und Ebenbild. Und dann entscheiden wir ebenso alles, was das Leben betrifft. Wir tun, was für uns gut ist, als Einzelne, als Geschäftsleute, als Nation. Ja, wir beten um das, was für uns gut ist, übergehen dabei aber das Zeugnis und die Nöte der Behinderten, der Armen, der Rechtlosen, der Randgruppen, der Entfremdeten und Einsamen.

Das Gemeinschaftsgebet will uns aber miteinander verbinden, unseren Blick für die Nöte der Welt schärfen. Es will uns Modelle geben, an denen wir uns orientieren können, Freunde, die uns stützen, ermutigen und uns fähig machen weiterzugehen. Die betende Gemeinschaft wird zu einem Gefährt für meine eigene Treue. Weil die anderen beim Beten sind, gehe auch ich zum Gebet. Weil sie immer dort sind, schaffe ich für sie und für Gott in meinem Leben Raum. Weil sie beständig dort sind, kann ich sie, ihr Zeugnis und ihre Bedürfnisse aus meinem Inneren nicht ausschließen. Das private Gebet, sagt Benedikt, folgt auf das gemeinsame, kann es aber nie ersetzen. Das Gebet formt so den Geist der Gemeinschaft.

Was das alles für eine zeitgenössische Spiritualität zur Folge hat, ist klar:

Ich muss mit Gott jeden Tag durch das Wort im Gespräch sein – man kann nicht einfach nur daran teilnehmen, wenn man gerade Lust hat –, bis das Evangelium allmählich in mir zu wirken beginnt. Das Gebet muss biblisch, nicht bloß persönlich sein.

Die Zeit für das Gebet muss festgelegt und eingehalten werden: wenn die Kinder zur Schule gegangen sind; vor dem Frühstück; im Wagen auf dem Weg zur Arbeit; im Bus, der uns heimbringt. Abends, bevor wir zu Bett gehen.

Das Meditieren der Schrift ist grundlegend für das Wachsen im Gebet und für das Wachsen als Person. Das Gebet ist ein Prozess, der uns zu etwas Neuem werden lässt. Es ist nicht bloß eine Reihe von Übungen.

Das Verständnis ist für das Beten wesentlich. Formeln genügen nicht. Veränderungen in Haltung und Einstellung sind ein direktes Ergebnis des Gebetes. Alles andere ist eher therapeutische Massage als eine Konfrontation mit Gott.

Fundament und Gipfel des Gebetes ist ein Gespür für die Gemeinschaft. Ich bete, um ein besserer Mensch zu werden, nicht um besser zu beten.

„Es gibt in der geistlichen Entwicklung drei Stufen," lehrte ein Meister. „Die fleischliche, die geistliche und die göttliche Stufe."

„Welches ist die fleischliche?" fragte der Jünger.

„Auf dieser Stufe," sagte der Meister, „sieht man die Bäume als Bäume und Berge als Berge."

„Und die geistliche?" fragte der Jünger begierig.

„Wenn wir tiefer in die Dinge hineinschauen. Dann sind Bäume nicht länger Bäume und Berge nicht länger Bäume," antwortete der Meister.

„Und die göttliche?" fragte der Jünger atemlos.

„Ja," sagte der Meister mit einem Lächeln. „Das ist die Erleuchtung – wenn die Bäume wieder zu Bäumen und die Berge wieder zu Bergen werden."

Wir beten, um das Leben so zu sehen, wie es ist, um es zu verstehen und zu verbessern. Wir beten so, dass die Wirklichkeit in unsere Seele einbrechen und uns das Bewusstsein von Gottes Gegenwart im Leben zurückgeben kann. Wir beten, um die Dinge so zu verstehen, wie sie sind, um sie nicht zu übersehen, nicht zu meiden und nicht zu leugnen.

Wir beten so, dass wir die Heiligkeit der Welt auch dann noch sehen, wenn sich der Weihrauch verzogen hat.

4

Gemeinschaft – Grundlage menschlicher Beziehungen

Diesen Eifer sollen also die Mönche mit glühender Liebe in die Tat umsetzen, das bedeutet: Sie sollen einander in gegenseitiger Achtung zuvorkommen; ihre körperlichen und charakterlichen Schwächen sollen sie mit unerschöpflicher Geduld ertragen; im gegenseitigen Gehorsam sollen sie miteinander wetteifern; keiner achte auf das eigene Wohl, sondern mehr auf das des anderen; die Bruderliebe sollen sie einander selbstlos erweisen; in Liebe sollen sie Gott fürchten; ihrem Abt seien sie in aufrichtiger und demütiger Liebe zugetan. Christus sollen sie überhaupt nichts vorziehen. Er führe uns gemeinsam zum ewigen Leben.

RB 72,3-11

Beim Eingang zu unserer Klosterkirche hängen Bilder von Benedikt und Scholastika. Es gibt sie, in Öl gemalt oder als Holzintarsien, auch in Sälen und öffentlichen Räumen. In der Bibliothek und auf dem Rasen an der Straße vor unserem Grundstück. Sie sind überall zu finden. Aus welchem Material auch immer, sie sagen mir das Eine: Die beiden sind menschlich. Sehr menschlich.

In all den Jahrhunderten, in denen sie dargestellt wurden, wiesen die Porträts von Benedikt und von Scholastika keine romantischen Verrenkungen auf. Sie sind nicht überlebensgroß. Sie sind nicht von leuchtenden Heiligenscheinen umgeben. Auch nicht von Engeln. Und etwas zeichnet sie vor anderen Heiligenbildern aus: Sie haben eindringliche Augen.

Das Sehen und die Menschlichkeit sind, wie ich meine, die grundlegenden Charismen der benediktinischen Gemeinschaft. Sehen können ist eine Stärke und eine Schwäche. Wenn wir lernen, das Leben zu sehen, wie es ist, und nicht, wie wir es gern hätten, haben wir schon einen Zipfel des Glücks. Aber wir möchten das Leben wahrscheinlich eher nach unserem eigenen Bild und Ebenbild formen.

Die Regel Benedikts lacht über diese Idee. Benedikt macht nicht ein elitäres Leben zum Modell und Ziel des geistlichen Lebens. Er formt eine Gemeinschaft, eine Familie. Familien sind aber für jene, die im Leben Vollkommenheit suchen, gefährliche Orte, wie die Ehrlichsten unter uns zugeben werden.

Die Theologie der Gemeinschaft ist zweifellos einer der Punkte, bei denen Benedikt am ehesten von den traditionellen Normen des Ordenslebens abweicht und in denen er uns die wahre Tiefe des Ordenslebens zeigt. In einer Zeit, die vom Eremitentum bestimmt ist, sagt Benedikt, „die stärkste Art der Mönche“ sei nicht der Einsiedler, der Pseudoasket oder der wanderende Bettelmönch, sondern der Zönobit (RB 1,12), der gelernt hat, mit anderen in Gemeinschaft zu leben. In der Tat mag die Gemeinschaft das sein, was die benediktinische Spiritualität der modernen Welt gibt.

Die frühen Wüstenväter waren disziplinierte, auf das Jenseits ausgerichtete Einsiedler, deren einziges Lebenswerk es war, sich auf Gott zu konzentrieren. Dagegen waren die benediktinischen Ordensleute gewöhnliche Leute, deren ganze Mühe darin bestand, sich auf Gott zu konzentrieren und einander zu dienen. Aber wer wüsste nicht, wie einladend die Wüste nach einem langen, schwierigen Tag sein kann, der damit ausgefüllt war, dass man Leute traf, Leuten zuhörte und hinter ihnen herputzen musste. In der Wüste würde

Gott bestimmt direkt zu uns sprechen. In der Gemeinschaft spricht Gott auch, aber nur durch die anderen. Ah ja, sagen die Leute, ich ginge gern in ein Kloster, um von dieser Miete wegzukommen, von diesem wilden Kind, von diesem Druck, von dieser schlampigen Frau oder diesem anspruchsvollen Ehemann, von diesem Konkurrenzkampf im Arbeitsleben und diesen redseligen Verwandten. Stopp. Nicht so schnell. Das Kloster bietet keine Flucht vor all dem an, aber es könnte ein Modell sein, wie man damit umgehen kann.

Was sehen Benedikts und Scholastikas Augen genau, wenn sie auf die menschliche Gemeinschaft blicken? Zuerst und das ist für die Regel klar: Liebe kostet etwas. Sie kostet die kleinen, täglichen Dinge – Aufwarten bei den Mahlzeiten, Bedürfnisse erfüllen, mit netten Worten um eine Vergünstigung bitten oder sie behutsam ablehnen. Zweitens ist die Liebe fordernd. Sie fordert von uns, dass wir unsere Talente für die Gemeinschaft und für andere einsetzen. Sie fordert von uns, dass wir uns vor allem um die Beziehungen kümmern. Dass wir für die anderen Gemeinschaft schaffen. Sie fordert, dass wir uns, unseren Geist, unsere Einsichten und unsere Zeit miteinander teilen. Noch mehr, sie fordert, dass wir den Menschen ermöglichen, in unserem Leben das zu sein, was sie in Wahrheit sind, und so zu wachsen, wie es ihnen möglich ist.

Die Gemeinschaft ist das einzige Heilmittel gegen einen Individualismus, der sich in unserer Welt schnell den Höhen von Pathologie und Sünde nähert. Volksmärchen schenken uns einen aufschlussreichen Blick auf dieses wachsende globale Problem. Im Fernen Osten verdeutlicht eine Erzählung den Unterschied zwischen Himmel und Hölle. In der Hölle, sagt diese, haben alle drei Fuß lange Essstäbchen, die so groß sind, dass sie damit nicht das Essen zum Mund führen können und trotz reichlicher Nahrung ständig hungern. Im Himmel sind die Essstäbchen gleich lang – aber dort geben die Menschen einander gegenseitig zu essen.

Mit anderen Worten: Nicht das, was wir im Leben besitzen, spielt eine Rolle; vielmehr macht das, was wir damit bewirken, die Qualität unseres Gemeinschaftslebens aus.

Benediktinische Spiritualität verlangt, dass wir uns für die anderen verausgaben. Aber sie fordert auch die Aufmerksamkeit des anderen für meine eigene Person.

Anders als im durchschnittlichen amerikanischen Traum müssen nach diesem Modell nicht alle Familienmitglieder einen Wagen haben, der dann das gute Familienleben ausmacht oder es auch zerstört. Das Wohlergehen und die Liebe dieser Gruppe bemisst sich vielmehr danach, ob sie die Autos, die zur Verfügung stehen, gemeinsam nutzt. In dieser Vision vom Leben verausgaben sich nicht allein die Frauen total für ihre Familie, Freunde, für die Nachbarschaft und die Nation. Nicht nur von den Frauen wird erwartet, dass sie sich verausgaben, damit wirklich Familien, Gemeinschaften und Beziehungen zustande kommen. Und ebenso arbeitet nicht allein der Mann für den Unterhalt der Familie, vielmehr sollen alle etwas zum Wohlergehen und zur Zukunft der Gruppe beitragen.

Ja, die Vision einer menschlichen Gemeinschaft, die auf den Bildern in den Augen von Benedikt und Scholastika aufscheint, ist ein Modell, das sich sehr von unserer heutigen Kultur unterscheidet. Qualitäten, die die Regel Benedikts kennt und die für das Leben in einer Gemeinschaft gelten, fehlen leider in der modernen Gesellschaft. Stattdessen ernten wir heute Entfremdung, Egoismus und berechneten kosmischen Ruin.

Die benediktinische Idee von einer Gemeinschaft gründet auf dem Leben mit anderen Menschen im Geist Christi: Sie will diese Menschen unterstützen, aufbauen und von ihnen lernen. Das radikale monastische Zeugnis dieses Einsatzes für die universale menschliche Liebe ist die Ehelosigkeit, das öffentliche Bekenntnis der Ordensleute, dass sie gleichzeitig allen und niemandem gehören. Ehelosigkeit besagt, dass menschliche Gemeinschaft auf mehr beruht als auf Sexualität, dass sie die sexuelle Liebe übersteigt und sich verschwendet, ohne dafür Gleiches zu erwarten. Gemeinschaft, so erinnert uns die Regel, muss auf „keusche" Liebe gebaut sein, auf Liebe, die den Nächsten nicht gebraucht oder ausbeutet; die geben kann ohne etwas Gleichwertiges zu erwarten; auf Liebe, die nicht auf der Befriedigung des eigenen Selbst gründet. Und genau das ist der Grund, warum die benediktinische Spiritualität der Gemeinschaft nicht nur für Ehelose bestimmt ist.

In einer Kultur, in der Sex ein allbeherrschendes Thema, ein allgemeiner Zeitvertreib geworden ist und unterschwellig überall mitschwingt, fordert die benediktinische Spiritualität die ganze Weite und Tiefe der Liebe; eine Liebe, die mit menschlichen, nicht nur mit sexuellen Begriffen operiert. Ehelosigkeit besagt, dass wir alle ganz sind vor Gott, dass Gott für uns absoluten Vorrang hat, dass Gott uns genügt und seine Forderungen an uns umfassend sind. Verheiratete, Unverheiratete und Ordensleute sind gleichermaßen zu einer letzten Einsamkeit und Vereinigung mit Gott gerufen, und am Ende wird sich jedes Leben dem beugen. Ordensleute verkörpern diesen Ruf nur mit deutlicheren, breiteren und einfacheren Strichen, so dass die Welt diese Wirklichkeit klarer sehen kann.

Es ist aufschlussreich, dass die Ehelosigkeit auch im Mönchtum oft auf das Sexuelle reduziert wird. Als ich noch nicht lange in der Gemeinschaft war, durfte ich nicht vorne sitzen, wenn ich mit meinem Vater im Wagen unterwegs war. Alte geistliche Bücher rieten uns, kleine Kinder nicht an uns zu ziehen, um unsere Berufung nicht zu gefährden. Wir konzentrierten uns mehr darauf, auf Distanz zu gehen, statt unseren Blick auf die Welt hin zu weiten. Wahre monastische Ehelosigkeit ist menschliche Liebe, die auf eine umfassendere Liebe hinweist. Wahre monastische Ehelosigkeit fordert das sexuelle Chaos unserer Zeit heraus und weist auf etwas, das über das sinnliche Auf und Ab unserer Zeit hinausgeht, auf das Geistliche, das für immer bleibt. Ganz in Gott und für andere zu leben, ist ein Wert, der ein Gegengewicht zu einer extrem auf sich selbst bezogenen Welt darstellen kann.

Benedikts Spiritualität der Gemeinschaft gründet zuerst auf der Verbundenheit in Christus. Weder Gemeinschaften noch Familien existieren für sich selbst. Sie leben, um für Christus und in Christus Zeugnis zu geben. Sie existieren, um füreinander Wunder zu wirken, um die Welt zu der Familie zu machen, die sie sein soll. Ihre Aufgabe bleibt es, uns zur Mitte des Lebens hinzuführen, wo nicht so sehr Karriere oder persönliche Vorteile zählen, wo es vielmehr auf Werte und Sinn ankommt.

Mit anderen bloß zusammen zu leben schafft aber nicht schon Gemeinschaft. Menschen leben zusammen in der Armee, in Gefängnissen, in Internatsschlafsälen und in Krankenhäusern, aber sie bilden keine Gemeinschaft, es sei denn, sie lebten aus einem gemeinsamen Vorrat an Werten und aus der gleichen Mitte, der Liebe. Einen reichen Gatten oder die richtige Frau zu heiraten, in einen Orden eintreten, um Verantwortung zu vermeiden, statt sie wahrzunehmen, hat nichts mit Verbundenheit mit Christus zu tun. Wir müssen eine gemeinsame Vision teilen. Wir müssen füreinander das Gute wollen. Wir müssen fähig sein, gemeinsam aus der gleichen Quelle zu schöpfen. „Öffnen wir unsere Augen dem Licht, das von Gott kommt, und unsere Ohren der Stimme vom Himmel," sagt die Regel (RB Prolog 9).

Es genügt auch nicht, einander zu mögen. Es ist das Merkmal einer christlichen Gemeinschaft, dass wir gemeinsam den gleichen ewigen Dingen verpflichtet sind. Die zentralen Fragen in einer Gemeinschaft sind: Wofür leben wir und wie wollen wir diese Werte leben? Gemeinschaften misslingen und Ehen gehen auseinander, Ordensleute verlassen ihre Gemeinschaften und Nationen ziehen in den Krieg, wenn diese Einsicht fehlt.

Eine andere Aufgabe der Gemeinschaft ist es, uns zu helfen, über uns hinauszugehen. Das ist keine kleine Aufgabe in einer Welt, die uns ständig sagt, dass es genügt, für sich selber zu sorgen und dass alles andere uns nichts angeht. Nun, diese Art von „erleuchteter" Selbstlosigkeit bewahrt uns nicht vor der Zerstörung des Ozonschicht, auch nicht vor der Verwahrlosung unserer Städte, vor massiver Arbeitslosigkeit auch unter den Führungskräften der gebildeten Mittelschicht, ebenso wenig vor Kriegen an allen Fronten gegen Unschuldige.

Die Wahrheit ist doch die, dass wir unsere geistlichen Werte so leben, als ob uns die Wirklichkeit außerhalb unserer Vorgärten nichts mehr angeht. Wir kümmern uns allein um uns und um nichts anderes sonst, weil uns keine größere Vision von Leben antreibt und weil es uns an Sinn für die menschliche Gemeinschaft fehlt, die verlangt, dass wir für andere da sind. Die Werbeagenturen verkaufen uns ständig nur persönliche Befriedigung, nicht Wachstum für das Ganze. Wir lernen schon früh, uns um uns selbst zu drehen. Schon früh lehrt uns unsere Kultur, die „Nummer eins“ zu werden. Die Idee, anderen etwas Gutes zu tun, verkauft sich in dieser Welt schlecht. In dieses Milieu fügt die benediktinische Spiritualität das Wissen um das Leben in Christus ein, nicht ein Leben, das nur für mich stimmt. Wer den Geist der benediktinischen Gemeinschaft als Modell für die eigene Gemeinschaft übernehmen möchte, muss in Christus gegründet und willens sein, für andere ein Zeichen für die Stärke einer christlichen Gemeinschaft zu setzen.

Nicht dass die Mitglieder einer benediktinischen Gemeinschaft kein eigenes Leben führten. Es geht einfach darum, dass ein Leben ohne die anderen nur ein halbes Leben ist. Leben ohne die Gemeinschaft im Glauben lässt uns ohne ein Gespür für das „mehr als ich“, und das ist letztlich ein unfruchtbares Leben. Wenn wir aber für andere über uns selber hinausgehen, wird die Gemeinschaft zu einem Sakrament menschlicher Erfüllung und eines sinnvollen Lebens.

Die benediktinische Idee von Gemeinschaft besteht so in der Ehrfurcht vor Individualität ebenso wie vor Zusammengehörigkeit. Ziel benediktinischen Lebens ist nicht die Konformität, sondern eine Gemeinschaft von Herz, Seele und Geist. Auf sie hin bewegen wir uns, nicht auf Macht. Wenn wir das verstehen, werden wir frei vom Wunsch, in unserer Welt Macht über andere auszuüben, und diese sind nicht mehr Sklaven unseres Egos.

Das Gefühl, alles haben zu müssen, verschwindet, wenn wir verstehen, was Eigenständigkeit ist. Wir fangen an uns bewusst zu werden, dass die Gaben, die die Einzelnen haben, so eingesetzt werden müssen, wie Gott sie gegeben hat: frei und rückhaltlos. Wir beginnen zu realisieren, dass wir selber keinen umfassenden Plan für das Leben der anderen besitzen. Wir fangen an zu sehen, dass die Kinder die Chance haben müssen, ihren eigenen Weg zu gehen, dass es Ehemännern möglich sein muss, ihre Träume zu verwirklichen und nicht nur ihre Bankkonten zu vergrößern, dass es Ehefrauen erlaubt sein muss, ihre Begabungen zu verwirklichen statt nur Hilfskräfte für ihre Familien zu sein.

Wir lernen allmählich, unseren eigenen Talenten zu vertrauen, aber nicht um ihrer selbst willen. In der benediktinischen Tradition entfalten wir unsere Talente, wenn wir sie zum Wohl anderer Menschen einsetzen. Die Handwerker, die ihr Handwerk ausüben, sagt die Regel, „sollen ihre Produkte etwas billiger verkaufen“ (RB 57,8). Unsere Talente müssen verschenkt werden, damit die menschliche Gemeinschaft reicher wird, weil es uns gibt.

In der benediktinischen Spiritualität ist Gemeinschaft etwas sehr Menschliches. Wir erwarten nicht Vollkommenheit, aber Wachstum in uns und in den anderen. Alle haben hier ihren besonderen Platz, welches auch immer ihre Stellung ist. In Benedikts Gemeinschaft waren Sklaven und Freie, Priester und Laien, Alte und Junge gleichgestellt. Jeder hatte etwas zu sagen und jedes Talent zählte; jeder hatte seine Bedürfnisse und Pflichten gegenüber den anderen.

Es gehört zur Gleichheit in der Familie, dass Väter nicht das Recht haben, in ihrer Familie zu wüten. Kinder dürfen nicht den Haushalt tyrannisieren, Mütter dürfen nicht ihre mütterliche Sorge verweigern mit der Begründung, auch sie seien jemand. Alle haben jedoch das Recht, gehört zu werden und Hilfe zu bekommen, wenn das Leben schwierig wird und Aufgaben nicht mehr allein zu bewältigen sind. „Sie sollen Hilfe erhalten, wenn sie es brauchen“ (RB 53,20), lehrt die Regel. Die Aufgabe der Familie ist es nicht, Rollen festzulegen. Ihre Aufgabe ist es, Familie zu sein.

In der Folge läuft die Gemeinschaft aus dem Ruder, wenn sie nur noch als Sprungbrett für unsere eigenen Ambitionen betrachtet wird, und nicht als Arena, in der ich meine Talente für die Menschen einsetze, so dass wir miteinander ein besseres Leben haben. Wenn ich der Ansicht bin, meine Gemeinschaft schulde mir etwas oder meine Familie liebe mich nicht, wenn sie mir nichts gibt, oder wenn meine Freunde ihre Pläne meinetwegen ändern müssen, geht es mir nicht um die Gemeinschaft, sondern um meine eigene Welt. Wenn die eigene Karriere, unser Ehrgeiz oder unsere Faulheit zur Mitte werden, um die sich unsere Beziehungen drehen, haben wir überhaupt keine Gemeinschaft. Wir haben dann nur einen privaten Garten Eden.

Als junge Ordensfrau beeindruckte mich das Miteinander: Alte und Junge, Gebildete und Ungebildete, Verantwortliche und Angestellte schrubbten Holzböden, fegten Treppen und reinigten Wände. Ich sehe, dass alle miteinander arbeiten und verstehe, dass wir miteinander leben: Wenn alle während den gemeinsamen Mahlzeiten bei Tisch dienen und bei den Gesangsproben mitmachen, beim Geschirrspülen und an großen Feiertagen beim Tischdecken helfen; bei den Weihnachtsdekorationen und beim Verpacken der Geschenke, welche die Gemeinschaft ausgibt. In solchen Momenten weiß ich, dass ich nicht allein bin, und es wird mir erneut klar, dass es grundlegende Dinge gibt, Dinge, die wichtiger sind als Terminkalender. Und ich verstehe, dass Gottesliebe, Freude und Freundschaft auf den langen, dunklen Wegen des Lebens zu diesen grundlegenden Dingen gehören, ebenso wie die Partnerschaft in den großen menschlichen Lebensprojekten. Wir müssen lernen füreinander dazu zu sein, so dass die Gottesliebe zu einer offenbaren Gewissheit wird, gerade hier und jetzt. Dies sind die Aufgabe und der Segen der Gemeinschaft. Das ist sehr weit weg vom wilden Individualismus, vom Narzissmus und von der selbstzentrierten Emanzipation, von denen unsere Gesellschaft durchdrungen ist.

Schließlich hängt die benediktinische Spiritualität von der Beständigkeit ab, davon, dass man Dinge durchschaut, ausarbeitet und weitergeht. Nicht alles kann im Leben geheilt oder gelöst, weggesteckt werden – anders als die glatten Werbespots uns vorgaukeln möchten. Manches muss einfach erduldet und ertragen werden. Gemeinschaft und Beziehungen machen das möglich. Sie stützen uns, wenn wir ein Tief haben.

In der Gemeinschaft gestalten wir unsere Verbundenheit mit Gott, miteinander und mit uns selber. Hier entdecken wir, wer wir wirklich sind. Das gemeinsame Leben zeigt mir meine Ungeduld, mein Besitzdenken und die quälende Vergötterung meiner selbst. Mit anderen Worten: Das Leben mit anderen zeigt mir nicht so sehr ihre Fehler als meine eigenen. Die menschlichen Beziehungen helfen mir, meine harten Kanten zu glätten, mich zu versöhnen und mich um Menschen außerhalb meiner selbst zu sorgen. Die menschlichen Beziehungen lehren mich, dass Theorie die Liebe nicht ersetzt. Es spricht sich leicht über die Gottesliebe; etwas anderes ist es, sie zu üben.

So machen mich die Beziehungen heilig. Sie zeigen mir, wo meine Heiligkeit ist und auf diese Weise bringen mich die Beziehungen voran. Sie zeigen mir, wo ich wachsen kann. Wenn ich ein passiver Opfertyp bin, kann Selbstbehauptung mir helfen, ganz zu werden. Wenn ich in einer Gruppe dominiere, kann die Bereitschaft zu hören und mich führen zu lassen, mein Ruf zum Leben sein. Allein bin ich, was ich bin, aber in Gemeinschaft habe ich die Chance, zu werden, was ich sein kann. Und so bindet mich die Beständigkeit an diese Gruppe von Menschen und Beziehungen, so dass wir gegenseitig mehr Vertrauen aufbringen und es uns leisten können, zu stolpern und zu suchen. Und wir wissen, dass wir aufgefangen werden, wenn wir fallen, und dass wir von jenen, die vor uns waren, an Orte geführt werden, die wir noch nicht sehen. In einer benediktinischen Gemeinschaft leben alle Lebensalter miteinander, die Jungen mit den Alten, die Gesunden mit den Kranken, und alle lernen voneinander. Die Älteren lernen von den Jungen, dass das Leben weiter geht und die Schöpfung weiter schöpferisch ist. Die Jungen lernen von den Älteren, dass das Leben mehr ist als Titel und Karrieren, dass wir eines Tages das sein werden, was wir sind, und nicht mehr. Dann werden wir auf unsere Gottesbeziehung, unsere Beziehung zu uns selber und zu anderen zurückblicken als das einzig bleibende Zeichen unserer Menschlichkeit.

„Wem soll der Eremit die Füße waschen?" fragte vor vielen Jahrhunderten Basilius, von dem sich Benedikt in mancher Hinsicht inspirieren ließ. Die Frage muss heute gestellt werden in einer Kultur, die weithin auf die Anbetung des eigenen Selbst fixiert ist. Wenn wir in unseren persönlichen Beziehungen nicht lernen, was das Bild von Himmel und Hölle sagt, nämlich für jemanden an unserer Seite zu leben, wie wollen wir dann als Nation je lernen, auf das Weinen der Hungernden in Äthiopien, der Analphabeten in Afrika, der Flüchtlinge im Mittleren Osten und der Kriegsmüden in Zentralamerika zu hören? Was wird aus einer Nation, die in unserer Zeit keinen Sinn für die Gemeinschaft hat? Ja, was wird aus unserem Planeten werden?

Die am Anfang gebrachte Warnung der Weisen ist deutlich: „In der Hölle haben die Menschen drei Fuß lange Essstäbchen und können darum ihren eigenen Mund nicht finden. Im Himmel sind die Essstäbchen genauso lang, aber dort geben die Menschen einander zu essen." Eine heute nicht weniger neue, nicht weniger wichtige Botschaft.

Die menschlichen und eindringlichen Augen Benedikts und Scholastikas sehen alles und überlassen es uns, die Entscheidungen zu treffen, die zum Leben führen. Die Gemeinschaft ist unsere einzige Wahl.

5

Demut – Die vergessene Tugend

Wenn wir also den höchsten Gipfel der Demut erreichen und rasch zu jener Erhöhung im Himmel gelangen wollen, zu der wir durch die Demut in diesem Leben aufsteigen, dann ist durch Taten, die uns nach oben führen, jene Leiter zu errichten, die Jakob im Traum erschienen ist. Auf ihr sah er Engel herab- und hinaufsteigen. Ganz sicher haben wir dieses Herab- und Hinaufsteigen so zu verstehen: Durch Selbsterhöhung steigen wir hinab und durch Demut hinauf. Die so errichtete Leiter ist unser irdisches Leben. Der Herr richtet sie zum Himmel auf, wenn unser Herz demütig geworden ist. Als Holme der Leiter bezeichnen wir unseren Leib und unsere Seele. In diese Holme hat Gottes Anruf verschiedene Sprossen der Demut und Zucht eingefügt, die wir hinaufsteigen sollen.

RB 7,5-9

Der Innenhof einer der interessantesten Orte unseres Klosters. Zu jeder Zeit wachsen da exotische Blumen, doch nur wenige Leute beachten sie. Die meisten Fenster, die auf diesen Hof gehen, gehören zu Arbeitsräumen. Die öffentlichen Aussichtspunkte sind vor allem in engen Korridoren, wo man sich bewegen muss und nicht innehalten und schauen kann. Und doch ist der Hof einer der wichtigen lebenspendenden Orte. Er gibt dem Innern des Klosters Licht. Er atmet Schönheit. Wie ein japanischer Garten macht er den Frieden zur Mitte des Hauses. Alle wissen es. Aber wenige sehen ihn. Und ohne ihn wäre das Haus etwas ganz anderes.

Benedikt bringt das mit seinem Kapitel über die Demut zustande. Er macht die Demut unauffällig zur Mitte der Regel, sie prägt den ganzen Text und die ganze Lebensform.

In unserem Jahrhundert ist es nicht leicht, über Demut zu sprechen. Ich bin mir sicher, dass das auch im 6. Jahrhundert so war. Das Patriarchat galt als Institution göttlichen Rechts. Sklaven und Freie waren streng getrennt. Das römische Bürgerrecht war der Pass für ein gutes Leben. Hier hatte die Demut keinen Platz und ebenso fehlte das Verständnis dafür.

In unserer Generation wird Demut bestenfalls als etwas Neurotisches verstanden. Geht es uns doch um Selbstachtung, persönliches Wachstum und Karriere. Demut im Sinne von Passivität, Bescheidenheit und Selbstverleugnung ist für uns alles andere als normal und lebenstüchtig. Und ich bekenne, dass Demut, so wie man sie uns lehrte, auch durchaus viel zu wünschen übrig ließ.

Im Noviziat hieß Demut Unauffälligkeit, Verzicht auf Fragen, keinen Widerspruch einlegen, auch wenn es angebracht war, die eigenen Talente unterdrücken. Aufs Ganze gesehen waren wir nicht weit von der Zeit entfernt, in der das Gießen trockener Holzstücke als Beweis dafür galt, dass Ordensleute fraglos und ohne Widerstand auch Lächerliches auf sich nehmen können. Ich habe das alles nie richtig verstanden. Die Menschen, die ich kannte und bewunderte, waren meist sehr effiziente Leute, die um ihre Effizienz wussten und noch besser werden wollten. Ich war auch überzeugt, dass sie demütig waren. Ich konnte nur nicht sagen, warum ich wusste, dass es so war. Dann begann ich, die Regel zu studieren.

Was die Demut betrifft, muss unser Jahrhundert vieles neu lernen; Benedikts Regel könnte ihr dabei als gutes Modell dienen. Die zwölf Stufen der Demut bei Benedikt betreffen zwölf Bereiche des persönlichen Wachstums und führen zum Frieden. Sie führen auch zur Selbstentwicklung und zum Gemeinschaftssinn. Wie unser Innenhof durchdringen sie das ganze Leben, still, unauffällig und umfassend. Wir alle haben etwas, das unser Leben bestimmt. Für die einen ist es der Ehrgeiz, für andere der Geiz, eine Sucht, die Angst oder Selbstsucht. Benedikt will, dass unser Leben von der Wirklichkeit geprägt wird. In früherer Zeit haben das Ordensleute so formuliert:

Eines Tages sagte der Meister: „Es ist so viel leichter zu reisen, als innezuhalten."

„Warum?" wollten die Jünger wissen.

Der Meister antwortete: „Solange ihr zu einem Ziel unterwegs seid, habt ihr einen Traum. Wenn ihr anhaltet, müsst ihr euch der Wirklichkeit stellen."

„Wie können wir uns je ändern, wenn wir keine Ziele und keine Träume haben?" fragten die Jünger.

„Die wahre Veränderung ist nicht gewollt. Stellt euch der Wirklichkeit und es wird unvorhergesehene Veränderungen geben."

Demut ist höchste Wirklichkeit.

Benedikt fasst seine Lehre von der Demut in sechs grundlegenden Prinzipien zusammen. Wer das verstanden hat, weiß auch, dass Benedikts Verständnis von Demut und der Gebrauch dieses Wortes in unserem Jahrhundert Lichtjahre voneinander entfernt sind.

Vor allem verlangt Gottes Gegenwart, so die benediktinische Spiritualität, eine ganze Antwort. Wenn ich wirklich glaube, dass Gott in meinem Leben gegenwärtig ist, hier und jetzt, dann muss ich mich damit auseinandersetzen. Im Leben wird es keine Lösungen geben, wenn ich das nicht tue. Keine Lebensplanung kann je die Wichtigkeit des Gottesgedankens unterdrücken, kein Aktivismus die Notwendigkeit übertönen, herauszufinden, was das Wichtigste im Leben ist. Kein Maß an Erfolg wird je als Erfolg aufscheinen, wenn ich mein Ziel nicht im Mittelpunkt des Lebens finde.

Zweitens macht die Regel deutlich, dass Stolz als Gegenteil von Demut nicht die Genugtuung meint, dass ich etwas gut gemacht habe. Der Stolz im Sinne des Gegenteils von Demut ist der Wunsch, mein eigener Gott zu sein und Menschen und Dinge zu beherrschen. Sich an dem zu freuen, was ich erreicht habe, ist kein Stolz. Diese Art von Bewusstheit ist der Geist des „Magnificat" im besten Sinne. Stolz heißt, die Welt und alles, was in ihr ist, meinen Zielen unterzuordnen. Es ist ein Zeichen sehr großer Arroganz, wenn andere ihr Leben so gestalten müssen, dass ich ein bequemes Leben haben kann. Es ist unverfrorene Arroganz zu meinen, auch Gott müsse das tun.

Das dritte grundlegende Prinzip monastischer Demut: Geistliche Entfaltung ist ein Prozess. In der jüngsten Vergangenheit war die Spiritualität durch die Meinung geprägt, Wachstum sei etwas Einmaliges. Wer einen Mittelschulabschluss hatte, galt als Erwachsener. Auch wer verheiratet war, galt als erwachsen. Jene, die Eltern wurden, waren automatisch erwachsen. Auch wer ins Kloster oder in ein Seminar ging. So haben wir auch das geistliche Leben verstanden. Wir ließen Leute geistliche Gymnastik machen, in der Meinung, es sei ein Beweis für geistlichen Fortschritt, wenn sie bestimmte Dinge auf bestimmte Art taten. Mit gesenkten Augen zu gehen galt als andächtig. Auf den Knien

Kirchenstufen hinaufzugehen war, wie ich als Kind gelehrt wurde, ein Zeichen von Buße. Sich als Priester ganz hinten anzustellen galt als Zeichen von Demut. Aber nichts ist so heimtückisch wie geistlicher Stolz. Nichts ist schwerer zu identifizieren. Nach monastischer Überzeugung ist geistliche Entfaltung jedoch nicht ein punktuelles Ereignis. Sie ist ein Prozess anhaltender Umkehr. „Was tut ihr im Kloster?" fragt jemand in einer alten Geschichte. „Oh, wir fallen und wir stehen wieder auf," antwortete der Alte. Die monastische Spiritualität sagt, dass wir nie am Ziel ankommen; wir sind immer beim Ankommen.

Für die benediktinische Spiritualität sind Demut und Demütigung zwei verschiedene Dinge und haben nicht unbedingt etwas miteinander zu tun. Die Regel fordert keine Demütigungen. Sie verlangt die Demut, die es braucht, um mit den demütigenden Dingen des Lebens umzugehen und sie psychologisch gut und geistlich gesund zu bestehen. Anders gesagt: Wir können das ganze Leben hindurch einer Reihe von Demütigungen ausgesetzt sein und doch nichts über Demut wissen. Demütigungen sagen viel über Unterdrückung, über Unterentwicklung oder über Groll aus. Das muss aber überhaupt nicht heißen, dass wir etwas über die Demut gelernt haben. Benediktinische Demut macht den Geist frei; sie erschlägt ihn nicht.

Demut, sagt die Regel auch, ist der Klebstoff für unsere Beziehungen. Demut ist das Fundament von Gemeinschaft, Familie, Freundschaft und Liebe. Sie stellt sich ein, wenn ich meinen Platz im Universum verstehe.

Schließlich zeigt die Regel, dass Egoismus das Selbst zerstört. Wenn wir einer ungerechtfertigten, unbegrenzten Art von Selbstbezogenheit erlauben uns aufzuzehren, ist unsere geistige Gesundheit bedroht.

In den 1980er Jahren traten die Resultate einer übertriebenen Selbstbezogenheit in einem solchen Maße zu Tage, dass die Psychiatrische Gesellschaft Amerikas begann, den Narzissmus als Persönlichkeitsstörung zu bezeichnen. Es zeigt sich deutlich, dass uns die kulturellen Folgen des wuchernden Individualismus verfolgen. Zu den Symptomen des Narzissmus, den Zeichen einer nicht integrierten Persönlichkeit, gehört nach übereinstimmender Ansicht der Fachleute ein übertriebenes Gefühl der eigenen Bedeutung; die Beschäftigung mit Erfolgsfantasien; Exhibitionismus und der konstante Versuch, Aufmerksamkeit zu erregen; Verachtung, unverhältnismäßiger Zorn bei Kritik; eine Anspruchshaltung, die jede Hoffnung auf Erfolg in persönlichen Beziehungen unterminiert; eine Weise zu sprechen, die mehr der Selbstdarstellung als der Kommunikation dient.* Die Regel Benedikts liest sich wie eine Therapie für diese Krankheit.

In einer Kultur, in der das Individuum immer noch wichtiger ist als die Gruppe und in der in den Familien Spannungen entstehen wegen der Frage, wessen Ansichten gelten, ist es oft schwierig herauszufinden, wann persönliche Bedürfnisse ausbeuterisch werden. Irgendwo zwischen den beiden Polen extremer Unterdrückung und extremer Selbstsucht bietet die monastische Demut ein Fundament für eine menschliche Gemeinschaft und für die Vereinigung mit Gott an.

Dieser Prozess bedeutet für Benedikt lebenslange Arbeit. Er nennt ihn „eine Leiter der Demut" (RB 7,6): Am Anfang steht der Aufstieg, es folgt das Fortschreiten, das kein Sprung ist, und dabei sind Leib und Seele beteiligt. „Unser

* Theodore Millon, Disorders of Personality, New York 1981

Leib und unsere Seele sind die beiden Holme dieser Leiter“ (RB 7,9), sagt er. Es gibt keinen Dualismus, nur das einfache, ehrliche Zugeständnis, dass wir geerdet sind, uns aber nach Gott ausstrecken und dass wir versuchen, die Forderungen des Leibes und die Hoffnung der Seele zusammenzubringen, in Einklang zu bringen und ihnen eine Mitte zu geben, trotz der Schwerkraft und der Unausgewogenheit des Lebens. Leib und Seele zusammenzubringen, das ist unsere Aufgabe und unser Lebensprojekt.

Die frühchristliche Theologie schätzte besonders das Bild des Turms und der Leiter. Es war Augustinus, der uns die wundervolle Zeile schenkte: „Suchst du Gott? Suche in dir selbst und steige durch dich selbst hinauf.“ Wenn wir wirklich Gott suchen, dann müssen wir in der Mitte unseres Herzens, unserer Beweggründe und Erwartungen beginnen. Wir können nicht unsere Terminplanung, die Finanzen, die Arbeit oder die Menschen, die uns wichtig sind, beschuldigen, dass sie unseren Fortschritt blockieren. Wir müssen lernen, aus uns heraus zu suchen. Wollen wir glücklich sein, so müssen wir aufhören, darauf zu warten, bis die Welt um uns herum vollkommen ist.

Dann aber stellt Benedikt das Bild der Leiter gegen alle Erwartung auf den Kopf: „Wir steigen durch Selbsterhöhung hinunter,“ sagt er, „und durch Demut hinauf“ (RB 7,7). Offensichtlich gibt es im monastischen Leben Werte, die sich von den üblichen Werten unterscheiden. Sich auf den Weg der benediktinischen Spiritualität zu machen bedeutet, die Welt auf andere Weise zu sehen als jene, die um uns herum leben. Was für sie oben ist, ist für uns dann vielleicht unten. Was sie Erfolg nennen, mag in unseren Augen ein Misserfolg sein. Was für sie ein Erfolg ist, mag für uns eine Falle sein. Wir leben nicht nur für uns selber. Wir sind auf dem Weg zu Gott, indem wir uns entäußern inmitten einer Kultur, die Geld und Titel, Einladungen und Macht wie einen Goldschatz hortet. Wir sprechen von Demut, und da steht das Leben nackt vor uns. Hier ist Leben einfach Leben. An aktuellen Standards gemessen, steht das Leben auf dem Kopf: Oben ist tatsächlich unten, Demut ist Erhöhung. Im Leben geht es nicht um „mich". Es geht um Gott. Was heute Psychiater zu betonen beginnen, das wusste schon Benedikt. Sich selber vorne hinstellen, Eigenwille, Eigenliebe und radikaler Egoismus sind Versuche, uns selber zu Gott zu machen. Ich mache mich selber zum letztgültigen Schiedsrichter von Gut und Böse. Wachstum wird unmöglich.

Benedikt zeichnet den Weg, der zu Demut und Umkehr führt, in zwölf aufeinanderfolgenden Schritten. Jeder einzelne ist wichtig, bevor der nächste erfolgen kann, und jeder ist ein einfacher Weg zur Annahme des Lebens im Hier und Jetzt, wie das Schmelzfeuer, das meine Gegenwart und das Rohmaterial meiner Zukunft reinigt. Aus diesem sehr einfachen Weg machen wir gerne etwas Kompliziertes.

„Die erste Stufe der Demut," sagt die Regel, „Der Mensch achte stets auf die Gottesfurcht und hüte sich, Gott je zu vergessen. Stets denke er an alles, was Gott geboten hat" (RB 7,10-11). Die erste Sprosse der Leiter, die zur Vereinigung mit Gott und zur Lebensharmonie führt, besteht darin, dass wir Gott Gott sein lassen. Wir vergöttlichen so vieles im Leben – diesen Beruf, jene Person, diese Sache, einen Titel –, dass wir schließlich vergessen, wer Gott wirklich ist. Wir vergessen, was im Leben wirklich bleibt. Wir vergessen, dass es Verantwortungen gibt, die mit dem Geschöpfsein kommen: den Garten zu pflegen und für ihn zu sorgen, sich der Geschöpfe anzunehmen und einander Hilfe zu leisten. Wir vergessen die Gegenwart Gottes und handeln, als ob es Gott nicht gäbe. Wir machen einander klein, machen uns lustig über die Armen und verstoßen den Fremden. Wir machen uns selber zu Gott und vergessen, was Gott in anderen Menschen für uns will.

Die zweite Stufe der Demut folgt ganz konsequent. Wenn Gott im Leben gegenwärtig ist, muss ich Gottes Willen für mich annehmen. Umstände, die sich nicht ändern oder verhindern lassen, sind, das ist klar, Gottes Wille für mich. Sie haben etwas an sich, mit dem ich umzugehen lernen muss. Sie haben etwas an sich, das für mein Wachstum wesentlich ist. Es gibt zumindest Vorgehensweisen, Antworten und Pläne, die sich von den meinen unterscheiden. Sie müssen zum Tragen kommen, wenn ich über mich hinauswachsen und soweit kommen soll, dass ich in anderen die Schönheit anerkenne.

Die dritte Stufe der Demut verlangt von uns die Bereitschaft, uns der Führung durch andere zu unterstellen. Hier berühren wir den grenzenlosen Wunsch des Menschen, Macht auszuüben. Hier lernen wir, dass es außerhalb meiner selbst Ereignisse und Menschen gibt, die über mich Macht haben, ob ich das will oder nicht. Ich muss anerkennen, dass ich sterblich bin. Das Leben liegt nicht in meinen Händen. Ich habe nicht jede Dimension des Lebens in der Hand. Wenn ich mich selber betrüge in der Meinung, alles in der Hand zu haben, setzt die Frustration ein.

Das Eingeständnis, dass es eine Autorität außerhalb meiner selbst gibt, bindet meinen unersättlichen Durst nach Macht. Demut bedeutet, bei der Arbeit auf den Chef zu hören, mich von einem Freund führen zu lassen. Ich muss nicht totale Kontrolle über mein Haus, meinen Tagesplan und mein Gebiet ausüben. Ich bin frei, meine Arroganz aufzugeben und auf meine Allmacht zu verzichten. Ich gebe zu, dass ich Umkehr nötig habe und öffne mich, um zu suchen und anzunehmen, was Gott durch andere von mir will. Meine Freiheit ist nicht unbegrenzt. Der Gehorsam gegenüber Gottes Willen setzt mir Grenzen.

Die vierte Stufe der Demut bringt uns dazu, die Schwierigkeiten anzunehmen, die uns andere im Leben bereiten, „mit Geduld und gleichmütig, ohne müde zu werden oder aufzugeben“ (RB 7,35-36). Diese Stufe der Demut verlangt emotionale Reife. Das Leben ist voller Schwierigkeiten. Die meisten sind weder unlösbar noch eine Zumutung, sie sind einfach nur schwierig. Im geistlichen Leben müssen wir irgendwann aufhören, wegzurennen vor dem, was uns beschwert. So können wir erkennen, was von uns verlangt wird, was wir aber nicht geben wollen.

Vor allem erfordert die vierte Stufe der Demut, dass wir den Ansichten anderer eine Chance geben. Wenn wir Menschen über uns anerkennen, können wir nicht alles, was sie tun, kritisieren oder nach schnellen Erfolgen suchen. Manchmal müssen wir einfach warten. Manchmal müssen wir immer wieder ansetzen, damit ihre Ansichten zum Zuge kommen. Manchmal müssen wir ihnen zugestehen, dass sie eigene Schwächen selber und zu ihrer Zeit entdecken. Was bringt es wirklich, etwas zu forcieren? Was bringt es, darauf zu bestehen, dass wir in einer belanglosen Sache die bessere Idee haben, wenn dadurch lebendige Beziehungen verloren gehen, nur weil wir beweisen wollen, dass wir recht haben?

Die fünfte Stufe der Demut besteht darin, böse Gedanken, die im Herzen aufsteigen, dem Abt nicht zu verheimlichen, oder Böses, das wir im Verborgenen getan haben, demütig zu bekennen (RB 7,44). Ein monastisches Herz muss die Heuchelei ablegen, aufhören zu behaupten zu sein, was man nicht ist, und die Seele öffnen, damit sie geheilt werden kann. Eine ganze Berufsgattung ist entstanden, die nur bestätigen kann, was diese Stufe mit einschließt. Wenn wir in die Höhlen unseres Herzens hineinleuchten, sehen wir, dass der Drache in unserem Innern nicht annähernd so groß ist, wie wir meinen. Die Psychologie weiß das.

Diese Stufe will sagen: Wenn wir wachsen wollen, sind Selbstbekenntnis und Interaktion mit anderen absolut notwendig. Wenn wir zu unseren Schwächen und Begrenzungen stehen, führt uns jemand anders still und beharrlich durch den Morast von Unsicherheiten und Kämpfen, zu denen unser Leben geworden ist. Das kann ein Freund, die Gattin, der Gatte, ein Elternteil oder sonst jemand sein, der uns nahe genug steht, um sich für unser Wachstum und unseren Weg zu interessieren. Wir verzichten auf die falschen Bilder und werden zu denen, die wir sind, mit der Hilfe eines Menschen, der sich um uns sorgt. Wir erkennen die Stärken anderer an und können uns so von unseren Schwächen frei machen.

Auf der folgenden Stufe soll der Mönch „zufrieden sein mit dem Letzten und Einfachsten" (RB 7,49). Immer das Beste zu wollen, ist heute eine Art Besessenheit. Die Kinder wollen die besten Rennräder, nicht ein gewöhnliches Fahrrad. Erwachsene meinen, ohne eigenen Swimmingpool seien ihre Gärten unvollständig, wie schön sie auch sein mögen. Junge Hochschulabsolventen werden darauf eingeschworen, dass sie mit ihren Studienabschlüssen automatisch Anspruch auf hohe Löhne, gute Restaurants und große Autos haben. Mit einem Dreigangfahrrad gesehen zu werden, im Park schwimmen zu gehen oder für eine kleine

Firma zu arbeiten, in der die Löhne bescheiden und die Büroeinrichtungen funktionell statt elegant sind, heißt, dass wir irgendwie Misserfolg gehabt haben. Wie soll man das den Nachbarn nur erklären?

Die benediktinische Spiritualität hat eine einfache Erklärung: Was ich brauche, um in diesem Leben glücklich zu sein, ist nicht von dieser Welt. Ich bin nicht auf der Welt, um das Beste, was das Leben bietet, zu haben. Ich bin hier, um das zu besitzen, was ich für meinen Leib brauche, dann kann sich auch die Seele entfalten. Ich bin hier, um das zu schätzen, was da ist.

Von allen Stufen der Demut gilt die fünfte, das Bekenntnis zu den eigenen Schwächen, für Amerika wohl am meisten, die sechste am wenigsten. Warum sollte ich nicht alles haben, was ich haben kann? Weil ich nicht alles brauche, weil es die Seele belastet und mich an weniger wichtige Dinge fesselt. Ich habe keine Zeit für geistliche Lesung, weil ich den Pool reinigen muss; keine Zeit für die Familie, während ich die Karrierestufen hochsteigen muss, anstatt die Stufen der Demut zu erklimmen. Ich habe keine Zeit, die wesentlichen Freuden des Lebens zu entdecken, weil ich schon in der Jugend lerne, wie man die Nachbarschaft mit dem Besitz aussticht. Und ich habe nicht einmal Zeit, den Wert des Geldes kennenzulernen, weil ich das, wofür ich Geld ausgebe, gar nicht brauche. Dabei befreit uns diese Stufe der Demut mit ihrem Aufruf, mit weniger zufrieden zu sein, von der schweren Last der Dinge, die im Leben unnötig sind.

Die sechste Stufe der Demut trifft bis ins Mark. Ist es falsch, den größeren Wagen zu kaufen? Ist es unchristlich, ein Haus am Meer zu kaufen? Ist es unheilig, gut zu bauen, gut zu kaufen und richtig zu investieren? Wenn ja – wie steht es dann mit den großen Klöstern und Kirchen, mit den großen Kunstwerken, die einfach zu einem Benediktinerkloster gehören? Die Sache ist delikat und lässt sich nicht wegdiskutieren. Dinge anzuhäufen, zu horten und zu viel zu kaufen passt nicht zur benediktinischen Spiritualität. Schönheit, Einfachheit, das Notwendige, Genügsamkeit und eine gerechte Verteilung der Güter sind wesentlich. Die benediktinische Spiritualität will nicht Armut. Sie will den rechten Gebrauch der Dinge, großzügige Zuwendung, Sorgfalt und offene Hände. Der Grat ist schmal, zugegeben, aber es lohnt sich auf ihm zu gehen. Das Beschwerliche ist es wert ertragen zu werden; es ist der Maßstab, mit dem wir messen können, wie weit unsere Komplizenschaft mit einer Gesellschaft geht, die sich nie mit dem Letzten zufrieden gibt, dafür aber überall die Nummer Eins sein will.

Die Herausforderung der sechsten Stufe liegt in einem prophetischen Leben in einer Welt, der es darum geht, immer mehr anstatt genug zu haben. Benediktinische Spiritualität, die wirkliche Demut, will, dass wir unseren Besitz weggeben, und dass wir sammeln, um zu teilen.

Die siebte Stufe der Demut ist in der Sprache des 6. Jahrhunderts formuliert und auf den ersten Blick nicht leicht zu akzeptieren. „Auf der siebten Stufe der Demut glaubt der Ordensmann, die Ordensfrau, dass er oder sie der/die Letzte von allen ist“ (RB 7,51). Ebenso schwierig ist es aber, das Gegenteil zu akzeptieren: „Auf der siebten Stufe der Demut glauben wir, dass wir die Obersten und Besten von allen sind.“ Hier liegt nach meiner Meinung auch der Schlüssel zum Verständnis. Wie können wir andere verstehen und annehmen, wenn wir nicht sehen, dass wir selber möglicherweise schwächer, sündiger und verwirrter sind als sonst jemand? Wer kann unseren Maßstäben entsprechen, wenn wir uns selbst zur Norm für die Gesellschaft machen?

Wo gibt es in unserem Leben Raum zur Umkehr und zum Mitfühlen mit anderen, wenn wir uns selber lieber als Maria von Nazareth statt als Maria von Magdala sehen, lieber in der Rolle des Johannes als in der des Judas?

Die siebte Stufe der Demut verlangt, dass wir lernen, Kritik anzunehmen. Wir müssen zugeben können, dass es in uns viel Raum für Wachstum gibt. Dank der siebten Stufe der Demut können wir uns im Innern neue Möglichkeiten eröffnen. Hier sagen wir nicht mehr: „Nun gut, so bin ich halt." Auf dieser Stufe geht es um einen neuen Blick auf das Leben.

Die achte Stufe der Demut zeigt uns unseren Platz in der Menschheit. „Auf der achten Stufe tut der Ordensmann/die Ordensfrau nichts, was die Regel und das Beispiel der Älteren nicht billigen" (RB 7,55). Benediktinische Spiritualität hat mit unserer Bereitschaft zu tun, zu hören und zu lernen, was schon immer als wahr galt. Wir lernen, dass die Gemeinschaft als solche für uns eine Quelle der Weisheit ist und dass uns die wichtigen Beziehungen nicht deshalb geschenkt werden, damit wir von ihnen profitieren, sondern von ihnen lernen. Dass wir in jeder Lebensphase von denen lernen müssen, die vor uns gelebt haben. Wir lernen von dem, was andere als verlässlich befanden, statt zu meinen, wir müssten das Rad neu erfinden. Wir lernen, dass wir selber nicht die Mitte des Universums sind, sondern dass wir in jeder Phase von anderen sehr viel bekommen können. Wir lernen, dass wir nie ankommen und dass das gut so ist.

Schließlich spricht Benedikt wie heutige Psychologen vom Sprechen. Dazu gehört auf der neunten, zehnten und elften Stufe der Demut der Rat an den Jünger, „die Zunge vom Reden zurückzuhalten" (RB 7,56), „nicht schnell zum Lachen bereit zu sein" (RB 7,59) und „freundlich, demütig, ernst und mit wenigen und vernünftigen Worten zu sprechen“ (RB 7,60).

Es wird deutlich, dass wir unser Leben nicht damit verbringen sollen, anderen zu sagen, wie sie zu leben haben. Wir sollen im Reden sanft, nicht hart, laut und grob sein, ernste Dinge nicht ins Lächerliche ziehen und uns nicht über andere lustig machen. Das Leben ist etwas Ernstes. Sich wie ein Narr aufzuführen, oberflächlich zu leben, die Zeit mit Dingen, die für die Ewigkeit bedeutungslos sind, zu verschwenden und unbeteiligt durch das Leben zu gehen, hat nichts mit einem gut gelebten Leben zu tun.

Wir sollen uns um das kümmern, was wichtig ist und uns an das Wesentliche halten, anderen gegenüber freundlich sein und zuhören. Diese drei Stufen handeln deutlich davon, wie ein demütiger Mensch anderen antwortet: Nicht arrogant, sondern mit Ehrfurcht. Das ist die Antwort der Demut. Wenn wir gelernt haben, wer wir sind, können wir anfangen, mit anderen anders umzugehen. Vielleicht sehen wir dann zum ersten Mal, wer die anderen wirklich sind, wir sehen dann ihre Weisheit, Schönheit und ihre Gaben. Und wir erkennen in ihnen das Antlitz Christi.

Schließlich, so lehrt uns die Regel, besteht die zwölfte Stufe der Demut darin, nicht nur im Herzen demütig zu sein, sondern auch im äußeren Verhalten den Menschen, denen wir begegnen, gegenüber Demut zu zeigen.

Wirklich demütige Menschen wissen, dass sie Erde, *humus,* sind, wie das lateinische Wort für Demut „humilitas“ besagt, sie sind bescheiden und beherrscht. Da ist keine Überheblichkeit, keine Distanz, kein Sarkasmus, nichts Abschätziges, kein Wichtigtuerei, kein verächtliches Gehabe. Die Fähigkeit, mit den eigenen Grenzen und den Grenzen anderer umzugehen, das Zugeständnis, dass Gott im Leben gegenwärtig ist und dass sie selber nicht das ganze Universum tragen müssen, schenkt Gelassenheit und Hoffnung, inneren Frieden und wahre Energie. Wer demütig ist, fühlt sich in jeder Gruppe behaglich. Niemand ist für sie zu tief oder zu hoch, wenn sie sich wohlfühlen wollen. Sie sind, wer sie sind. Menschen, die viel geben und viel empfangen können, und sie wissen es. Und weil sie mit sich im Reinen sind, können sie es sich leisten, anderen gegenüber offen zu sein.

Die Regel verspricht uns, dass wir „zu jener Gottesliebe gelangen, die vollkommen ist und jede Furcht vertreibt, wenn wir all diese Stufen erstiegen haben" (RB 7,67). Wir haben dann entdeckt, wer wir sind, uns dem Leben geöffnet und gelernt, damit gut zurechtzukommen. Wir wissen, dass Gott in uns am Werk ist. Vor allem wissen wir, dass wir, was immer geschieht, nichts zu fürchten haben. Das Leben mag undurchschaubar, schwierig sein, aber wir sind dann frei von den falschen Hoffnungen, Visionen und Bedürfnissen, die uns einst gefangen hielten. Wir können jetzt fliegen. Mögen die anderen billige Kopien des Lebens suchen und sich darum streiten. Wir haben das Wahre gefunden.

Demut ist einfach das grundlegende Wissen um meine Beziehung zur Welt und meine Verbundenheit mit allem, was zur Welt gehört. Demut heißt, die Beziehungen zu anderen zu akzeptieren, nicht nur in dem, was sie sind, sondern auch in dem, was ich bin. Ich habe nicht deshalb eine Beziehung zu anderen, weil ich mir davon etwas verspreche; ich gehe meinen Lebensweg mit all den anderen, weil sie aus mir etwas Wichtiges hervorlocken, mich unterstützen, in meinem Leben eine Vision von Gott zum Tragen bringen.

Demut ist nicht ein falsches Ablehnen der Gaben Gottes. Unsere Fähigkeiten und Gaben zu verleugnen, ist wohl die höchste Form von Narzissmus. Nein, Demut heißt zu den Gaben Gottes zu stehen, und anzuerkennen, dass sie mir für die anderen gegeben sind. Demut heißt, sich ganz und für immer unter Gottes Macht zu stellen, in meinem Leben und im Leben derer, die um mich herum sind.

Den Innenhof unseres Klosters sehen nur wenige. Aber viele brauchen ihn, um einen kurzen Blick auf die Schönheit zu werfen, die wir im Leben brauchen, und sich wieder an ihr aufzurichten. Sie durchdringt uns bis in unsere Knochen hinein und geht in das Unterbewusste ein wie die hohe Kunst der Demut. Sie nährt uns in aller Stille und ruft uns zu etwas, das kostbarer ist als die Zerstreuungen des Tages. Sie ruft uns zur Wirklichkeit.

6

Monastische Bewussheit – Mischung von Harmonie, Ganzheit und Ausgewogenheit

Alle Geräte und den ganzen Besitz des Klosters betrachte er als heiliges Altargerät. Nichts darf er vernachlässigen. Er sei weder der Habgier noch der Verschwendung ergeben. Er vergeude nicht das Vermögen des Klosters, sondern tue alles mit Maß und nach Weisung des Abtes.

RB 31,10-12

Die Farbfenster in unserer Kapelle sind eine Explosion von Farben. Die Kapelle ist nach Osten ausgerichtet, und so werden wir beim Morgengebet von goldenem Licht überflutet und bei der Vesper am frühen Abend in blaues Licht getaucht. Jedes Fenster ist anders gestaltet und ausgeführt. Jedes hat seine eigene Bedeutung. Und doch sind sie in meinem Geist und in meiner Seele ein Ganzes. Ich kann mich nicht immer an die einzelnen Fenster erinnern. Ich sehe alle zusammen und so wirken sie als Ganzes auf meine Seele und mein Unbewusstes und weiten meine Sinne, wenn wir singen „Jetzt ist das Tageslicht vergangen, wir heben unsere Herzen zu dir, Gott, in der Höhe." Ich bin immer neu erstaunt, wie all diese Farben und all die kleinen Glasstücke, all diese Formen und Figuren zusammenspielen, ohne einander zu stören. Eines Tages ging mir auf, dass es das Licht war, das diesen Dingen ihren Zusammenhalt gibt. Das Licht bringt sie zusammen und macht sie für mich zu einer Einheit.

Ich begann mich zu fragen, was denn all den Unterschieden, die das Leben ausmachen, Einheit und Integrität gibt. Was ist es, das aus den einander widersprechenden Energien, die uns im Leben mit seinen vielen Momenten von Konflikt und Streit begegnen, eine Einheit schafft? Was hält das Leben, die Welt und die Natur zusammen? Was ist es, das nicht in ihnen, sondern in mir selbst steckt, das ein zerstückeltes Leben in Harmonie und Ganzheit zusammenführt?

Dann erinnerte ich mich an einen Satz in der Regel: „Behandle die Werkzeuge des Klosters so, als ob sie Altargefäße wären" (RB 31,10). Ja, in der benediktinischen Spiritualität ist alles heilig und eine Einheit. Werkzeuge, Rechen, Trog und Kelch. Alle behandelt man auf gleiche Weise. Die Wüstenväter hatten das gut begriffen.

Eines Tages bat ein Bettler den Meister um ein Wort der Weisheit, das ihn für den Rest seines Weges führen sollte.

Der Meister nickte zustimmend, und obwohl es ein Tag des Schweigens war, nahm er ein Stück Papier und schrieb ein einziges Wort darauf: „Bewusstheit".

„Bewusstheit?" sagte der Reisende, verwirrt. „Das ist viel zu kurz. Könntest du das nicht etwas weiter ausführen?"

Der Meister nahm das Papier und schrieb: „Bewusstheit, Bewusstheit, Bewusstheit."

„Aber was sollen diese Worte?" fragte der Reisende.

Schließlich nahm der Meister das Papier noch einmal und schrieb: „Bewusstheit, Bewusstheit, Bewusstheit bedeutet ... Bewusstheit."

Das Wissen um die Heiligkeit des Lebens hält unsere Welt zusammen. Das Fehlen dieses Wissens und des Heiligen reißt sie auseinander. Wir haben die Erde mit Beton zugedeckt und wundern uns, dass die Kinder die Natur nicht achten. Wir kippen unsere Abfälle in die Flüsse und wundern uns, wenn Schiffsleute Papiergeschirr, Plastiktaschen und alte Gummischuhe über Bord werfen. Wir pumpen unseren Schmutz in den Himmel hinauf und fragen uns, warum es immer mehr Lungenkrebs gibt. Wir produzieren Dinge, die sich nicht zersetzen, und packen Güter in Behälter, die nicht wieder verwendbar sind. Wir stopfen unser Essen mit Konservierungsmitteln voll und wundern uns, dass wir nicht mehr so gesund sind. Wir machen Erde und Himmel zu einer riesigen Müllhalde und wundern uns, dass ganze Tierarten am Aussterben sind, dass die Wälder verschwinden und die Ozonschicht schrumpft.

Es fehlt uns an Bewusstheit. Wir sind eine Welt, die den Sinn für Ausgewogenheit verloren hat. Wir sind ein Volk, für das „Ganzheit" ein weithin bedeutungsloser und komischer Begriff ist. Die Fließbandkultur hat unsere Produktionsprozesse und unser Denken atomisiert. In früheren Zeiten ergänzte sich die Arbeit der Schreiner und Bauleute, heute erkennt niemand mehr, dass die Folgen der Arbeit miteinander verbunden sind. Es braucht ein sehr großes Maß an Einsicht, um zu sehen, welche ethischen Folgen das Zusammenbauen von Flugkörpergehäusen hat und dass es uns ethisch möglich ist, die Erde bewusst und gemeinsam zu zerstören. Es ist so schwierig, sich bewusst zu machen, dass die Mittel, mit denen wir im Garten das Unkraut vertilgen, zur Vergiftung des Planeten beitragen. Oder dass die Emissionen unseres dritten Autos für unsere Nachbarschaft eine Emission zu viel sind. Oder dass viel

Zeugs unsere Sinne und Seelen nur verstopft. Oder dass unsere Zeit aus dem Ruder läuft.

Angesichts alles dessen verlangt die benediktinische Spiritualität von den Ordensleuten nicht, Arme oder Fremde zu sein im Land. Sie sollen, wie die Regel sagt, „das richtige Maß an Essen“ erhalten (RB 39), Kleider, die der Gegend entsprechen, „wie sie nötig sind“ (RB 55,1-2). Mangel ist nicht Teil der benediktinischen Spiritualität. Diese verlangt einfach Harmonie, Bewusstheit und Ausgeglichenheit. Wir sollen die Zeit gut nützen und unsere Wünsche nicht mit dem verwechseln, was wir brauchen, und sollen die Welt und was in ihr ist, heilig halten. Benediktinische Spiritualität verlangt, dass wir zu unserer Verbundenheit stehen. Sie fordert von uns Aufmerksamkeit.

Wir sollen aufmerksam sein für die Dinge. Ordensleute müssen lernen, ihr Sein und Haben zum Wohl der Menschheit zu gebrauchen. Wir müssen wieder lernen, dass die Schöpfung Gott gehört und dass wir nur ihre Bewahrer sind. Jedem von uns ist etwas anvertraut, für das wir sorgen sollen: ein kleiner Garten, ein winziger Raum, eine einfache Wohnung, unser Leib. Bestimmt so viel, dass wir aufmerksam damit umgehen können.

Zwei Ideen kämpfen gegeneinander, wenn wir bewusst etwas für eine bessere Welt tun wollen. Zwei heimtückische Versuchungen: Zu meinen, wir könnten alles, oder die gegenteilige Auffassung, dass wir nichts tun können, damit die Erde zu einem besseren Ort wird. Die eine Versuchung führt zur Arroganz; die andere zur Verzweiflung. Tatsächlich könnten wir, wenn wir unserer eigenen Welten bewusst geworden sind, anderen vielleicht helfen, ihre Welt wahrzunehmen.

Die monastische Bewusstheit gibt irgendwie zu, dass kleine Taten globale Geltung und Bedeutung haben. Niemand würde seinen Abfall in einer Kirche entsorgen, man wirft ihn aber auf der Autobahn aus dem Fenster, weil man zwischen beidem keinen Zusammenhang sieht. Für die monastische Mentalität gehört aber beides zusammen.

Ordensleute wissen, dass die Welt ein einziges vernetztes Dorf ist – groß, bürokratisch, unpersönlich, weit weg. Entscheidungen, die in einem Teil der Welt getroffen werden, haben weitreichende Konsequenzen für den Rest der Welt. Die Verschmutzung großer Binnenseen wirkt sich letztlich auf die Wassersysteme der ganzen Erde aus. Die Zerstörung der Wälder Südamerikas reduziert die Luftqualität der ganzen Hemisphäre. Die Konzentration der Mineralvorräte in der Hand einiger Weniger verzögert die Entwicklung der Hälfte aller Familien der Welt. Durch die Macht über und den Verbrauch der Energiequellen durch Wenige wird die Technologie für die meisten unzugänglich. Die Schwachen werden übersehen. Frauen werden ausgeschlossen. Die Mächtigen versklaven sich selbst durch ihre Hingabe an Profit statt an Qualität.

Inmitten dieser Wirklichkeit leben Ordensleute in ihrem Kloster, an einem kleinen Ort, beide Augen und einen hohen Grad von Bewusstheit auf dieses Stück Garten gerichtet. Inmitten unserer Welt verlangt die benediktinische Spiritualität von uns allen, dass wir durch das Leben gehen, indem wir schrittweise ein Stück des Planeten um das andere zurückgewinnen, bis der Garten Eden wieder grünt. Tatsächlich wird da, wo die Jünger und Jüngerinnen Benedikts leben, die Welt zu einem geordneten, gepflegten Ort. Die Vorräte, die Menschen, die Dinge und die Zeit werden zu etwas Kostbarem.

Die monastische Bewusstheit sieht alles als ein Ganzes: Die Erde, die Menschen, die Vorräte und die Dinge. Sie sollen so gebraucht werden, dass sie anderen keinen Schaden zufügen. Alles soll gut gepflegt werden. In einer Kultur, die von einem geplanten Wertverlust geprägt ist und die Dinge so herstellt, dass sie ganz bestimmt kaputtgehen, kommt das monastische Bewusstsein und erinnert daran, dass ein Schreibtisch, der vor der Zeit entsorgt wird, einen Baum mehr kostet, der für die Erde dann verloren ist. Die Frage ist nicht „Kann ich jetzt einen anderen Tisch haben?" Die Frage lautet, ob jetzt ein neuer Tisch notwendig ist. Wenn nicht, was bedeutet das für die Menschen der Zukunft, wenn der bisherige ersetzt wird? Kunststoff und die dadurch verursachte Verschmutzung? Sperrholz und der Mangel an Schönheit? Holzimitate und der Verlust des Natürlichen in irgendeinem Bereich des Lebens?

Benediktinische Spiritualität ist eine Spiritualität der Verwandlung. Das Land soll von einer Wüste in eine großzügige Landschaft umgewandelt werden, das Leben vom Chaos zur Ordnung gebracht werden, das Denken von der Zerstreuung zur Konzentration, Beziehungen sollen nicht ausbeuterisch, sondern hilfreich sein. Das Notwendige soll zur Verfügung stehen, wobei die Regel aber klar sagt, das Laster des Privatbesitzes müsse „ganz ausgerottet" werden (RB 33,1).

Vieles muss anders werden, wenn das möglich sein soll. Wir müssen aufhören auf die Verführungen durch die Werbung zu hören. Wir müssen das Leben auf seine einfachen Grundlagen zurückführen. Wir müssen verstehen, dass uns der Anteil an den Gütern der Erde geschenkt wurde; sie sind uns nicht für den privaten Verzehr gegeben. Die Erde gehört uns gemeinsam mit den Armen. Wir müssen den Unterschied lernen zwischen dem, was nötig ist, und dem, was wir möchten, damit alle bekommen, was sie brauchen. Dadurch wird mein eigenes Leben nicht eingeschränkt und eng. Aber ich muss lernen, den Unterschied zwischen „alles haben" und „das Nötige haben" zu verstehen.

Vielleicht muss ich beim Sonnenuntergang zum See gehen, meine Seele reinigen und die Spannungen des Tages loswerden. Aber ich muss mich deswegen nicht in Schulden stürzen. Ein kleines Boot genügt, es muss nicht das neueste und das beste sein und auch nicht den stärksten Motor haben. Wenn es mir darum geht, eine Erfahrung zu machen, und ich nicht nur den Neid der anderen genießen will, wird mir ein einfaches, sicheres, seetüchtiges Boot die geistliche Erfahrung der Einsamkeit und einen ruhigen und direkten Kontakt mit dem Gott der Natur schenken, ohne dass ich mit den Seestreitkräften in Konkurrenz treten muss.

Zur Arbeit und für berufliche Zusammenkünfte muss ich mich wohl gut anziehen. Dafür braucht es aber kaum wöchentliche Einkaufstouren und ganze Schränke voll selten getragener Seidenanzüge. Einige einfache Kleidungsstücke und etwas für Partys werden genügen, in einer Welt, in der die Armen nichts haben und die Reichen nicht einmal wissen, was sie haben.

Ich brauche einen Wagen, um rechtzeitig bei der Arbeit zu sein, aber muss ich denn jedes mir von der Werbung angepriesene Spielzeug haben: vier Stereolautsprecher, Sitzbezüge aus Schafwolle und eine Gangschaltung aus Messing?

Und vor allem: Muss ich das Beste von allem haben? Ist es nicht eine Sache, mir selber *etwas* zu gestatten – Kleider, Möbel, Spielzeug – und eine andere, alles haben zu wollen? Sobald ich nämlich beginne, mein Haus mit Zeug, das mich vom Leben trennt, vollzustopfen, bin ich schon unfrei, ein Gefangener des Konsums, und beginne ein Hamsterleben.

Dann reicht es nicht mehr aus, einfach dazusitzen und zu schauen, zu wandern und etwas zu sehen, zuzuhören und zu antworten. Ich muss mich mit Dingen umgeben, die nicht wirklich sind und weder mein Inneres noch das anderer Menschen ausfüllen.

Die Dinge besitzen mich und nicht ich sie.

Vor Jahren, als die Ordensfrauen noch eine mittelalterliche Tracht trugen, gehörte es in unserer Gemeinschaft zu den jährlichen Fastenübungen, ein Inventar der Güter und der Kleider zu machen. Wir notierten „fünf Hauben, drei Skapuliere, drei Habite, sieben Bücher, eine Büchertasche". So fanden wir heraus, wo wir versucht waren, Dinge zu horten. Heute vermisse ich diese gute Übung. Die Frage ist: Wie würde unser Leben heute auf dem Papier aussehen? Einfach, harmonisch und ganzheitlich, oder dumm, trivial, auf Unabhängigkeit bedacht und bedrückend unsicher? Die frühen Mönche erzählten sich, dass der Altvater Agathon, wenn er zu neuen Orten aufbrach, ein einziges Messer mitnahm, um sich durch das Flechten von Körben den Lebensunterhalt zu verdienen. Wir belasten uns und schleppen Dinge mit uns herum, bis wir mehr Geld und Zeit für solche Dinge als für unseren eigenen Lebensunterhalt ausgegeben haben.

Benediktinische Harmonie und Ausgewogenheit bedingen ein Verständnis von einem einfacheren Leben, nicht aus Gründen einer falschen Askese, sondern um der menschlichen Freiheit willen. Die Götter, die wir uns selber gemacht haben, verlangen viel mehr Zeit für die Anbetung, als ein Mensch geben kann.

Benediktinische Harmonie und Ausgewogenheit verlangen auch Ehrfurcht vor der Zeit, vor den persönlichen Gütern und dem Dienst an der Erde. Die Art und Weise, wie wir unsere Zeit verbringen, könnte unsere größte Reserve sein und hat zweifellos einen Einfluss auf das, was wir tun, wie wir mit unserer Erde und mit den Gütern umgehen, die wir besitzen.

Benedikt hatte von all dem eine klare Vorstellung. Die Zeit sollte dem Gebet, heiliger Lesung, der Arbeit und der Teilnahme an der Gemeinschaft gewidmet sein. Mit anderen Worten: Sie sollte dem Hören auf das Wort und dem Studium gehören; sie sollte damit verbracht werden, das Leben für andere besser zu machen, und mit der Gestaltung der Gemeinschaft. Das Leben war gemeinsam und privat. Es war ausgewogen. Es wurde nicht nur von Gütern in Beschlag genommen. Nichts wurde übertrieben, alles hatte eine Beziehung zu den anderen Dimensionen des Lebens. Nichts absorbierte den menschlichen Geist unter Ausschluss anderer Dinge. Das Leben bestand aus vielen Facetten und diese bildeten miteinander ein Ganzes. Körperliche Arbeit und stilles Gebet, das Soziale, das Studium und die Pflege der Gemeinschaft waren Teile des Lebenspuzzles. Das Leben bewegte sich durch die Zeit und die Zeit war der Wächter. Anders als heute.

Mit der Erfindung der Glühbirne wurde die Ausgewogenheit zu einem Mythos. Menschliche Angelegenheiten verlängerten nun den Tag und zerstörten die Nacht. Nun konnte der Mensch den natürlichen Rhythmus von Arbeit, Ruhe und Schlaf brechen. Nun konnte er den Lebensrahmen zerstören und zu einem ewigen Tag machen. Ironischerweise blieb keine Zeit für Familie, Lesung, Gebet, Persönliches, für das Schweigen und für die Zeit. Mit einem Mal brauchten wir die Regel und ihre Weisheit mehr als zuvor.

Irgendwann während meiner Ausbildung machte ich den Fehler, meiner Priorin zu sagen, der Grund, warum ich von der Matutin und dem abendlichen Schweigen entschuldigt sein möchte, sei eine Semesterarbeit, die ich für die Hochschule schreiben musste und für die mir zuvor die Zeit gefehlt hatte. Die Priorin lehnte sich in ihrem Stuhl mit der hohen Rückenlehne zurück, von dem aus sie mich durchdringend anschauen konnte, strich sich mit den Fingern über die Lippen und sah mich über ihre Brille hinweg an. „Mein liebes Kind," sagte sie langsam und stellte sicher, dass mir das Gewicht ihrer Worte nicht entging, „wir alle haben alle Zeit der Welt." Diese Lektion bekam für mich im Laufe der Zeit mehr und mehr Gewicht. Es stimmt nicht, dass wir keine Zeit für wichtige Dinge haben. Wir nehmen uns einfach die Zeit nicht. Wir nehmen uns keine Zeit zum Gebet. Wir nehmen uns keine Zeit für die Lesung und die Betrachtung der Schrift. Wir nehmen uns keine Zeit, um unsere Familie wirklich zu einer Familie zu machen.

Unsere Zeit ist aus dem Gleichgewicht geraten. Wir verbringen sie nur mit Freunden, oder nehmen uns gar keine Zeit für sie. Wir verbringen sie mit Arbeit oder brauchen sie für all unsere Zwänge. Wir brauchen sie ganz für den Leib oder nehmen uns für diesen gar keine Zeit. Wir verbringen die Zeit mit Reden oder nehmen uns dafür gar keine Zeit. Wir gehen von einem persönlichen Gefängnis zum anderen. Und schließlich geht der Sinn für den Rhythmus des monastischen Lebens – Gebet, Lesung, Arbeit, Dienst, Teilen, Ruhe – verloren. Eines Tages wachen wir auf und merken, dass wir seit Jahren von unseren Freunden nichts mehr gehört haben; seit Monaten haben wir unsere alternden Verwandten im örtlichen Pflegeheim nicht mehr gesehen; wir kennen die Namen der Kinder unserer Cousins nicht mehr und haben uns seit der letzten Beerdigung nicht mehr um unsere Familiengräber gekümmert. Jahrelang haben wir keinen persönlichen Brief mehr geschrieben; lange Zeit sind wir nicht mehr in einem bequemen Stuhl gesessen, um einen guten Roman zu lesen; ja, wir haben seit Ende der Schulzeit kein ernstzunehmendes Buch mehr gelesen. Und das Leben fliegt vorbei. Alles ist verbogen.

Allmählich trocknet in uns alles aus, bis wir dann merken, dass es vorbei ist. Der Gottesdienstbesuch ist etwas Mechanisches geworden. Unser Sozialleben ist anstrengend. Das Gefühl, etwas erreicht zu haben, ist vorbei. In der Nachbarschaft weiß niemand, wer wir sind. Das Familienleben ist abgestumpft. Unser geistliches Leben verkümmert.

Das Leben ist unbeweglich und hat nichts Aufregendes mehr an sich.

Ausgewogenheit, sagt die Regel. Ausgewogenheit. Und Harmonie. Und Bewusstheit. Was ich nicht mit Leben fülle, kann mir das Leben auch nicht geben. Benedikt sagt, wir müssten ein Gefühl für Ordnung und Ehrfurcht, Proportionen und Perspektive bekommen. Wenn die Spielkasinos 24 Stunden am Tag offen sind, das Fernsehen die ganze Nacht hindurch Filme zeigt und der Lärm in jede Ecke und jedes Versteck dringt, braucht es Festigkeit und eine besondere Liebe zum Leben, damit es nicht in einem Strom von Aktivitäten weggespült wird, die uns nicht reinigen, sondern nur vollstopfen.

Welches sind die Zeichen von Harmonie, Ausgewogenheit und Bewusstheit? Menschen mit einem Sinn für benediktinische Ausgewogenheit wissen, dass das Leben ein Miteinander von vielfältigen Dimensionen ist, von denen jede entfaltet werden muss. Diese Menschen gehen nicht vollständig in ihrer Arbeit oder ihren Freizeitaktivitäten auf. Nichts zehrt sie auf, alles löst in ihnen etwas Neues aus. Sie gehen durch das Leben und riechen die Blumen. Sie brauchen, was zum Leben notwendig ist, etwas Spiel, gute Werke, verlässliche Freunde, geistliches Wachstum, intellektuelle Anregungen und Einklang mit der Natur. Sie wollen nicht alles Geld bekommen, das sie haben können, nicht zu jeder Party in der Stadt eingeladen werden, keine exklusive Gruppe von Bekannten mit guten Beziehungen haben, die Religion zur Magie machen oder fanatisch Bodybuilding betreiben.

Sie nehmen sich Zeit für alle Dimensionen des Lebens. In ihrem Lebensrhythmus hat das Natürliche, Geistliche, Soziale, Produktive, Physische und Persönliche seinen Platz. Sie können jede Woche neu erzählen, was sie wo getan und erlebt haben. Sie leben richtig. Sie sind ganz und gar lebendig.

Ein Leben benediktinischer Harmonie zu leben bedeutet, dass wir uns um die Welt annehmen müssen und ihr nicht feindlich gesinnt sind. Wir müssen wieder lernen, das Natürliche zu lieben: natürliches Gras, natürliches Gemüse und natürliche Luft. Wir müssen lernen, zu dem, was wir haben, Sorge zu tragen, statt mutwillig Dinge zu zerstören, und sie gedankenlos zu ersetzen, nur weil sie uns langweilen. Wir müssen wieder lernen, auf Fußspitzen durch das Leben zu gehen, ohne zu zerstören, herumzutrampeln oder das zu vernachlässigen, was das gleiche Recht auf Leben hat wie wir.

Ein Leben in benediktinischer Bewusstheit zu leben bedeutet, dass wir das Unsichtbare sehen können. Für den monastischen Geist spricht alles von Gott. Was ich habe und was ich nicht habe. Was ich will und was ich nicht will. Auf was ich achte und worauf nicht. Aber es ist nicht leicht, die Botschaft zu entdecken. Das Nachdenken, das Gebet und die Weisheit anderer sind dafür erforderlich. Das Leben muss ganz erarbeitet werden. Es braucht eine Perspektive, einen Sinn für die Bedeutung und ein positives Akzeptieren des Unbedeutenden. Es braucht die Bereitschaft, sich mit dem was, wo und weshalb wir da sind, zu befassen. Ich kann nicht mit halsbrecherischer Geschwindigkeit von einer Sitzung zur anderen rennen, von einem Gehaltsscheck zum anderen, von einer Party zur anderen, von Geschäft zu Geschäft, und erwarten, dass ich all das tun kann. Nein, so oder so muss ich anfangen, alles bewusst zu tun. Einerseits mehr als das Jetzt, andererseits nur das Jetzt im Sinn haben.

Benediktinische Harmonie, Ausgewogenheit und Bewusstheit erfordern von uns, dass wir das Leben in seiner ganzen Tiefe gekostet haben. Interessanterweise gab es wohl nie einen besseren Moment in der Geschichte, um das zu tun. Wir haben eine Informationsfülle, die es zuvor nie gab. Wir haben ein Wissen von der Welt, ihren Menschen und ihren Bedürfnissen, das der Menschheit erst neuerdings zugewachsen ist. Wir haben wissenschaftliche Einsichten, die weit über das Wissen unserer Vorfahren hinausgehen. Wir haben ein technisches Niveau erreicht, das uns zu freien Menschen macht, so dass wir keine Lasttiere mehr sind; ein Niveau, das uns dazu befreit, auf unserem Planeten Denker und nicht nur Überlebende eines Missgeschicks zu sein. Unser Leben ist ein mechanisiertes Leben und von Computern bestimmt. Dieses Leben verbindet uns mit anderen und macht uns frei wie nie zuvor in der Geschichte der Menschheit.

Jetzt, da das Leben so hektisch geworden ist, fehlt uns aber der Wille ein langsameres Leben zu führen und eine Weile wirklich zu leben, bevor das Leben vorbei ist. Wir müssen nicht nur effizient, sondern auch menschlich sein, nicht nur gut ausgebildet, sondern auch liebevoll, nicht nur hochspezialisiert, sondern auch achtsam, nicht nur einflussreich, sondern auch glücklich.

Das ist nicht einfach. Die Regel Benedikts sagt: „Seid achtsam, ehrt einander, esst und trinkt maßvoll, betet da, wo ihr arbeitet, denkt jeden Tag gründlich über das Leben nach, lest, schlaft gut, verlangt nicht von allem das Beste, betet täglich, lebt als Gemeinschaft" (RB 4). Stellt sicher, dass nicht ein Teil eures Lebens gegen den anderen kämpft.

Das Licht, das durch die Fenster in unsere Kapelle strömt, gibt den einzelnen Fenstern Ausgewogenheit und Harmonie. In sich selbst sind die Fenster nur Bruchstücke, die sich gegenseitig den Anspruch auf Aufmerksamkeit streitig machen. Mein Leben ist genauso. Die einzelnen Dimensionen beanspruchen meine ganze Aufmerksamkeit. Nur die ununterbrochene Bewusstheit, die aus einer Lebenssicht kommt, die weiter und tiefer ist als die einzelnen Teile, überzeugt mich, dass kein Teil allein für sich von Bedeutung ist. Die Arbeit kann uns mit ihrem Alleinanspruch verführen. Zu viel Muße macht uns oberflächlich. Menschen können für uns zu Ketten werden. Sogar das Gebet kann unsere Seele schrumpfen lassen, wenn es zum Selbstzweck wird. Chloroform statt Bewusstheit.

Benediktinische Spiritualität verlangt viel mehr als das: Ausgewogenheit, Harmonie und Bewusstheit. Sie verlangt von uns, dass wir das Leben in seiner Fülle leben.

7

Arbeit – Mitwirkung an der Schöpfung

Wenn es die Ortsverhältnisse oder die Armut fordern, dass sie die Ernte selber einbringen, sollen sie nicht traurig sein. Sie sind dann wirklich Mönche, wenn sie wie unsere Väter und die Apostel von ihrer Hände Arbeit leben.

Kranken oder empfindlichen Brüdern werde eine passende Beschäftigung oder ein geeignetes Handwerk zugewiesen; sie sollen nicht müßig sein, aber auch nicht durch allzu große Last der Arbeit erdrückt oder sogar fortgetrieben werden. Der Abt muss auf ihre Schwäche Rücksicht nehmen.

RB 48,7-8; 24-25

In unserem Kloster bewahren wir vier Gegenstände auf, die jemand mit Sinn für Ordnung und Effizienz ganz bestimmt vor Jahren entsorgt hätte: Ein altes Spinnrad, eine Schreibmaschine von 1920, ein veraltetes Hostieneisen und eine glänzende, noch neue Schaufel mit Bügel. Für alle Welt sichtbar sind sie in einem Raum ausgestellt, den wir den Kulturgüterraum nennen. Auf den Werkzeugen steht nichts. Keine Zeichen, kein Datum, keine Erklärungen. Sie sind einfach dort, dienen der Erinnerung, rühren uns an und stellen uns Fragen.

Das Spinnrad stammt aus der Zeit um 1800, als die Nonnen ihr Garn und ihre Stoffe noch selber machten. Ich habe nie gesehen oder gehört, dass es in den letzten Jahrzehnten hier gebraucht wurde. Die Schreibmaschine gehörte Mutter

Rose. Sie war eine der frühen Intellektuellen in der Gemeinschaft und maschinengeschriebene Texte und Memos für die Gemeinschaft waren ihre Spezialität.

Das alte Hostieneisen gebrauchte ich noch 1955 als junge Lehrerin. Montags gingen wir zur Hochschule und am Dienstag bügelte ich für die Gemeinschaft die Schleier. Am Samstag arbeiteten wir in der Kirche und am Sonntag unterrichtete ich in der Sonntagsschule. Am Mittwochnachmittag eilte ich jedoch vom Unterricht heim, bereitete einen flüssigen Teig und backte mit diesem Backeisen Hostien. Das tat ich das Jahr hindurch jeden Mittwoch bis zur abendlichen Gebetszeit.

Die Schaufel diente 1968 für den ersten Spatenstich beim Bau des neuen Klosters und wurde seither nie mehr gebraucht.

Darum geht es: Diese Gegenstände sind alt und nutzlos, sie werden nicht mehr gebraucht und sind wertlos. Warum sollten wir sie aufbewahren?

Ich glaube, ich weiß warum. Die Werkzeuge stammen aus einer anderen Zeit und erinnern uns daran, dass die Arbeit, die uns bis hierher gebracht hat, weitergehen muss. Sie erinnern uns an die Wahrheit, dass die Arbeit wesentlich ist, notwendig, körperlich und heilig, geistlich und schöpferisch.

Die Arbeit ist, wie Sie sehen, ein wesentliches Element der monastischen Tradition. Die Regel ist voll von ihr. Auch in einer Zeit der Sklaverei gab es im Kloster Benedikts keine Sklaven und keine Bediensteten. „Wenn sie von der Arbeit ihrer Hände leben wie unsere Vorfahren und die Apostel, sind sie wirklich Mönche,“ (RB 48,8) sagt Benedikt. Wir leben nicht von der schweren Arbeit anderer. Wir sind keine Last für die Gesellschaft. Wir sind keine Elite. Wer zur Zeit des Gebetes auf dem Land arbeitet, soll dort beten. Beim Einbringen der Ernte darf das Gebet keine Ausrede sein. Wer mit einem Dienst für die Gemeinschaft beginnt, soll für die Woche um den Segen bitten. Bei Tisch sollen alle dienen. Alle: Die Kinder der Adeligen und die Kinder von Sklaven.

Arbeit ist in der monastischen Tradition nicht etwas, dem man auszuweichen sucht. Arbeit ist nicht eine Strafe oder eine Buße. Arbeit ist ein Privileg.

Unter den frühen, von Generation zu Generation überlieferten Geschichten der Wüstenväter handelt eine vom Sinn der Arbeit.

Ein heiligmäßiger Mönch ging eines Tages in die Stadt, um ein paar Kleinigkeiten zu verkaufen und um für sich Essen zu besorgen. Am Straßenrand saß ein Krüppel und sagte zu ihm: „Wohin gehst du, Meister?“

Der Ordensmann sagte, er gehe in die Stadt, darauf sagte der Krüppel: „Würdest du mich bitte in die Stadt tragen?“ So trug der Meister den Gelähmten in die Stadt.

Der Gelähmte sagte: „Da, wo du deine Waren verkaufst, kannst du mich niedersetzen.“

Das tat der Meister.

Wenn er nun etwas verkaufte, sagte der Gelähmte: „Wie teuer hast du das verkauft?“ Und wenn der Mönch ihm den Preis nannte, fragte der Lahme: „Würdest du mir dafür einen Kuchen kaufen?“ Der Mönch tat es.

Als der Tag sich neigte, sagte der Gelähmte: „Würdest du mich jetzt bitte wieder dorthin zurücktragen, wo du mich gefunden hast?“ Und wieder tat es der Mönch.

Als sie am Ort ankamen, wo der Mönch den gelähmten Bettler gefunden hatte, sagte dieser: „Du bist voll des himmlischen Segens, im Himmel und auf der Erde" und verschwand. Da merkte der Mönch, dass der Lahme wahrhaft ein Engel gewesen war, gesandt, um Geist und Leib zu prüfen.

In dieser einfachen Mönchsgeschichte, die vom Recht der Behinderten spricht, in unserer Welt einen Platz und Anteil an den Früchten unserer Arbeit zu haben, sind unsere modernen Vorstellungen von Arbeit fehl am Platz. Für Ordensleute ist Arbeit nicht eine Sache des Profits. In der monastischen Mentalität will die Arbeit geben, nicht profitieren. In ihr haben auch andere Menschen ein Anrecht auf das, was wir tun. Arbeit ist keine private Angelegenheit. Sie ist nicht dazu da, mich voranzubringen; sie soll mich menschlicher und meine Welt gerechter machen.

Die Fragen, die sich der zeitgenössischen Gesellschaft und dem technologischen Zeitalter stellen, sind klar: Ist Nicht-Arbeit wirklich ein Ideal? Was sollten wir tun, wenn wir nicht arbeiten? Und inwiefern unterscheidet sich Arbeit im monastischen Verständnis von Arbeit, die mit einer anderen Einstellung verrichtet wird?

Zwei Pole zerren am modernen Verständnis von Arbeit. Der eine ist unsere Arbeitswut, der andere die Pseudo-Kontemplation.

Der Workaholic arbeitet nicht um zu leben. Er lebt um zu arbeiten. Die Motive sind oft verwirrend und irreführend. Einige geben ihr ganzes Leben für die Arbeit, weil sie, in einer pragmatischen Kultur lebend, gelernt haben, dass das, was sie tun, ihr einziger Wert ist. Viele arbeiten nicht um der Arbeit willen; sie arbeiten für Geld und mehr Geld. Andere arbeiten, um nichts anderes tun zu müssen. Die Arbeit ist ein Vorwand, der sie davor bewahrt, mit anderen ins

Gespräch zu kommen, die Zeit zuhause zu verbringen oder ihre soziale Kompetenz zu erweitern. So wird die Arbeit für sie ironischerweise zum Schutzschild, der ihnen eine andere Form von Arbeit erspart. In der Folge leistet der Workaholic oft zwar einen sehr brauchbaren Beitrag zur Gesellschaft, doch es geschieht auf Kosten eines erfüllteren und weiseren Selbst.

Die Pseudo-Kontemplativen sehen dagegen Arbeit als Hindernis für ihre Selbstentfaltung. Sie wollen ihre Zeit damit verbringen zu faulenzen, sich treiben zu lassen, Erfahrungen auszuprobieren oder „sich zu entwickeln". Sie arbeiten nur, um leben zu können, das heißt, so wenig wie nur möglich. Die Pseudo-Kontemplativen behaupten, sie suchten Gott im Geheimnis. Tatsächlich verpassen sie jedoch Gottes Gegenwart in den Dingen, die dem Leben Sinn geben. Es war der größte Schock meines jungen Ordenslebens, als ich herausfand, dass die Novizinnen zwischen den regulären Gebetszeiten nicht in die Kapelle gehen durften. Es war nicht gestattet. Was war das für ein Ort? Ich war hier, wollte schnell heilig werden und gleichzeitig die Novizenmeisterin beeindrucken, aber jemand hatte das offensichtlich herausgefunden und stand dieser Idee im Weg. Nun, man hatte mit uns etwas Besseres im Sinn. Wir sollten arbeiten. Warum?

Das Buch Genesis ist in diesem Punkt sehr klar. „Dann nahm Gott Adam", sagt die Schrift, „und setzte ihn in den Garten, damit er ihn bebaute und für ihn sorgen sollte" (Gen 2,15). Adam wurde in den Garten gebracht, um ihn zu bestellen, nicht um ihn zu betrachten; nicht um sich von ihm zu ernähren oder herumzuhängen. Sogar in einer idealen Welt erwartete Gott von uns offensichtlich, dass wir bei der Erschaffung der Welt mitarbeiteten.

Die frühen Christen, auch Paulus, arbeiteten für den eigenen Lebensunterhalt. „Ihr wisst selbst, dass für meinen Unterhalt und den meiner Begleiter diese Hände hier gearbeitet haben. In allem habe ich euch gezeigt, dass man sich auf diese Weise abmühen und sich der Schwachen annehmen soll" (Apg 20,34-35). Und die Regel ist nicht weniger deutlich: „Wenn sie von der Arbeit ihrer Hände leben wie unsere Väter und die Apostel, sind sie wahre Mönche" (RB 48,8). Auch die Väter der Wüste arbeiteten ständig. Sie flochten Körbe, um sie zu verkaufen, um selber leben zu können und natürlich um für andere etwas Nützliches zu tun. Aber auch um zu vermeiden, was das alte Mönchtum *acedia* nannten. Sie ist eine Form von Lethargie; ihr ist alles, was im geistlichen Leben nach weitergehenden Bemühungen aussieht, zu viel, weil es der Seele an Disziplin und Übung fehlt.

Keine der großen Glaubensgestalten zog sich aus der Wirklichkeit zurück, um einfach in der Verzückung zu leben. Diese war vielmehr die Folge des Bemühens um eine bessere Wirklichkeit. Und die Arbeit war der Schlüssel dafür.

Arbeit ist eine christliche Pflicht. Paulus stellte die Regel auf: „Wer nicht arbeitet, soll nicht essen" (2 Thess 3,6-12). Und Benedikt sagt: „Müßiggang ist ein Feind der Seele. Darum sollen die Mönche zu bestimmten Zeiten mit Handarbeit, zu anderen Zeiten mit geistlicher Lesung beschäftigt sein ... Auch den Schwachen und Kränklichen soll man eine Arbeit geben" (RB 48,24).

Das ist zentral. In der Regel Benedikts werden Arbeit und Meditation in einem knappen Satz auf die gleiche Ebene gestellt. Arbeit ist nicht etwas Lästiges, das man besser vermeidet. Arbeit ist ein Geschenk, das weiterzugeben ist.

Es wird auch klar, dass Heiligkeit und Arbeit einander nicht ausschließen. Im benediktinischen Leben ist Arbeit ganz im Gegenteil ein notwendiger Teil der Heiligkeit.

Es überrascht, dass Benedikt in einem Text, der vom geistlichen Leben handelt, gleich nach dem Gebet von der Arbeit spricht, und zwar länger als über die *lectio*, das meditative Lesen der Schrift. Zweifellos ist das monastische Leben keine Flucht vor der Verantwortung und auch keine Mitgliedschaft im örtlichen „Country Club“. Benediktiner haben den Garten des Lebens auf engagierte Weise zu bestellen und für ihn zu sorgen.

Die westliche Kultur ist mit der Arbeit nicht freundlich umgegangen. Es ist eine Geschichte von Bediensteten, die wie Sklaven arbeiteten, und von ausbeuterischen Betrieben, die den Menschen ihre menschliche Würde und ihre Grundrechte raubten. Wir leben in einem Kapitalismus, der ebenso brutalen Wettbewerb und ungleiche Verteilung der Güter wie Erfindungsreichtum und Profit hervorbringt. Wir schauen zu, wie die Armen ärmer werden, obwohl sie arbeiten. Wir sehen, wie die Reichen reicher werden, auch wenn sie nicht arbeiten. Und wir sind uns bewusst, dass der durchschnittliche Arbeitnehmer jedes Jahr härter arbeiten muss, um da zu stehen, wo er letztes Jahr war. Kann das gut sein? Das hängt von der Arbeit ab, die wir tun und warum wir sie tun.

Die Arbeit setzt gemäß benediktinischer Spiritualität fort, was Gott plante. Arbeit ist mit-schöpferisch. Die Arbeit in einer mechanischen Werkstatt, die Getriebe für Traktoren herstellt, ist mit-schöpferisch. Die Arbeit in einem Büro, das Kreditanträge für Menschen bearbeitet, die versuchen, das Leben menschlicher zu gestalten, ist Mitarbeit an der

Schöpfung. Andererseits ist die Mitarbeit an einem wissenschaftlichen Projekt, dem es nur darum geht, Leben zu zerstören, eine Verhöhnung der Schöpfung. Zu sagen, die Wissenschaft sei blind, sie sei objektiv und neutral, und dabei für einen chemischen Krieg Napalm oder Abzugshebel für Plutonium-Waffen zu produzieren, stellt uns vor immense ethische Fragen. Hier konfrontiert die benediktinische Spiritualität die Kasuistik und die raffinierten ethischen Klimmzüge unserer Zeit mit der anklagenden Gegenwart Christi. Benediktinische Arbeit will das Reich Gottes nicht zerstören, sondern aufbauen.

Für die benediktinische Spiritualität hat die Arbeit einen Sinn, bringt etwas und ist wertvoll. Sie füllt nicht einfach nur die Zeit aus, bringt nicht nur Geld ein und ist auch kein notwendiges Übel. Wir arbeiten, weil die Welt noch nicht vollendet ist und weil wir sie entfalten sollen. Wir arbeiten mit einer Vision im Kopf. Wenn jemand mit einer benediktinischen Seele an diesem Ort gewesen ist, sollte die Welt etwas näher beim Gottesreich und seiner künftigen Form sein.

Arbeit ist Hingabe an den Dienst Gottes. Das Gleichnis vom unfruchtbaren Feigenbaum ist dramatisch. Jesus verflucht den Baum, der nicht bringt, was er bringen könnte und sollte. Eine Gabe, welche die Gemeinschaft ernähren kann, zu vernachlässigen, trifft die Gemeinschaft ins Herz. Ich muss das sein, was ich sein kann, sonst tauge ich für nichts und niemanden. Der Schöpfergott erschafft durch uns weiter. In der Folge muss ein Leben im Dienst Gottes darin bestehen, dass wir anderen geben, was uns geschenkt wurde. Uns zu verweigern und unsere Fähigkeiten nur deswegen nicht für die anderen einzusetzen, weil es uns nicht passt, heißt, nicht wahrhaben zu wollen, was und wer wir sind.

Ein guter Koch, der sich weigert zu kochen, weil „Kochen Frauenarbeit ist", während seine Frau sich mit der Wäsche und mit der Sorge für die Kinder herumschlägt und sich bemüht, das Haus sauber zu halten und ihre Arbeit zu machen, dient mit seinen Gaben Gott nicht. Junge Leute, die mit ihren Geschäften zu beschäftigt sind, um im Haus mitzuhelfen, die aber doch mit am Tisch sitzen, dienen nicht Gott. Eine Frau, die im Büro keine Überstunden machen will oder nicht zugibt, dass sie Manuskripte transkribieren oder übersetzen kann, obwohl das besonders dringlich wäre, dient nicht Gott mit ihren Gaben. Leute, die nicht zu ihren Talenten stehen, aus Angst, sie könnten gebeten werden, sie einzusetzen, sind nicht nur selbstsüchtig, sie weigern sich, Gott zu dienen.

Müßiggang und Unverantwortlichkeit sind Formen von Ungerechtigkeit und Diebstahl. Sie nehmen von den anderen, die mit uns auf der Erde leben. Wir wurden nicht in diese Welt gerufen, um versorgt zu werden. Wir wurden in die Welt gerufen, um für sie zu sorgen.

In einer Welt, der es um möglichst viel Geld und möglichst geringe Mühe geht, hören wir diese Botschaft kaum. In einer solchen Welt hat das Geld das Sagen. In einer benediktinischen Gemeinschaft geht es nicht an, das verdiente Geld mit dem in Verbindung zu setzen, was wir brauchen. Wir dürfen einen Wagen nicht deswegen gebrauchen, weil wir ein Gehalt verdienen, das uns eben erlaubt, einen Wagen zu unterhalten. Wir erhalten einen Wagen, weil wir ihn für was auch immer brauchen, ob wir nun etwas verdienen oder nicht. Die Zeit mit Gefangenen zu verbringen, in der Suppenküche Suppe zu verteilen, unsere Familien zu besuchen, zu unseren Diensten gehen sind Geschenke, die uns etwas einbringen oder auch nicht. Die benediktinische Spiritualität verlangt, dass wir geben, was wir haben, einfach weil es gebraucht wird und weil wir es bekommen haben, um es weiterzugeben, nicht weil es unsere Taschen füllt. Mit anderen Worten: Arbeit wird um ihrer selbst willen geleistet, nicht weil uns der Sinn danach steht oder weil sie es uns ermöglicht, für uns selber Profit zu machen. Nein, Arbeit ist viel wichtiger als das.

Arbeit bringt den Arbeitenden voran. Die Wahrheit daran ist, dass Arbeit eine Übung im Geben ist, die immer zum Geber zurückkommt. Je mehr ich etwas tue, umso besser werde ich darin. Und je besser ich darin bin, umso besser fühle ich mich auch. Die Angst für nichts gut gewesen zu sein, zerstört Menschen, aber Fähigkeiten in einem Bereich entwickeln sich nur mit Übung, Übung und nochmals Übung. Alle kennen den Unterschied zwischen einem guten und einem schlechten Lehrer, zwischen einem guten und schlechten Manager, einem guten und einem schlechten Pförtner, einem guten und einem schlechten Gärtner. Alle sind in ihrem jeweiligen Beruf herausragend, weil sie mit Hingabe arbeiten, konzentriert, hart und oft sehr lange. Mit der Reduzierung der 48-Stundenwoche auf die 40-Stundenwoche und jetzt mit der langsamen, aber deutlichen Tendenz zur 30-Stundenwoche oder Teilzeitbeschäftigung, wird sich die Idee von Arbeit um Lohn ändern müssen. Gewisse Arbeiten wird man machen, um zu leben, das ist klar, aber andere Arbeiten werden getan werden müssen, weil Arbeit zum Leben gehört und weil wir hier sind, einen Garten „zu bestellen und zu pflegen."

In der benediktinischen Überlieferung hat die Arbeit ihre Würde, ebenso der Arbeiter. In einer Gesellschaft, in der Arbeit Zeichen eines niedrigen gesellschaftlichen Status war, in der die Adeligen keinen Tag ihres Lebens ans

Arbeiten dachten, in der die Sklaverei als etwas Natürliches galt, arbeitete in einer benediktinischen Gemeinschaft jedermann. „Sie sollen einander dienen," sagt die Regel. „Keiner werde vom Küchendienst ausgenommen, es sei denn, er wäre krank oder durch eine dringende Angelegenheit beansprucht. Denn dieser Dienst bringt großen Lohn und lässt die Liebe wachsen" (RB 35). Demut soll gezeigt, nicht beredet werden. Der Dienst hat seinen eigenen Lohn. Liebe kommt vom Lieben. Ironischerweise wachse ich in der Sorge um das, was ich besorgt habe. Arbeit und Gemeinschaft, scheint es, sind unlösbar miteinander verbunden. Leute, die dir sagen, sie lieben dich, aber nichts für dich tun, Leute, die sagen, sie schätzen die Familie, aber sich nicht für sie einsetzen, Leute, die sagen, sie sorgen sich um den Planeten, aber sich nicht engagieren, damit die Erde ein besserer Ort wird, sehen nicht, dass das Leben eine Übung im Mit-Wirken ist. Das aber erfordert Arbeit.

Die Arbeit ist also für die Entwicklung der Gemeinschaft und für die Gerechtigkeit etwas Wesentliches. Aber die Gerechtigkeit wirkt auf zwei Seiten. Benediktinische Spiritualität erfordert nicht nur, dass der Arbeitende der Gemeinschaft gerecht wird, sondern dass auch die Gemeinschaft dem Arbeitenden gerecht wird. Man gebe ihnen die Hilfe, die sie brauchen, sagt die Regel (RB 53). Man gebe ihnen genug zu essen (RB 39). Sie sollen genügend Schlaf haben (RB8). Man höre auf sie, wenn sie sagen, die Arbeit sei zu hart für sie (RB 48).

So sind die Fragen, die das Leben betreffen und mit denen die Regel Benedikts unsere Zeit konfrontiert, die folgenden: Was erwarte ich von den Menschen, die für mich arbeiten? Können sie von dem, was ich ihnen bezahle, anständig leben? Was erwarte ich wirklich von ihnen – die

40-Stunden-Woche, oder dass sie auf all meine Wünsche eingehen? Sind sie in meinem Leben Menschen oder Teile einer Maschinerie? Kenne ich auch die Namen der Arbeitskollegen, die mehr im Hintergrund stehen? Auch in einer klassenlosen Gesellschaft ist es sehr leicht, sich elitär zu geben. Wir müssen die Menschen nur unsichtbar machen. Aber benediktinische Spiritualität ist ganz gegen ein solches Leben. Sie sagt, wir sollen einander ehren, wer immer die anderen sind.

Arbeit macht die Zeit wertvoll. Es ist romantisch zu meinen, dass die Ordensleute ihre Zeit damit verbringen, dass sie zum Himmel starren. Das war bei meiner Novizenmeisterin ganz anders. Sie verstand die Mahnung der Regel sehr gut: „Arbeite, solange du das Licht des Lebens hast" (RB 41,8). Und sie gab sich sehr viel Mühe, uns das beizubringen, um uns und um der Welt um uns herum willen. Faulheit, so lehrte sie uns, ist keine monastische Tugend.

Die Zeit, so lernten wir durch Regelmäßigkeit und Verantwortung, ist ein Schatz, der nicht zurückgewonnen werden kann. Auch darf sie nicht als etwas Selbstverständliches betrachtet werden. Die Zeit, die wir haben, soll unser Leben farbig, warm und reich machen. Zeit, die in aufgesetzter Hochstimmung verbracht wird, ist dem Untergang geweiht. Zeit, die damit verbracht wird anzuhäufen, was ich nicht brauche und was meine Selbsteinschätzung nicht ändert – auch wenn ich das Betreffende gebrauche – ist verschwendete Zeit. Zeit, die in grauer, trockener Ziellosigkeit verbracht wird, ist ein Gefängnis mit sehr dicken Mauern. Die Arbeit aber, welche die Welt reicher, voller und besser als je zuvor zurücklässt, ist der Stoff, aus dem menschliche Befriedigung und geistliche Werte gemacht sind. Es kommt in unserem Leben einmal der Moment, da wir uns fragen müssen, wofür wir gelebt haben und inwieweit das Leben in der Folge überhaupt besser geworden ist. An jenem Tag werden wir um den heiligmachenden Wert der Arbeit wissen.

Wenn es um Arbeit geht, ist unsere Kultur unübertroffen. In Amerika werden schon sechsjährige Kinder ermutigt, irgendeine bezahlte Arbeit zu finden. Wir sind darin geübt, verantwortlich und produktiv zu sein. Als Folge wurde die westliche Welt schnell zum industriellen Zentrum der Welt, in der einige Wenige die Farmen, die Produktionsstätten und Organisationen in andere Weltgegenden auslagerten. Aber die puritanische Auffassung, dass harte Arbeit Anspruch auf den Segen Gottes habe und ein Zeichen von Gottes Gnade sei, hat auch ernste Nebenwirkungen, denn Erfolg und Effizienz, Chancen, elitäres Denken und Entfremdung prägen uns auch. Der Drang, Erfolg bei der Arbeit statt im Leben zu suchen, macht die Menschen wiederum krank, zerstört Ehen und lässt die persönliche Unzufriedenheit wachsen.

Effizienz ist etwas, das zugunsten der Fließbandarbeit dem Menschenopfer zustimmt. Die Tage, in denen Handwerker mit großem Geschick Stühle anfertigten, haben um des Profits willen den Gussformen für Kunststoffstühle Platz gemacht, obgleich eigentlich klar ist, dass wir in unserer heutigen Welt Schönheit und Gemeinschaft mehr benötigen als Produkte aus irgendeinem billigen Material. Wir müssen lernen, dass es im Leben Dinge gibt, die auch schlampig hergestellt werden können, falls eine perfekte Machart Menschen um der Produkte willen kaputtmacht. Brauchen wir in unserer Welt Büroklammern? Ganz klar. Müssen wir sie aber schneller produzieren und international vertreiben, nur um in dieser Sparte mehr Geld zu machen als alle anderen? Nein, wenn das heißt, dass wir jene, die sie herstellen, über ihre Belastbarkeit und uns selber über das Menschenmögliche hinaus antreiben müssen.

Das breite Angebot hat uns zu Dilettanten gemacht. Wir rennen durch das Kaufhaus des Lebens und halten ständig nach dem besten Beruf und der besseren Bezahlung und dem besseren Büro Ausschau. Auf der Suche nach Erfolg ist uns nichts gut genug. Statt uns Ruhe zu gönnen, arbeiten wir und schielen mit einem Auge ständig nach dem nächsten Büro, der nächsten Gelegenheit, der nächsten Beförderung. Statt die zu sein, die wir sind und da zu sein, wo wir sind, sind wir in unserer Kultur immer unterwegs zu einem anderen Ort. Mit den Nachbarn Freundschaft zu schließen, hat keine hohe Priorität. Das Wort zu halten, das mit dem Verkauf eines Produktes gegeben wurde, hat wenig Konsequenzen. Wir werden nicht mehr hier sein, wenn der Kunde sich beklagt. Unser Gewissen zu bilden im Blick auf das, was wir tun und wie wir es tun, ist zweitrangig. Wenn sich ein Misserfolg einstellt oder etwas aufgedeckt wird, werden wir schon lange nicht mehr an diesem Ort sein. Und unser Familienleben und unsere menschliche Entfaltung werden dann auch schon lange verschwunden sein.

Die Entfremdung kommt daher, dass wir nur ein kleines Rädchen am Fließband des modernen Lebens sind. Das betäubt unser Gewissen und macht unsere Augen blind für den Blick auf den eigenen Ort in einer Welt, in welcher der Tod unser bester Exportartikel ist. Die Zeiten, in der die Familien ihre Felder bestellten, bepflanzten und auch die Ernte einbrachten, sind längst vorbei. Die Eigentümer sind andere, Pflanzer bepflanzen sie, die Leute mit den Spritzgeräten spritzen sie, Erntearbeiter bringen die Ernte ein und die Verkäufer verkaufen sie. Keiner von ihnen übernimmt die Verantwortung für die Pflanzenschutzmittel, die auf unseren Tisch kommen. Die Wissenschaftler berechnen, die Designer entwerfen, die Schweißer schweißen, die Stanzer stanzen und die Montagearbeiter setzen zusammen, und keiner von ihnen trägt die Verantwortung für eine nuklear verseuchte Welt.

Was das in einer solchen Welt für die benediktinische Spiritualität bedeutet, ist meiner Ansicht nach klar. Arbeit ist meine Gabe an die Welt. Sie ist meine soziale Fruchtbarkeit. Sie verbindet mich mit meinem Nachbarn und mit der Zukunft. Sie entfacht in mir den Funken, wie der Gott der Schöpfung. Ich bringe den Garten in Ordnung, bepflanze ihn und verteile, was er hervorbringt, und ich weiß, es ist gut.

Arbeit ist die Art und Weise, mich von der totalen Selbstbezogenheit zu erlösen. Sie gibt mir einen Grund zum Leben, der mich übersteigt. Sie macht mich zu einem Teil dessen, was möglich ist. Sie gibt mir Hoffnung.

Arbeit gibt mir einen Platz in der Erlösung, in der Hoffnung, die Welt von der Sünde zu erlösen. Sie ermöglicht es der Schöpfung, weiter schöpferisch zu sein, und bringt uns dem, was das Gottesreich sein soll, einen Schritt näher.

Benediktinisch gesehen, soll die Arbeit Gemeinschaft gestalten. Wenn wir für andere arbeiten, geben wir uns selber und können anderen helfen. Mit anderen Worten, wir arbeiten nie nur für unser eigenes Wohl.

Arbeit führt zur Selbsterfüllung. Sie nimmt unsere Gaben und Talente und bringt auch Gaben ans Licht, die wir gar nicht kennen. Sie macht uns offen für neue Dimensionen unserer Persönlichkeit und Talente, die noch unentdeckt sind.

Arbeit ist eine eigene Art von Askese. Benediktinische Spiritualität will nicht Büßerhemden oder schwächendes Fasten als Zeichen für Einsatz oder als Beweis geistlicher

Disziplin. Nein, benediktinische Spiritualität geht die vorliegende Arbeit mit all ihren Schwierigkeiten und Härten, mit aller Wiederholung und all ihrem Ärger an und akzeptiert sie. Die Arbeit hier und jetzt ist meine wahre Aufgabe vor Gott.

Arbeit ist schließlich die grundlegende Weise, die Armut zu leben und mit den Armen solidarisch zu sein. Benediktiner leben nicht auf Kosten anderer. Sie beuten nicht aus, entziehen sich ihrer Aufgabe nicht und sind auch keine Betrüger. Benediktinische Spiritualität tut, was für einen Tageslohn zu tun ist. Sie wälzt die Arbeit nicht auf jene ab, die in der Hackordnung unter uns stehen. Es entspricht nicht benediktinischem Verständnis von „Gartenarbeit", Brückentage automatisch als zusätzliche Urlaubstage zu beanspruchen, 30 Minuten lange Kaffeepausen zu machen, wenn 15 Minuten vorgesehen sind, eine einzige Farbschicht aufzutragen, wenn wir zwei versprochen hatten.

Wie der Mönch, der auf dem Weg zum Markt den Bettler antrifft, will auch die benediktinische Arbeit andere tragen, für sie sorgen und sie sicher heimbegleiten. Das alte Spinnrad, die Schreibmaschine, das Hostien-Eisen und die Schaufel im Kulturgüterraum sind deutliche Zeichen dafür, wie gut das jene machten, die vor uns gelebt haben. Eine Unternehmensgesellschaft, deren Leitstern der Profit und deren Wertmaßstab das Geld ist, müsste das in etwa ebenso tun.

8

Heilige Muße – Schlüssel zu einem guten Leben

Und so meinen wir, durch folgende Verfügung die Zeit für beides (Lesung und Arbeit) ordnen zu können: Von Ostern bis zum 1. Oktober verrichten sie morgens nach der Prim bis ungefähr zur vierten Stunde die notwendigen Arbeiten. Von der vierten Stunde aber bis zur Sext sollen sie frei sein für die Lesung.

Vor allem aber bestimme man einen oder zwei Ältere, die zu den Stunden, da die Brüder für die Lesung frei sind, im Kloster umhergehen. Sie müssen darauf achten, ob sich etwa ein träger Bruder findet, der mit Müßiggang oder Geschwätz seine Zeit verschwendet, anstatt eifrig bei der Lesung zu sein; damit bringt einer nicht nur sich selbst um den Nutzen, sondern lenkt auch andere ab... Am Sonntag sollen ebenfalls alle für die Lesung frei sein außer jenen, die für verschiedene Dienste eingeteilt sind.

RB 48,2-4.17-18.22

Nichts fasziniert mich im Kloster so sehr wie die Kerzen und das Ewige Licht. Man könnte meinen, dass in einer Welt der Neonröhren, der Dimmschalter, der Schwanenhalsleuchten und der Halogenlampen Kerzen, Kerzenständer und Ewiges Licht längst überholt sind. Nicht hier. Nicht in meinem Kloster. Sie brennen in den Korridoren des Klosters, vor der Kapelle, während der Karwoche. Beim Tod einer Schwester brennt 30 Tage lang eine Kerze. Wir schenken Kerzen als Zeichen der Ewigen Profess und tragen sie, wenn wir unsere Taufgelübde erneuern. Die Kerzen und das Ewige Licht lenken unseren Geist auf das Licht, das Christus ist, sie erinnern uns ständig daran, dass unser Leben vergänglich ist. Sie sagen uns, dass der Tag vergeht. Sie sagen uns, dass es Zeit ist, in die dunklen Ecken unserer Seele hineinzuschauen, und bringen das Licht in sie hinein. Sie lehren uns, uns nicht zu übernehmen.

Während die Zeit im benediktinischen Leben vergeht, kann man die Regel und ihre Botschaft besser verstehen, wenn man nur lange genug eine Kerze betrachtet. Mir scheint, das war schon immer so in meiner Gemeinschaft.

Vor Jahren, als die Erosion den Felsen noch nicht weggespült hatte, gab es am Seeufer vor unserem Kloster einen Pavillon. An der 9. Straße, an die das Kloster ursprünglich grenzte, gab es im Klausurbereich einen kleinen Innenhof, der zum Spazieren gedacht war. Jetzt führen von dort aus kleine Wege in unseren Klosterwald. Auf dem Grundstück gehört zu jeder Hütte eine kleine Veranda, von wo aus man den Sonnenuntergang betrachten kann. Jeden Abend sehe ich, wie Schwestern das Haus verlassen, um den Bach entlang zu spazieren, der sich durch unser Grundstück zum See windet. Im Herbst und im Frühling sieht man im Aufenthaltsraum und dem überdachten Vorraum Menschen friedlich und still auf Sesseln sitzen. Im Winter knistert unten ein Feuer, wenn der Schnee gegen die drei Fensterwände weht. Wo immer man hinsieht, vernimmt man die Einladung, sich zurückzuziehen und auszuruhen. Über Jahre hinweg hatte das zur Mitte der Gemeinschaft gehört. Meine Mitschwestern sind beschäftigt. Sie arbeiten mit den Armen, trösten Sterbende und geben den Hungrigen zu essen, sie nehmen sich der Alten an, unterrichten die Unterprivilegierten, studieren, dienen, heißen willkommen und vermitteln Wärme, wo immer sie sind, Tag für Tag. Aber man hat nicht den Eindruck, dass sie bei aller Belastung vergessen hätten, dass das Leben mehr ist als Aktivitäten. Sie gehen in ihrer Arbeit nicht derart auf, dass sie darüber vergessen, dass wir nur dann Licht spenden können, wenn das Licht zuerst in uns selber ist.

Auch die härtesten Asketen, die frühen Wüstenmönche, dachten über diese Frage nach. Soll das ganze Leben eine einzige Buße sein? Soll das ganze Leben harte Arbeit sein? Ist das Leben dazu da, dass wir den Leib überfordern, um die Seele zu retten? Ist das Leben dazu bestimmt, sich selber ganz zu verausgaben? Ihre Antwort war eine Geschichte über den Abba Antonius.

> *Eines Tages sah ein Jäger in der Wüste, wie sich Abba Antonius mit den Brüdern vergnügte, und war schockiert. Was war denn das für ein geistlicher Meister?*
>
> *Aber der alte Mann sagte zu ihm: „Leg einen Pfeil auf deinen Bogen und schieße." Das tat der Jäger. Dann sagte der alte Mann: „Nun schieße nochmals." Und der Jäger tat es. Dann der Alte: „Schieße mit deinem Bogen nochmals." „Und nochmals." „Und nochmals." Und nochmals." Schließlich sagte der Jäger: „Wenn ich meinen Bogen zu oft spanne, wird er zerbrechen."*
>
> *Da sagte Abba Antonius zu ihm: „Mit Gottes Werk ist es ebenso. Wenn wir uns übermäßig anstrengen, zerbrechen wir. Man muss manchmal auch andere Bedürfnisse stillen." Als der Jäger diese Worte hörte, begann ihn das Gewissen zu plagen. Und er ging, von Antonius sehr erbaut, weg. Die Mönche aber kehrten gestärkt zurück.*

Anders gesagt: Muße ist ein wesentliches Element der benediktinischen Spiritualität. Das ist weder Faulheit noch

Egoismus. Es hat mit der Tiefe und Weite, der Länge und Qualität des Lebens zu tun.

In unserer Kultur ist die Muße wohl eine der am schwierigsten zu verwirklichenden geistlichen Dimensionen. Man hat uns gelehrt, Täter und Macher, nicht Träumer und Seher zu sein. Benediktinische Spiritualität will aber Menschen formen, die über ihr Tun nachdenken; das Evangelium ist für sie die Brille, durch die sie ihre Welt sehen.

Die Regel Benedikts macht klar, dass es keine Arbeit im luftleeren Raum gibt. Ordensleute leben nicht um zu arbeiten. Arbeit muss ins monastische Leben integriert sein, so dass keinem von beiden Gewalt angetan wird. Im benediktinischen Lebensverständnis darf keine Dimension etwas Ausschließliches sein. Gebet, Gemeinschaft und persönliche Entfaltung sind für ein gutes Leben ebenso wesentlich wie die Arbeit. Und das ist der Sinn von heiliger Muße.

Talmud-Forscher sagen, das Buch Genesis lege nicht deshalb soviel Wert auf den Sabbat, um zu zeigen, dass Gott ausruhen musste – das wäre eine Häresie –, sondern um zu sagen, dass Gott die Ruhe geschaffen hat und die Ruhe wollte. Die Ruhe und der Sabbat, betonen die Rabbiner, sind aus drei Gründen für die Schöpfung wichtig.

Zum einen sagen sie, der Sabbat stelle Reiche und Arme gleich. Wenigstens an einem Tag der Woche seien alle gleich. Am Sabbat können die Reichen die Armen nicht unterdrücken, nicht beherrschen noch ausbeuten. Am Sabbat sind alle, Reiche und Arme, gleich frei. Zweitens will uns der Sabbat, so die Rabbiner, Zeit geben, wie Gott unsere Arbeit zu begutachten, um zu sehen, ob auch unser Werk „gut“ ist. Schließlich will uns der Sabbat, so die Rabbiner, Zeit geben, um über den Sinn des Lebens nachzudenken.

Wenn ein Siebtel jeder Woche der Ruhe gilt, so die Rabbiner, gehört ein Siebtel des Lebens der Ruhe: 52 Tage im Jahr, 3640 Tage in 70 Jahren – das ergibt auf die Lebenszeit bezogen zehn Jahre Sabbat, Ruhe und Zeit zum Nachdenken; diese Zeit soll dem Nachdenken über den Sinn des Lebens dienen. Mit anderen Worten: Der Sabbat ist die Zeit für heilige Muße, die Zeit, die ich mir nehme, um das Leben auf neue und frische Weise zu betrachten.

In seinem Lebensentwurf sieht Benedikt vier Stunden pro Tag für das Gebet vor, sechs bis neun Stunden für die Arbeit, sieben bis neun Stunden für den Schlaf, etwa drei Stunden zum Essen und Ruhen und drei Stunden zum Lesen und Betrachten. Ich erinnere mich noch an meine Überraschung, als mir eines Morgens während der täglichen Regellesung in der Kapelle klar wurde, dass Benedikt nicht schreibt, es solle jemand im Kloster umhergehen und sehen, ob alle ihre Arbeit tun. Er schreibt vielmehr, es solle jemand nachsehen, ob die Mönche ihre Lesung und ihre Betrachtung machen; mit anderen Worten: Ob sich alle die Zeit nahmen, um ein bewusstes und fruchtbares Leben zu leben.

Natürlich ist Benedikts Tagesplan von der Landwirtschaft und vom Klosterrhythmus bestimmt. Für Familien mit kleinen Kindern ist er nicht geeignet. Auch nicht für die Pendler in großen Städten. Ebensowenig für jene, deren Arbeitstag in der Frühe mit Bürostunden beginnt und mit Abendterminen aufhört. Aber selbst wenn wir Benedikts Zeitplan nicht übernehmen können, sind seine Ideen mehr als wichtig. Sie und ich können seinen Tagesplan vielleicht nicht genau einhalten, aber wir müssen einen Lebensrhythmus finden, der jedem dieser Elemente irgendwie Platz gibt. In einer Zeit schneller Veränderungen, zahlloser Termine und eines aus drei Schichten bestehenden Tages stellt sich zwangsläufig die Frage, wo die Ausgewogenheit bleibt. Die Antwort besteht eben darin: Ausgewogenheit.

Was aber ist Ausgewogenheit in einer Gesellschaft, die die Zeit umkehrt und ihr Gleichgewicht verloren hat? In einer Kultur, welche mit ihrem ständigen Licht die Nacht abschafft und ihre Maschinen 24 Stunden laufen lässt, weil es teurer ist, diese ein- und auszuschalten als die Menschen zu bezahlen, die sie zu späten und ungewohnten Zeiten bedienen? Zuerst einmal hat Ausgewogenheit nichts mit einer mathematischen Aufteilung des Tages zu tun. Die meisten von uns sind auch gar nicht in der Lage, solche freien Einteilung vorzunehmen. Zweitens bedeutet Ausgewogenheit auch nicht einfach Gleichbehandlung. Wenn ich in einer Woche vierzig Stunden arbeite, dann bedeutet das nicht, dass ich vierzig Stunden Zeit für Gebet und Muße erhalten muss. Es heißt vielmehr, dass ich irgendwie Zeit für beides finde. Und diese Zeit muss ich mir nehmen, sonst verkümmere ich seelisch.

Muße hat zwei Aspekte: Spiel und Erholung. Die Regel Benedikts spricht nicht von Spiel; das war im sechsten Jahrhundert durch den kirchlichen Kalender gegeben. Eines der Ziele der heiligen Tage und Feste, von denen die meisten ihren Anfang in den Kirchen und Ordensgemeinschaften nahmen, war es, in der Gesellschaft Vornehmen und Bauern Raum und Zeit für gemeinsame Vergnügungen zu bieten. An Kirchenfesten konnte man nicht verlangen, dass die gewöhnlichen Leute arbeiteten. Das Spiel war ein Geschenk der Kirche an die arbeitende Klasse, in einer Zeit, da es noch keine Gewerkschaften gab, vor der Industrialisierung.

Tatsächlich müssten wir wieder lernen zu spielen. Denn eigentlich hätten wir mehr Möglichkeiten zum Spielen als frühere Generationen. Aber Spiel und Freizeit sind inzwischen selbst eine Art Arbeit geworden. Fußball findet in Clubs und Ligen statt, Jogging hat einen Wettbewerbscharakter, Schwimmen wird als Kurs organisiert und das Tennisspiel endet in Turnieren. Unsere Filme sind hochgradig gewalttätig, und alle Freizeitbeschäftigungen kosten Geld. Früher sah man Tiere umsonst im Hof, heute muss man unbedingt mit den Kindern in den Zoo, wo es Eintritt kostet. Eigentlich sollte doch Spielzeug vor allem erzieherisch wertvoll sein und kreative Vielfalt erlauben. Spielen ist jedoch heute zu einem großen Geschäft geworden. Daher sitzt ein großer Teil der Menschen vor dem Fernseher, um ihre Ängste und Erschöpfung zu vergessen – eine entmündigende soziale Norm.

Die Idee, das Leben in Gemeinschaft und Familie gemeinsam zu feiern, und damit die zu Grunde liegende soziale Bedeutung der Kirchenfeste ist schon lange tot. Es wird immer schwieriger, familiäre und soziale Freizeit zu vereinbaren. Der Ausgleich zwischen Arbeit, wirklichem Spiel und Aktivitäten, die dazu dienen, Energie abzubauen und neu zu gewinnen, wird immer seltener. In der Folge verdorren unsere Seelen bei der Arbeit und unser Geist wird ganz taub von Fernseh-Nichtigkeiten. Wir müssen wieder lernen zu spielen, wenn unser geistliches Leben gesund bleiben soll.

Aber das Spiel ist nicht der einzige Hinweis auf freie Zeitgestaltung oder persönliches Wachstum. Eigentlich spricht Benedikt überhaupt nicht davon. Die Muße im Sinne der benediktinischen Spiritualität ist heilige Muße, Muße für heilige Dinge, Muße, die das Menschliche menschlicher macht, indem sie das Herz mit einbezieht, den Blick weitet, die Einsicht vertieft und die Seele weitet. Benediktinische

Spiritualität will eher denkende Menschen formen statt fromme Leute. Es ist eines, Gebete zu beten, es ist etwas anderes, ein Beter zu sein.

Richtig verstandene Muße bedeutet, keine Lemminge zu sein, die der Masse, dem Chef und der Parteipolitik folgen. Heilige Muße stellt die Frage: Was heißt es in dieser Situation, dem Evangelium zu folgen, im Hier und Jetzt? Heilige Muße heißt, ich nehme mir Zeit um mich zurückzuziehen und zu fragen, was geht hier, in den anderen und in mir selber vor. Ich nehme mir Zeit und versuche zu verstehen, was das Leben im Sinne Jesu in dieser Situation verlangt. Unsere Schuldirektorin sagte uns oft: „Wie wertvoll eure Arbeit auch sein mag, vergesst nicht, ein leeres Gefäss muss wieder gefüllt werden." Die Botschaft war klar: Man kann niemandem etwas geben, wenn man selber nichts zu geben hat. Maschinen können Berechnungen anstellen und Tiere harte Arbeit leisten. Aber nur wir können dem Ort, an dem wir leben, eine geistliche Qualität geben. Und wir müssen sie zuerst selber besitzen. Und sie muss regelmäßig genährt werden.

Heilige Muße ist, mit anderen Worten, die Grundlage der Kontemplation. Es gibt eine weit verbreitete Meinung, Kontemplation sei die Spezialität derer, die in geschlossenen Gemeinschaften leben. Sie sei dagegen unerreichbar für den Rest der Menschheit, die die Hitze des Mittags tragen und inmitten einer wuselnden Menge leben müssen. Wenn dem aber so ist, war Jesus, dem die Menschen nicht nur folgten, sondern der auch ständig von ihnen umgeben war, kein Kontemplativer. Auch Teresa von Avila war keine Kontemplative, ebenso wenig wie Katharina von Siena und Thomas Merton. Auch nicht Mahatma Ghandi. Offensichtlich waren einige der großen Kontemplativen auch besonders aktiv und effizient. Nein, Kontemplation ist kein Rückzug aus der Menschheit.

Das Problem besteht darin, dass wir im Leben zwischen Absicht und Sinn unterscheiden müssen. Unsere Orientierung an Absichten hat damit zu tun, dass wir von unserer westlichen und hochindustrialisierten Kultur geprägt sind. Eine Absicht hat damit zu tun, dass wir Ziele haben: Wir wissen, was zu tun ist, und wir setzen das auch in die Tat um. Eine Absicht zu haben fällt uns leicht. Absicht ist, heute sieben Briefe zu schreiben, den Boden zu bohnern, diesen juristischen Brief zu beenden, diesen Bericht fertigzustellen oder diesen Abschluss zu machen. Dagegen hängt der Sinn davon ab, dass ich mich frage, wen kümmert es, wer hat einen Nutzen davon, wen berührt es, wer geht vergessen, wer wird verletzt oder angegriffen sein, wenn ich dieses oder jenes tue. Absicht bestimmt, was ich mit diesem Teil meines Lebens tun will. Bedeutung oder Sinn verlangt zu wissen, warum ich es tue und welche Folgen das für die Welt haben wird.

Kontemplation heißt deshalb nicht Rückzug aus dem Leben. Kontemplation ist das Verfolgen von Sinn und Bedeutung. Kontemplative wollen den relativen Wert der Dinge des Lebens bestimmen. Sie glauben, dass alles, was wir tun, unsere Suche nach Sinn und Bedeutung im Leben entweder voranbringt oder behindert. Die wahren Kontemplativen sind jene, die Gottes Willen überall finden und seine Gegenwart überall erspüren.

Die wahren Kontemplativen machen keinen Unterschied zwischen politischer und privater Moral. Sie wissen, dass das Leben eines ist. Die wahren Kontemplativen denken nicht in den Kategorien „diese“ und die „nächste“ Welt.

Sie wissen, dass das Leben einfach ein laufender Prozess ist, von dem wir im Moment nur einen Teil erkennen. Die wahren Kontemplativen nehmen Tagträume nicht für den Willen Gottes. Es waren Höhepunkte im geistlichen Gedächtnis der Menschheit, als Mose vom brennenden Dornbusch weggeschickt und Josef berufen wurde, Maria zu sich zu nehmen, und Maria von Magdala mit der Botschaft von der Auferstehung zu den Aposteln gesandt wurde. Offensichtlich ist der Moment der Erleuchtung nicht ein Selbstzweck, sondern dient der empfangenen Sendung. Das Eintauchen in göttliche Leben erfordert Antwort, nicht Ruhe. Die wahren Kontemplativen verbringen ihr Leben nicht damit, zum Himmel zu starren. Eine solche Art von Kontemplation kann ein Deckmantel für eine bloße Flucht, oder schlimmer noch für Egoismus sein. Müßiggang ist nicht gleichbedeutend mit Kontemplation.

Mit anderen Worten, es gibt keine wahre Kontemplation um ihrer selbst willen. Im Gegenteil, sie bringt uns in Berührung mit unserer Welt, indem sie uns den Abstand gibt, den wir brauchen, um besser zu sehen, wo wir stehen. Das Evangelium zu betrachten und nicht auf die Verwundeten in unserer Welt zuzugehen, kann nicht Kontemplation sein. Ein solches Gebet dient als Ausrede, um nicht wirklich Christ sein zu müssen. Es ist geistlicher Zeitvertreib.

Kontemplation ist die Fähigkeit, unsere Welt so zu sehen, wie Gott sie sieht. Kontemplation ist heiliges Wissen um die Pflicht, mich um die Welt, in der ich lebe, zu sorgen. Kontemplation ist das Bewusstsein, dass Gott in mir und in den Menschen um mich herum ist. Das Wissen um die wahre Fülle des Lebens. Die Kontemplativen lassen nicht zu, dass ein Teilbereich des Lebens ihre ganze Nervenkraft absorbiert oder ihnen die Hoffnung nimmt. Gott ist größer als mein

Problem mit der Arbeit, als der ärgerliche Nachbar oder die unselbständige Verwandte in meiner Familie. Gott ruft mich immer neu über all das hinaus, zu einem guten Leben als Ganzes und zur eigenen Verantwortung für das Leben.

Das ist Erleuchtung. Wenn ich selber das Ganze meiner kleinen Welt bin, ist das Dunkelheit. Wenn meine Schmerzen, meine Erfolge und meine Verpflichtungen meine einzige Sorge sind, so ist das Dunkelheit. Wenn das Leben für mich nur die eigenen Interessen sind, ist das Dunkelheit. Aber wenn ich anfange, das Leben mit den Augen Gottes zu betrachten, hat sich die Erleuchtung eingestellt.

Aber die Erleuchtung und die Kontemplation, die Beziehung zwischen den Zielen und dem Sinn meines Lebens verlangt mehr als nur das Wollen. Innere Vision und Führung sind nur möglich, wenn ich mein Herz auf Gott ausrichte und meinen Geist offen halte. Hier wird benediktinische Spiritualität zum Balsam und zum Segen in einer Welt, die ob der Aktivitäten um ihrer selbst willen außer Kontrolle geraten ist.

Dom Cuthbert Butler betont, nicht die Aktivität zerstöre das kontemplative Leben, sondern das Fehlen von Kontemplation. Das Besondere benediktinischen Lebens ist seine Konzentration auf ein kontemplativ gelebtes aktives Leben. Benediktinische Spiritualität gibt dem Alltag Tiefe und Perspektive. Sie sorgt sich ebenso um die Weise, wie etwas getan wird, wie um die Tat selber: Gäste sollen wie Christus aufgenommen werden (RB 53); Speisen sollen sorgfältig ausgewählt werden (RB 39); der Besitz des Kloster soll mit Ehrfurcht behandelt werden (RB 32); Pilger und Arme sollen besonders aufmerksam umsorgt werden (RB 66) – und das alles um der Liebe Christi willen. Nach der Regel Benedikts ist das Leben nicht in heilige und profane Dimensionen aufgeteilt. Das Leben als Ganzes ist heilig. Das Leben als Ganzes ist geweiht. Das Leben als Ganzes soll in gesalbten Händen gehalten werden.

So ruft Benedikt uns alle zur Bewusstheit. Kein Leben darf so beladen sein, dass für Inventur keine Zeit bleibt. Kein Tag darf so mit Geschäften belegt sein, dass das Evangelium nicht dazwischen treten kann. Kein Terminkalender darf so gefüllt sein, dass es keinen Platz gibt für das Nachdenken darüber, ob das, was wir tun, es auch wert ist, getan zu werden. Keine Arbeit darf uns so sehr in Beschlag nehmen, dass nichts anderes Platz hat: weder mein Gatte, noch meine Frau meine Hobbies, meine Freunde, die Natur, die Lesung, das Gebet. Wie sollen wir den Geist Christi leben, wenn wir uns nicht die Zeit nehmen, uns zu fragen, was dieser Geist Christi damals und heute für mich ist?

So sucht Kontemplation nicht die Nicht-Arbeit; ihr geht es um heilige Muße. Kontemplation verlangt Disziplin.

In der Zeit vor der Erneuerung des Ordenslebens durch das Konzil bestimmte die Oberen jede Minute des monastischen Tages. Wir beteten und meditierten von 6.00 bis 7.30 Uhr morgens, dann aßen wir und gingen zur Schule. Um 17.00 Uhr nachmittags gingen wir wieder zum Gebet und zur Lesung. Um 19.30 Uhr feierten wir das Nachtgebet, hatten dann zwei Stunden zum Studium und gingen zu Bett. Auch nach dem Zweiten Vatikanum gelten die Zeiten für das Gemeinschaftsgebet, aber die Zeit für die Lesung soll privat verbracht werden.

Angesichts der vielen Verpflichtungen und Dienste der Einzelnen waren wir in der Gemeinschaft überzeugt, dass das vorzuziehen war. Und ich meine, das gilt noch immer. Aber es ist klar, dass Kontemplation etwas ist, das wir sehr hart erarbeiten müssen.

Am Ende eines langen Tages ist es viel einfacher, es sich mit einer Zeitung gemütlich zu machen oder vor dem Fernseher einzunicken, als mit der Bibel zu ringen. Zu Beginn eines gefüllten Tages ist es viel verführerischer, mit dem, was man ohnehin nicht zu Ende bringen wird, früh anzufangen, als in der Kapelle zu sein und das Wort Gottes als Führer für den Tag langsam in sich einsickern zu lassen. Wir alle sagen uns, das Leben sei einfach zu hektisch und das, was wir wirklich bräuchten, sei Freizeit, nicht heilige Muße. Wir sagen, morgen werde alles anders, und tun dann doch nichts. Wir sagen, unser Terminkalender sei überfüllt, die Kinder seien zu laut und die Müdigkeit so groß. Wenn wir aber nichts tun, um das zu ändern, wird unser Terminkalender immer noch voller, der Lärm wird noch weniger nachlassen und die Müdigkeit fährt uns noch mehr in die Knochen. Tatsächlich ist nicht der Leib müde, sondern die Seele. Wir sind so überstimuliert und in einem Maße energielos, dass die alten Dinge immer gleich bleiben. Das Gefühl von Aufgeregtheit, das mit dem Neuen und Frischen kommt, ist weg. Nur Kontemplation, das Anerkennen der Bedeutung des Lebens, kann uns diese Art von Energie wohl zurückbringen. Das heißt aber, dass wir uns für die heilige Lesung, für behutsame Erkenntnis und für tiefe Meditation Zeit nehmen müssen. Wie anders können wir verstehen lernen, was eine Beziehung wirklich ist? Wie anders können wir dem Sinnlosen einen Sinn geben? Wie können wir hoffen, das zu beherrschen, was uns beherrscht, wenn wir die Dinge, das Selbst und auch das Gott-Leben nicht an ihren Platz stellen?

So braucht es für die Kontemplation Zeit und Disziplin. Sie verlangt auch Tiefe. In der Kontemplation erweitern wir unser Verstehen, so dass das Herz Frieden finden kann.

Kontemplation ist nicht Leere, die zur Fülle wird. Kontemplation ist Fülle, die in der Leere endet. Ich kann nicht kontemplativ werden, indem ich einfach sitze und warte. Ich muss kontemplativ werden, indem ich höre und warte.

Die Kerzen im Kloster sagen mir Tag für Tag: Die Zeit vergeht, das Licht nimmt ab, es gibt gewisse Formen der Zweckfreiheit, die ganz wesentlich sind. Dann muss ich eine Wahl treffen. Wofür ist die Zeit da? Wenn sie nur für die Arbeit da ist, was wird dann von mir bleiben, wenn die Arbeit getan ist? Was wird passieren, wenn in mir kein Licht ist, wenn die Dunkelheit kommt? Sie kommt im Leben eines jeden Menschen. Was bringt es, das Leben nutzbringend zu verbringen, wenn ich nicht auch ein sinnvolles Leben führe?

Abba Antonius wusste, was unsere Kultur wieder lernen muss: Spiel und heilige Muße machen die Arbeit möglich und wertvoll.

9

Talente – Miteinander musizieren

Die Brüder dürfen übrigens nicht der Reihe nach vorlesen oder vorsingen, sondern nur, wenn sie die Zuhörer erbauen.

Sind Handwerker im Kloster, können sie in aller Demut ihre Tätigkeit ausüben, wenn der Abt es erlaubt... Wenn etwas von den Erzeugnissen der Handwerker verkauft wird, sollen jene, durch deren Hand die Waren veräußert werden, darauf achten, dass sie keinen Betrug begehen.

RB 38,12; 57,1.4

Manche würden unsere Musikinstrumenten für den Gottesdienst wohl als eine ziemlich seltsame Ansammlung betrachten: Wir haben zwar weiterhin eine Orgel. Aber der größte Unterschied zwischen der liturgischen Musik heute und gestern besteht darin, dass wir die Eucharistiefeier nicht mehr nur mit der Orgel begleiten. Im Gegenteil. Es gibt eine Handglocke, ein paar Gitarren und einen Flügel, ein Cembalo und ein Hackbrett, eine Flöte, eine Trompete, eine Harfe und ein Xylophon, dazu Dutzende von Zimbeln. Sie werden von verschiedenen Schwestern gespielt. Ich liebe die Musik dieser unterschiedlichen Instrumente, aber mehr noch liebe ich, was diese Ansammlung über den Platz der einzelnen Personen in der Gemeinschaft aussagt.

Einige unserer Musikerinnen haben eine professionelle Ausbildung erhalten. Andere haben sich ihre Kenntnisse vor vielen Jahren selbst beigebracht. Wieder andere verstehen wenig oder nichts von Musik. Aber alle lieben, was sie tun, und sie tun es um der Gemeinschaft willen und aus Freude. Sie setzen ihre Talente zum Lob Gottes ein. Alle respektieren die Talente der anderen, keine erwartet, dass sie selber im Mittelpunkt der Show steht, jede weiß auch, dass ihr eigener Beitrag ohne die anderen danebengeht. Wenn aber jede mit der bestmöglichen Einstellung und Vorbereitung tut, was sie kann, ist der Gottesdienst der Gemeinschaft für uns alle tiefer und schöner als ohne diese Gemeinsamkeit. Ja, die Gemeinschaft ist stärker, weil die Einzelnen ihre je eigenen Kräfte einbringen.

Die Kunst des Gemeinschaftslebens liegt ganz allgemein im Ausgleich von Person und Gruppe. Benediktinische Spiritualität verlangt zwei Dinge: Die Selbsthingabe und die Selbstbildung; die Familienordnung und das Verständnis von Familie. Das eine ohne das andere offenbart die Schwäche einer Person oder der Gruppe.

Die Einzelnen leben nicht für eine Gruppe. Das wäre sonst Faschismus, eine Philosophie, die es erlaubt, Fussballer mit Steroiden vollzustopfen, nur damit das Team gewinnen kann. Wenn dann der Körper des Sportlers durch Medikamentenmissbrauch verschlissen ist, werden sie gefeuert und ihrem Schicksal überlassen. Diese Art von Philosophie macht Menschen zu Kanonenfutter für das Vaterland und zu auswechselbaren Rädchen in Großkonzernen. Eine solche Grundhaltung findet sich oft auch im Verhältnis von Eltern und Kindern: Viele junge Leute führen über Jahre hinweg ein unglückliches Leben, weil sie darum kämpfen, die Träume ihrer Mütter und die Erwartungen ihrer Väter zu erfüllen.

Gruppen leben für die Einzelnen. Die Aufgabe einer Gruppe ist es, Menschen zu befähigen, gemeinsam zu erreichen, was sie als Einzelne nicht können. Gruppen sollen unsere großen persönlichen Hoffnungen durch gemeinsames Suchen, gemeinsame Anstrengungen und gemeinsame Disziplin erreichbar machen. Gruppen, Gemeinschaften und Familien bieten das Umfeld, in dem die Einzelnen werden können, was sie mit allen Mitteln zu sein versuchen.

Da Benedikt seine Regel für Menschen schrieb, die in einer Gemeinschaft leben, sagt er auch vieles über den einzelnen Menschen, selbst wenn es manchmal indirekt erschlossen werden muss. Der Eckstein seiner Lebenspsychologie ist es, dass jedes Individuum anders ist und je anders behandelt, betrachtet und geformt werden muss.

Die Wüstenmönche kannten diese Wahrheit, das heißt, die Einzigartigkeit jedes Menschen, und sie sprechen davon in der folgenden Geschichte von Abba Arsenius.

Abbas Arsenius war krank, die Brüder brachten ihn in die Kirche und stellten ein Bett mit einem kleinen Kissen für sein Haupt auf. Zu dieser Zeit war das für Mönche ein unerhörter Luxus. Da kam ein Mönch und wollte seinen geistlichen Rat erbitten. Er sah ihn auf dem Bett mit dem kleinen Kissen unter seinem Haupt und war schockiert. „Ist der Mann, der so daliegt, wirklich Abba Arsenius?“

Da nahm einer der Mönche den Besucher zur Seite und fragte ihn: „Was war deine Arbeit in deinem Dorf?“

„Ich war Schafhirte,“ antwortete der Besucher.

„Und wie hast du da gelebt?“ fuhr der Mönch fort.

„Ich hatte ein sehr hartes Leben,“ antwortete der Besucher.

Da fragte der Mönch: „Und wie lebst du jetzt in deiner Zelle?“

Und der Besucher sagte: „Oh, ich lebe recht bequem.“

Da sagte der Mönch zu ihm: „Siehst du Abbas Arsenius? Bevor der Mönch wurde, war er der Vater des Kaisers. Als du als Hirte in der Welt warst, hattest du keine der Annehmlichkeiten, die du jetzt hast. Er aber führt nicht mehr das leichte Leben, das er in der Welt hatte. So geht es dir immer gut, er aber übt die ganze Zeit Verzicht."

Der Besucher verneigte sich und sagte: „Vater, vergib mir, ich habe gesündigt. Dieser Mann folgt wahrlich dem Weg der Wahrheit, der zur Demut führt, während mein Weg zur Bequemlichkeit führt." Und der Mönch zog sich zurück, zufrieden und erbaut.

Was diese Geschichte lehren will, ist klar: Wir allen kennen viele Bedürfnisse und Unterschicde, müssen sie gegenseitig anerkennen und ihnen gerecht werden. Das ist die Basis einer gemeinschaftlichen Spiritualität. „Jene, die mehr brauchen," sagt die Regel, „sollen in Demut darum bitten. Und jene, die weniger brauchen, sollen Gott danken" (RB 34).

Die Person soll geachtet werden. Benediktinische Spiritualität ist nicht ein Versuch, alle menschlichen Wesen auf den kleinsten gemeinsamen Nenner zu reduzieren. Sie will nicht aus Einzelnen einförmige Gruppen machen. Benediktinische Spiritualität will uns in unserer Einzigartigkeit und in unserem jeweiligen Umfeld zur Heiligkeit führen. Nun ist es zweifellos nicht leicht zu entscheiden, wann ein Einzelner der Gemeinschaftsordnung vorzuziehen ist. Wann soll ein Glied der Familie Privilegien erhalten, welche die anderen nicht haben? Wann sollen die Bedürfnisse eines einzelnen Menschen wichtiger sein als die ebenso wichtigen Bedürfnisse der anderen?

Benedikt stellt einige wichtige Prinzipien auf. Erwarte nicht, dass alle gleich sind. Benedikt fordert zwei Arten von Gemüse bei jedem Mahl, so dass man auswählen kann (RB 39). Alle sollen ein eigenes Bett haben (RB 22); das war im 6. Jahrhundert noch nicht selbstverständlich. Alle sollen dem Ort entsprechende Kleidung bekommen (RB 55). Die Glieder der Gemeinschaft sollen sogar ermutigt werden, um leichtere Arbeit zu bitten, wenn sie das Gefühl haben, die ihnen aufgetragene Arbeit übersteige ihre Kräfte (RB 68). Das Leben ist keine Uniform, die jedem in gleicher Weise passen muss. Die Idee, im Namen der geistlichen Entfaltung ein Leben ohne Bedürfnisse und Interessen zu führen, mag eine besondere Form von Askese sein. Wie hier deutlich wird, ist dies aber nicht der benediktinische Weg.

Alle bekommen, was sie zum Leben brauchen, alle sollen auch an den Entscheidungen beteiligt werden, die über sie getroffen werden. Hier geht es um die Führung der Gemeinschaft und da ist nichts von gekünstelter Askese, von aufgesetzten Bußen, von Militarismus zu finden. Da ist mehr als nur das nackte Leben. Das Leben soll anderen nicht erschwert werden mit der Begründung, Schwierigkeiten seien gut für sie. Das Leben, wie es ist, ist schon hart genug. Vielmehr sollen gerade die harten Seiten des Lebens gemeinsam und gut bewältigt werden.

Sehr wichtig für die benediktinische Spiritualität ist der Platz, den die persönlichen Schwächen einnehmen. Es ist nur „eine kleine Regel“, lesen wir bei Benedikt, „für Anfänger“. Sie schreibt „nichts Hartes oder Schwieriges“ vor (RB 73). Diese Regel ist, anders ausgedrückt, für dich und für mich. Wir alle wissen, dass wir im geistlichen Leben Anfänger sind, wie intensiv unser Bemühen, wie ehrlich unsere

Suche oder wie lange dieser Weg auch schon sein mag. Wir suchen nichts Kompliziertes. Wir gehören nicht zu jenen, die sich unbedingt selbst quälen und schwere Lasten tragen wollen. Im Gegenteil. Schon bei einer Migräne kommen wir an unsere Grenzen.

Dass Benedikts Wissen um unsere Zerbrechlichkeit zutrifft, wird nirgends deutlicher als in den Abtskapiteln (RB 2 und 64). Was er vom Abt sagt, spiegelt deutlich seine Kenntnis unserer Befindlichkeit.

Zunächst sagt Benedikt, der geistliche Führer solle von der Gemeinschaft selber gewählt werden. Er nimmt offensichtlich an, dass wir bei unserer Suche nach geistlicher Führung durchaus konsequent sind und daher auch selbst die richtige Entscheidung treffen können. Er weiß aber, dass wir tiefere, auf die Mitte ausgerichtete Menschen werden müssen, und dass dieses Bemühen schon die Hälfte dieses Prozesses ist. Das geistliche Leben wird uns nicht gegeben; wir müssen lernen, es mit ganzem Herzen zu suchen. Welche Führer wir für uns wählen, ist ein Maßstab unseres Charakters und unserer Bereitschaft, geistlich zu wachsen. Ist unser Führer der aktuelle Popstar, dann werden wir entsprechend geprägt. Wenn wir Manager und Banker zu Führern wählen, dann spürt man das an uns; wenn wir unsere Werte und Ideale von den Medien vorgeben lassen, dann wird das auch schnell offenbar. Benediktinische Spiritualität besagt, dass wir für die Wahl der Oberen selber verantwortlich sind und dass wir eine sorgfältige Wahl treffen sollten.

Zweitens muss der Abt aufgrund seiner Weisheit, nicht seines Alters gewählt werden. Wenn dem so ist, müssen wir nach Weisheit suchen und dürfen uns nicht mit dem letzten Trend der Jugendkultur identifizieren, auch nicht nach der Sicherheit suchen, die ein vorsichtiger und eher beharrlicher

Älterer bietet. Nicht die alte und nicht die neue Kirche rettet uns – mit anderen Worten: nicht irgendein linker oder rechter Flügel. Nur die Weisheit, die Einsicht in die Wahrheit des Lebens, die sich aus dem Evangelium und der persönlichen Erfahrung ergeben, darf uns leiten; auch nicht die neuesten geistlichen Moden, psychologische Schulen oder Gurus, die schnell kommen und schnell verschwinden. Benedikt weiß, dass wir Weisheit brauchen, aber zu oft geben wir uns mit weniger zufrieden. Wir wollen schnelle Lösungen, statt die langsame und bleibende Weisheit eines gut gelebten Lebens.

Drittens soll der Abt dem Kloster dienen und es nicht beherrschen. Aber wenn wir nach dem Dienst suchen statt nach magischen Antworten oder blinder Führung, müssen wir lernen, mitzuarbeiten und nicht einfach zu gehorchen. Es ist so einfach, Befehle anzunehmen, sich aber zu weigern, Verantwortung zu übernehmen. Wenn mir gesagt wird, etwas zu tun, tue ich es. Aber wenn es an diesem Abend nicht zu meiner Arbeit gehört, das Geschirr zu spülen, bleibt es im Ausguss stehen. Wenn es nicht meine Arbeit ist, den Küchenboden zu reinigen, bleibt er schmutzig. Wenn es nicht meine Verantwortung ist, mit den Leuten im Warteraum zu sprechen, dann bleiben sie unbeachtet am Empfang stehen. Ich tue genau, was mir aufgetragen ist und nicht mehr. Es ist so einfach, einfach unseren Dienst zu tun, statt das Herz zu geben.

Was wir zum Leben beitragen müssen, ist Gegenseitigkeit, nicht Kontrolle oder Bequemlichkeit. Leben heißt nicht mit den Fingern zu schnippen. Eine Familie ist nicht dann glücklich, wenn der Mann befiehlt und Frau und Kinder springen. Eine Familie ist nicht dann eine gute Familie, wenn die Frau sagt, was gilt und alle anderen auf den Zehenspitzen umhergehen müssen. Auch nicht, wenn die Kinder das einzige Kriterium für Planung und Aktivität sind. In einer guten Familie dienen wir einander und es zählt, was alle brauchen.

Leben heißt, dass wir selber zu wachsen lernen, wenn andere wachsen. Die Menschen, mit denen wir leben und arbeiten, tragen immer etwas zu unserer geistlichen Entfaltung bei. Wir müssen lernen, das Rohmaterial, unser Leben, zu nehmen, um es zum Material der Heiligkeit zu machen. Wir können nicht erwarten, dass uns vollkommene Menschen oder eine vollkommene Umgebung zur geistlichen Reife rufen. Die Menschen, mit denen wir leben, stellen unsere Tugenden, unsere Werte und unsere Tiefe auf die Probe. Benedikt wusste, dass der Ruf, zu dienen statt zu herrschen, bedeutet, dass die Menschen lernen müssen, mit anderen zusammenzuarbeiten, statt von ihnen abhängig zu sein. Das Problem besteht darin, dass Herrschen oder Abhängigkeit von uns viel weniger verlangt als Zusammenarbeit.

Viertens muss der Abt mehr auf Erbarmen als auf das Richten aus sein. Benedikt wusste genau, dass in der Welt sehr viel Unvollkommenes und sehr Menschliches zu finden ist und daher auch ein großes Maß an Erbarmen erforderlich ist. Wir alle sind auf ziemlich gewundenen Wegen zu Gott unterwegs und entsprechend schwerfällig und humpelnd sieht unsere Fortbewegung aus. Andererseits fällt es uns schwer, von uns selbst und darum auch von anderen weniger als Vollkommenheit zu erwarten. Wir fordern von uns und von anderen ein unerreichbares Maß und wundern uns dann, dass wir dennoch Fehler über Fehler begehen. Benediktinische Spiritualität sagt, das Leben sei eine Serie von Schwächen, die sich nach Ganzheit sehnen, und wir müssten mit dem eigenen Wachstum und mit dem der anderen Geduld haben.

Schließlich muss der Abt für Rat zugänglich sein. Zweifellos hat jedermann Weisheit und Einsicht, Anliegen, eine Wahrheit und Gaben. Wir alle können etwas beisteuern. Selbst in unseren Schwächen sind wir noch wertvoll, wir sind immer noch fähig, uneigennützig und sachlich zu sein, wir sind es weiterhin wert, gehört zu werden.

Die Folgen aus diesem Umgang mit Menschen sind ganz verschieden von dem, was man uns in unserer modernen Kultur lehrt. Für die benediktinische Spiritualität bleibt jedermann wertvoll. In allem Tun und zu jeder Zeit. Die benediktinische Spiritualität versteht alle als Individuen, nicht als Teile eines Teams, als Angehörige der Armee oder als Mitglieder einer Klasse. Alle haben ihre eigenen Bedürfnisse und ihre speziellen Gaben, alle haben auch ihre eigenen Verantwortungen. Und obschon niemand dazu berufen ist, etwas zu sein, was er nicht ist, so sind doch alle dazu berufen, alles zu sein, was sie sein können. Diese Lektion muss unsere Gesellschaft unbedingt neu lernen.

Seit Freud haben wir sehr viel über unser „Selbst" gelernt, aber nicht annähernd soviel über das „Wir". Stattdessen gibt man den Eltern die Schuld an den Problemen der erwachsenen Söhne und Töchter. Lehrern gibt man die Schuld, wenn in unserem Land die allgemeine Lese- und Schreibfähigkeit zurückgeht. Die Polizei ist schuld an der wachsenden Kriminalität. Armut ist schuld am persönlichen Zerfall. Der Begriff der Sünde ist dem Begriff der Selbstentfaltung gewichen. Es ist ohne Zweifel an der Zeit zu fragen, wann und wo im eigenen Leben wieder die Verantwortung für das Gemeinwohl eine Rolle spielen muss.

Zweifellos ist die gegenwärtige Generation von einer Zeit geprägt, die Moralisches, Unmoralisches und Amoralisches ununterscheidbar vermengt. Mord, Nicht-zur-Kirche-Gehen oder Fluchen werden nicht mehr differenziert unterschieden, sondern über einen Kamm geschoren. Puritanismus und Jansenismus, frühere Lehren von der grundsätzlichen und wesentlichen Bosheit der menschlichen Natur hatten derart gründliche Vorarbeit geleistet, dass sich gleich eine große Zuhörerschaft fand, als man in den 1950er Jahren öffentlich begann, die psychische Entwicklung der Persönlichkeit darzulegen. Den Zuhörern war sehr daran gelegen, von den Fehlern ihres Lebens losgesprochen zu werden. Sie wollten beweisen, dass ihre aktuellen Probleme eine Folge vergangener Umstände und nicht ihnen selbst anzulasten waren. Leute aus Alkoholikerfamilien machten daher ihre Familien für den Scherbenhaufen ihres Lebens verantwortlich. Leute aus zerbrochenen Familien gaben den Eltern die Schuld für ihre Beziehungsprobleme. Kinder aus armen Familien lasteten ihren Mangel an Lebensdisziplin ihrer sozialen Herkunft an.

Benediktinische Spiritualität bietet ein anderes Modell, das unserer Zeit vielleicht hart erscheinen mag, die Person aber dennoch auf eine angemessenere Weise beurteilt, als das viele moderne Theorien tun. Benedikt verlangt die Korrektur von Fehlern, ja sogar Strafen, „wenn ein Bruder zurechtgewiesen wurde, sich aber nicht bessert" (RB 28,1). Es geht darum, dass wir, oder doch die meisten von uns, uns ändern können. Wir sind nicht Marionetten am Ende einer soziologischen Schnur. Die meisten von uns müssen über irgendetwas hinwegkommen – Alkoholismus in der Familie, schwerere Krankheiten, finanzielle Nöte. Die Regel Benedikts betont einfach, der gute Wille reiche, um etwas zu ändern. Sie setzt nicht voraus, dass alle alles gleich gut machen können – „Lesen sollen jene, die ihre Zuhörer erbauen“ (RB 38,12), sagt die Regel – aber sie sagt auch, dass alle etwas für die übrige Gemeinschaft tun können und müssen. Alle können und müssen mithelfen, sich gegenseitig zu tragen. Darum geht es in einer Gemeinschaft, in einer Familie. Allein sind wir schwach, gemeinsam können wir etwas aufbauen.

So ruft die Benediktusregel alle dazu auf, sich einzusetzen, wenn die Gemeinschaft etwas braucht, und an der Heiligkeit mitzuarbeiten und zu dienen. Sie ruft alle auf, bei Entscheidungen der Gemeinschaft mitzuarbeiten. Mit anderen Worten: Familienangehörige, die eine Vorzugsbehandlung erwarten, weil sie ein Gehalt verdienen, werden hier nicht berücksichtigt. Drückeberger, die das Geschirrspülen auf andere abschieben, nur weil sie ständig Kopfschmerzen haben, werden hier nicht berücksichtigt. Man kann nicht aus dem Leben aussteigen. Und es gibt keine Möglichkeit, sich aus der Verantwortung für die Menschheit zu stehlen.

Das ist nach meiner Meinung der Sinn des benediktinischen Gelübdes der Beständigkeit. Dieses will niemanden an einen Ort binden. Wie die Familie, die Nation oder ein Stamm bindet die Beständigkeit an eine Gruppe. Das Versprechen der Beständigkeit besagt: Das Leben ist eine gemeinsame Unternehmung, kein Privatvergnügen. Ich bin für andere nicht nur dann verantwortlich, wenn ich mich gerade entsprechend fühle oder wenn es mich nicht anstrengt. Ich bin immer, jeden Tag, für jene verantwortlich, zu denen ich in ständiger Beziehung stehe; solange wir als Einzelne einander helfen, den Weg des Lebens zu gehen.

In einer Kultur, in der es kaum mehr ein gemeinsames Familienmahl gibt, Hausarbeit für Geld getan wird, jedes Familienmitglied sein Leben unabhängig von den anderen plant und die Alten allein oder in Pflegeheimen leben, muss die Verantwortung gegenüber der Familie als ganze als Wert gesucht und dafür auch ein Preis bezahlt werden. Benedikt zieht das Gemeinschaftsmodell der eremitischen Tradition vor, weil er der Ansicht ist, dass wir alle sonst so etwas wie Herumtreiber sind. Wir kommen dann im Leben vielleicht mit vielen Gruppen in Kontakt, aber die Frage bleibt, ob sie uns jemals innerlich berühren. Wie kann uns jemand so gut kennenlernen, dass er es wagen könnte, uns wegen unserer Eigenheiten zur Rede stellen? Wen lernen wir jemals so gut kennen, dass unser Kontrollbedürfnis und unser Mitgefühl am lebenden Objekt auf ihre Tragfähigkeit getestet werden können? Wie tragen wir selber zu dem Leben bei, zu dem jeder Mensch von Geburt an berufen ist?

Mit anderen Worten: Wie die Einzigartigkeit gehört auch die Verantwortung zum Person-Sein. Die gleiche Regel, die sogar für das Vorsorge traf, was nach damaligen Vorstellungen Ordensleute nicht brauchten oder nicht haben mussten – gutes Essen, ausreichend zu trinken, passende Kleider, Schwachheit, Verständnis und Hilfe –, ermahnt den Cellerar, Geduld mit den Forderungen der Gemeinschaft zu haben, und die Mönche, keine unangemessenen Forderungen zu stellen (RB 31). Benedikt will, dass die Tischdiener vor den gemeinsamen Mahlzeiten essen, damit der Dienst nicht zu schwer wird, und er verlangt, dass die Mitglieder der Gemeinschaft einander dienen (RB 35). Den Künstlern und Handwerkern erlaubt er, ihre persönlichen Fähigkeiten auszuüben, warnt sie aber auch davor, von den Kunden zu hohe Preise zu verlangen (RB 57). Der Abt soll einen Prior haben, mit dem er die Last der Leitung teilen kann. Andererseits wird dem Prior sehr deutlich gesagt, es sei seine Aufgabe, das zu tun, was ihm sein Abt aufträgt, und nicht seine eigene Ziele zu verfolgen, welche die Gemeinschaft in Verwirrung bringen (RB 65). Benedikt sagt, man müsse sich um die Kranken sorgen, aber er hat auch ein eigenes Kapitel für die Kranken und sagt diesen, sie sollten die Mitbrüder nicht durch überzogene Ansprüche betrüben (RB 36). Individualität und Unabhängigkeit sind nach Benedikt offensichtlich nicht gleichbedeutend. Vielmehr gehen in der benediktinischen Spiritualität Individualität und Verantwortung Hand in Hand. Fraglos soll ich der sein, der ich bin, und bekommen, was ich brauche, aber diese Gaben verlangen auch etwas von mir. Sie sind nicht nur für mich, sondern auch für andere da. Auch die Gemeinschaft ist nicht nur für mich da, sondern um des Evangeliums willen.

Unsere Gesellschaft lebt in einer Zeit, in der Menschen jahrelang miteinander arbeiten, ohne einander je kennenzulernen; in einer Zeit, in der wir von den Ereignissen in Singapur mehr wissen als von der Nachbarschaft. Familien sind über das ganze Land, ja über die Welt verstreut. Menschen leben jahrelang nebeneinander in Wohnblocks, ohne die zu grüßen, die sie täglich im Aufzug treffen. In einem solchen sozialen Klima lassen wir unsere Welt leicht auf die Größe unseres Schreibtisches, unseres Hauses und unseres Terminkalenders schrumpfen. Wir nennen das Individualismus, tatsächlich ist es aber nur Egoismus. „Niemand achte auf das eigene Wohl, sondern mehr auf das des anderen“ (RB 72,7). Benediktinische Spiritualität sagt uns, dass wir alle die Aufgabe haben, uns um die anderen ebenso wie um uns selber zu sorgen.

Es ist keine Frage, dass mein Lebensziel sein muss, das Beste meiner selbst zu so gut wie möglich zu entfalten. Warum? In der benediktinischen Spiritualität besteht die Antwort offensichtlich darin, dass wir zur vollen Größe heranwachsen, um andere zu tragen. Vielleicht wachsen wir sogar nie zur vollen Größe heran, wenn wir nicht gelernt haben, andere zu tragen. Das ist das Wertvolle an der Einzigartigkeit und der Sinn der Verantwortung. Darum ist es so traurig, wenn wir Kinder verziehen. Wo anders als in ihren Familien können sie lernen, dass sie nicht nur für sich selber leben?

Das hat der Mönch gelernt, der den kranken Abt Arsenius besuchte, das lehren uns jeden Sonntagmorgen die Musikerinnen, die schwierige und einfache Instrumente spielen, als Team oder als Solistinnen auftreten: Wir sind gemeinsam zur Fülle des Lebens berufen.

10

Gastfreundschaft – Herz ohne Grenzen

Alle Fremden, die kommen, sollen aufgenommen werden wie Christus; denn er wird sagen: „Ich war fremd, und ihr habt mich aufgenommen“ (Mt 25,35).

Sobald ein Gast gemeldet wird, sollen ihm daher der Obere und die Brüder voll dienstbereiter Liebe entgegeneilen. Zuerst sollen sie miteinander beten und dann als Zeichen der Gemeinschaft den Friedenskuss austauschen…

Vor allem bei der Aufnahme von Armen und Fremden zeige man Eifer und Sorge, denn besonders in ihnen wird Christus aufgenommen. Das Auftreten der Reichen verschafft sich ja von selbst Beachtung.

RB 53,1.3-4.15

Vieles hat sich geändert, seit ich ins Kloster ging. Wir trugen damals mittelalterliche Kleider, heute sind sie zeitgemäß. Wir schwiegen beim Essen, jetzt sprechen wir. Wir beteten lateinisch und jetzt in der Landessprache. Wir hatten nur eine Aufgabe, die Schule, heute versuchen wir auf vielfältige Weise etwas zum Reich Gottes beizutragen. Ich habe gelernt, in jedem Bereich Veränderungen zu erwarten und das Meiste hat sich auch geändert. Mit einer bemerkenswerten Ausnahme. Seit dem Tag meines Eintritts in dieses Kloster bis zum heutigen Tag haben wir immer frisch gebackenes Brot.

Das erstaunte mich. Man kann Brot ja ebenso günstig kaufen wie selber backen. Und zu sehen, wie jemand seine

Kraft in eine solch undankbare Arbeit investiert, tut manchmal weh. Der Teig wird jeden Tag in großen, schweren, metallenen Schüsseln gemischt, zum Backen in einzelne Brotlaibe zerteilt, in Backformen gefüllt, von Hand mit Butter bestrichen und kommt in die großen Öfen. Und trotz der vielen Arbeit, Zeit und Mühe ist das Brot lange vor dem Abend aufgebraucht, Tag um Tag, Jahr um Jahr. Was kann man für all diese Arbeit vorweisen?

Dazu kam, dass uns viele kommerzielle Firmen im ganzen Land anboten, die Hostien für uns zu verpacken und zu sortieren. Doch die Gemeinschaft entschied sich, das eucharistische Brot selber zu backen. Eigentlich ist unsere Gemeinschaft vollbeschäftigt, trägt große Verantwortung, hat viel Arbeit und volle Terminkalender. Warum sollten also unsere Tage mit noch mehr Arbeit belastet werden, da sie doch sowieso schon randvoll sind und diese Arbeit ebenso gut von jemand anders gemacht werden könnte?

Schließlich entdeckte unsere Gemeinschaft, obwohl sie wenig Geld hatte und kaum sparen konnte, dass es in unserem heruntergekommenen Industrieviertel viele hungernde Männer, kranke Frauen und unterernährte Kinder gab – Obdachlose, Arbeitslose, Arme, die von ihrem Lohn nicht leben können. Nacheinander eröffneten wir eine Suppenküche, ein Lebensmittellager und eine Lebensmittelbank. Jetzt räumen die Schwestern einmal im Jahr ihre Zimmer und geben Kleider und andere Dinge, die sie nicht mehr brauchen, dem Lebensmittellager, damit sie zusammen mit den Essenspaketen ausgegeben werden können. So gehen mit den Grundnahrungsmitteln auch Freude und Schönheit und ein Gefühl von Mitsorge hinaus. Manche Leute bezeichnen das als dumm. Wir können nicht allen Hungernden zu essen geben. Das Wenige, das wir geben können – vielleicht ein Bild, eine Bluse, irgendeine Kleinigkeit, ein Kassettengerät – kann keine Wohnung füllen und auch einem eingeschränkten Leben nicht viel hinzufügen. Im Wesentlichen sind es unnütze Dinge für eine Lage, die hoffnungslos ist. Es scheint ein aussichtsloses Unterfangen. Und woher sollten das Geld und die Gaben kommen, damit wir eine solche Tätigkeit fortsetzen können?

In dieser Lage gab mir ein Wort der Wüstenväter eine Erklärung:

> *Jemand schenkte den Mönchen einmal einen Ring getrockneter Feigen. Da sie nicht viel wert waren, brachte sie niemand zu Abt Arsenius. Man wollte ihn nicht beleidigen. Als der alte Mann davon erfuhr, kam er eines Tages nicht zur Versammlung der Gemeinschaft, er sagte: „Ihr habt mich hinausgeworfen, da ihr die Gaben, die Gott euch gab, mir nicht gabt. Ich war ihrer ja nicht würdig." Als die Mönche das hörten, waren sie sehr betroffen. Darauf brachte ihm einer der Mönche die kleinen, verschrumpelten und trockenen Feigen. Da kam Arsenius wieder mit Freude zum Gebet der Gemeinschaft.*

Wie Sie sehen, entdeckte ich, dass das benediktinische Ordensleben von uns verlangt, dass wir uns für die anderen verausgaben, dass wir uns weggeben, einander die materiellen und spirituellen Lebensmittel geben. Die Frage ist weniger, ob das, was wir geben können, in der konkreten Lage hilft oder nicht. Die Frage ist einfach, ob wir überhaupt etwas haben, das wir geben können. Das ist grundsätzlich mit Gastfreundschaft gemeint: Nicht Überfluss und nicht Totalität, sondern wirkliches Teilen, ernstgemeintes Teilen.

In unserer gegenwärtigen Kultur ist Gastfreundschaft meist organisiert und steril. Wir lassen nur die Menschen an uns heran, die bei der Arbeit unsere Freunde geworden sind, oder die Nachbarn, die wir kennen, Fremde, für die jemand garantieren kann; nicht aber den unbekannten Mitmenschen, einen sozialen Außenseiter oder jemand, der politisch nicht korrekt ist. Wir backen unser Brot nicht, um es zu verschenken: beispielsweise an die schwarze alte Frau, die die Flure reinigt, an den Fremden, der gerade in die Wohnung gegenüber eingezogen ist, oder die junge Mutter, die auf das Sozialamt angewiesen ist und mit Lebensmittelkarten im gleichen Supermarkt wie wir einkauft. Wir müssen noch viel umsichtiger sein in einer Gesellschaft, in der Menschen in ihren Wohnungen nicht mehr sicher, in ihrem Stadtviertel nicht willkommen und in den U-Bahnen bedroht sind. Ist denn Gastfreundschaft in unserer Zeit und unserer Kultur eine unmögliche Kunst?

Für die Menschen im antiken Nahen Osten war das Leben ganz buchstäblich eine Wüste. Die Gastfreundschaft war eine Sache des Überlebens. Es ist wie mit den Bootsfahrern, die die Not anderer Bootsfahrer nicht übersehen. Wenn die See hoch geht und sie Hilfe brauchen, wird ihnen ganz selbstverständlich geholfen. So waren auch die Wüstenbewohner froh um Gesellschaft. Diese bedeutete für sie psychologische Nahrung. Sie waren sich der eigenen Lebensgefahr bewusst, wenn sie einmal in einer Gegend waren, wo die Sonne heiß war und es kein Wasser gab. Sie öffneten ihre Zelte und baten die Fremden herein. Die Heilige Schrift ist voll von Beispielen der Gastfreundschaft: Abraham und Sarah öffnen ihr Zelt den vorüberziehenden Fremden; der Mann aus Samaria nimmt sich des Verwundeten am Straßenrand an; Lot sorgt sich sogar mehr um den Gast als um die eigene Familie.

Die Regel Benedikts – geschrieben in einer Zeit großer sozialer Wanderbewegungen und persönlicher Lebensgefahren, lange bevor es Zeltplätze und Motels gab – trägt dem Kloster auf, „Gäste wie Christus aufzunehmen“ und sich speziell um „die Armen und Pilger“ anzunehmen. „Gäste“, sagt Benedikt, „fehlen dem Kloster nie“ (RB 53). Mit anderen Worten: Das Kloster darf nicht eine Bastion gegen die Außenwelt sein. Im Gegenteil, es sollte für jedermann ein Ort sein, an dem man sich wohlfühlen konnte, Trost fand und sicher war. Im Kloster war, wer immer kam, willkommen. Reiche und Arme konnten kommen und fanden Seite an Seite einen Platz, während draußen in der Welt der soziale Stand sehr viel galt und das Klassendenken herrschend war.

Benediktinische Spiritualität heißt, wir müssen weiterhin den Fremden bitten, in unser Leben zu treten, denn in unserer technisiert-künstlichen Welt kann sich uns im Fremden eine einzigartige Chance auf Ehrlichkeit und Weisheit eröffnen. Der Abt wird angewiesen, auf die Kritik des Fremden zu hören, denn, so mahnt die Regel die Gemeinschaft, „Gott mag ihn gerade deswegen gesandt haben“ (RB 61). Unser Problem besteht darin, dass wir heute wohl lernen müssen, eine andere Art von Gastfreundschaft zu pflegen, damit wir zu den gleichen Resultaten kommen.

In unserer Zeit ist die Versuchung groß, die Sorge um die Fremden auf Behörden und Asylantenheime abzuschieben und den Lebensfluss vollständig zu übersehen, der an den Türen unserer Büros vorbeifließt und sich an den Ecken unserer Höfe, in der Nachbarschaft und in den Kirchen staut, in aller Stille und beinahe unbemerkt. Wenn wir ganz werden wollen, so sagt uns die benediktinische Spiritualität, müssen wir lernen, die anderen einzulassen, und sei es nur, um den eigenen Blick zu weiten. Wir müssen die Verantwortung für die Welt übernehmen, indem wir ihr von unserem Überfluss geben; wir müssen die Welt sicher machen, indem wir ihre Menschen schützen.

Die Welt hat die Gastfreundschaft offensichtlich noch nie in diesem Maße gebraucht. Flüchtlinge irren in der Welt umher, von Politikern, die in Marmorpalästen leben, aus politischen Gründen vertrieben. Die Soldaten, die aufgeboten werden, sterben in Schützengräben, und die Menschen, die von ihnen terrorisiert werden, laufen von Land zu Land, auf der Suche nach Frieden und Sicherheit für ihre Kinder und nach menschlicher Würde für sich selber. In den reichen Industriestaaten werden für die Arbeitslosen und Obdachlosen Container und Zeltstädte zur Verfügung gestellt. Kinder strömen in Scharen in die Städte, sie stammen aus Familien, die sie misshandeln, aus getrennten und armen Familien, aber auch aus guten Familien, die nicht wissen, wie sie mit ihnen umgehen sollen. Die Alten sind sich selbst überlassen, in alten Häusern mit undichten Dächern, schmutzigen Fenstern und ungepflegten Gärten. Fremde werden als Feinde betrachtet, nur weil sie aus dem Ausland kommen und anders denken, leben oder aussehen als wir selber.

Wen kümmert das? Und wer tut in dieser Sache etwas? Ja, im 20. Jahrhundert fehlt der Wert der Gastfreundschaft. Kirchen, welche die Asyl-Bewegung unterstützen, werden verfolgt. Menschen werden bestraft und kommen hinter Gitter, wenn sie Fremden, die keine Papiere haben und versuchen, sich etwas zum Anziehen und zum Essen zu beschaffen und dafür arbeiten wollen, Arbeit geben. Gleichzeitig erheben sich auf unseren Bildschirmen die Massen der Welt und überschreiten unsere Grenzen, auf der Suche nach Hoffnung und doch hoffnungslos, denn die Gastfreundschaft wird jetzt von Regierungsseite ganz einfach als

Gnadenerweis definiert, wogegen die Reichen überall großzügige Aufnahme finden.

Die Frage ist: Warum? Die Antwort: Der biblische Wert der Gastfreundschaft wurde domestiziert und gilt nunmehr als soziale Gnade, nicht mehr als geistliches Tun und heiliges Ereignis.

Wie die Mönche von Abba Arsenius teilen wir unsere Feigen nicht mehr mit allen, entweder weil wir der Ansicht sind, unser Besitz sei für die bedürftigen Armen zu kostbar und für die Reichen, die nichts brauchen, zu einfach.

Wir müssen wieder lernen, wie wir die Menschen aufnehmen können – sonst werden Armut, politischer Hass und die Dezimierung der Völker nie aufhören und unser eigenes Leben wird zu einer eisigen Insel. Wir müssen in diesem Land wieder lernen, Geist und Herz, Leben, Talente und Hände für andere zu öffnen. Das ist die Gastfreundschaft, zu der die Regel Benedikts aufruft.

Benedikt wollte immer einen offenen Geist. Darum ist die Schriftlesung für das benediktinische Leben so wichtig. Jesus war ein Angriff für jeden verschlossenen Geist in Israel. Jene, die meinten, Krankheit sei eine Strafe für Sünde, rief er zur Offenheit. Auch jene, die der Meinung waren, Zöllner könnten das Heil nicht erlangen. Für jene, die meinten, der Messias müsse eine militärische Figur sein, war Jesus ein Ruf zur Offenheit. Mit anderen Worten: Es ist unmöglich, sich in die benediktinische Spiritualität der *lectio*, des intensiven und meditativen Lesens der Schrift zu vertiefen und nicht zur Gastfreundschaft des Geistes aufgerufen zu sein, die Raum schafft für den AIDS-Patienten oder das Mitglied des Politbüros oder die atomare Abrüstung. Wenn wir in uns für Gedanken des Evangeliums keinen Raum schaffen, wird nichts über die Schranken unserer Ängste oder Vorurteile hinweg in unser Leben hineingelangen.

Benedikt äußert sich sehr bestimmt über die Gastfreundschaft des Herzens. Das geknickte Rohr darf nicht zerbrochen werden. Wer an die Tür klopft, ist immer „mit Freundlichkeit, die aus der Gottesfurcht kommt" zu grüßen und soll „mit dem Eifer der Liebe sofort Antwort bekommen" (RB 66). Ehre, Höflichkeit und Liebe sind die Merkmale, die Benedikt für die Gastfreundschaft des Herzens fordert.

Es ist so einfach, den Armen Kleider zu schenken, sich aber zu weigern, jene, denen wir etwas geben, zu achten. Wer sagt zu den Obdachlosen, die sich in unseren Städten bei Suppenküchen und bei den Müllcontainern aufhalten: „Vergib mir"?

Wer setzt sich hin und spricht mit den Hilfskräften, welche die Bürogebäude reinigen? Wer freundet sich mit den Menschen auf der anderen Seite der Stadt an, mit jenen, die nicht zu unserer Art von Menschen gehören?

Alle – alle – werden wie Christus aufgenommen. Jedermann erhält eine gute Antwort – am Telefon, an der Tür, im Büro. Es darf hier weder Sarkasmus noch Klassendenken geben. Das benediktinische Herz darf keine Grenzen haben, es muss ein Ort sein, an dem die Wahrheit von der Einheit aller Dinge alle Schranken beseitigt; ein Punkt, an dem sich alle Unterschiede der Welt treffen und zusammenschmelzen und wo sich Juden und Heiden, Sklaven und Freie, Frau und Mann als Gleichberechtigte treffen.

Was immer im Herzen vorgeht, ist der Anfang einer Revolution. Wenn ich fremde Menschen und eigenartige Gedanken in mein Herz hineinlasse, beginne ich, eine neue Welt zu gestalten. Die Gastfreundschaft des Herzens könnte die amerikanische Innenpolitik verändern. Sie könnte meine Welt zu einer Welt von potentiellen Freunden statt von möglichen Feinden machen.

Dabei bedeutet benediktinische Gastfreundschaft mehr als nur neue Gedanken oder neue Gefühle Menschen gegenüber, für die wir zuvor nur unfreundliche Gedanken hatten oder, was noch wahrscheinlicher ist, an die wir überhaupt nicht dachten. Benediktinische Gastfreundschaft verlangt von uns, unser Leben auf andere hin zu öffnen. Sie verlangt eine besondere Anstrengung, extra Zeit, besondere Zuwendung – und das geht weit über den verfügbaren Platz im Terminkalender hinaus.

Unser Leben auf andere hin zu öffnen, ist eine andere Weise benediktinischer Gastfreundschaft für unsere Zeit. Als Benedikt die Regel schrieb, war das eigene Dorf die Mitte des eigenen Universums. In den italienischen Bergen gibt es noch heute kleine Dörfer, die von der Außenwelt unberührt sind. Niemand besucht sie eigens und niemand geht aus ihnen weg. Aber heute spielt es keine Rolle, ob Sie oder ich unser Dorf verlassen oder nicht. Die Welt kommt ungefragt und hartnäckig zu uns. Das Fernsehen ist unser Fenster zur Welt. Zeitungen und Zeitschriften sind unsere Augen. Wir wissen, dass die Armen arm sind, dass die Alten einsam sind und Kinder Hunger haben. Wir wissen, dass die Politiker Kriege erklären und dass die junge Generation in diesen Kriegen umkommt. Wir wissen, dass dies alles geschieht. Oft wissen wir aber nicht warum.

Und genau da fehlt es an Gastfreundschaft. Wir öffnen unser Leben der Notlage der Menschen in unserer Umgebung nicht. Wir verstehen die Lage nicht und es kümmert uns auch nicht.

Heute verlangt wirkliche Gastfreundschaft, dass wir den Fernsehkanal nicht wechseln und nicht die Seiten umblättern, sondern versuchen herauszufinden, welche Wirkung mein Leben auf das Leben anderer hat. Wir müssen uns fragen, wie wir den Armen vor unserer Haustür helfen können, die Tausende von Kilometern entfernt wohnen. Gastfreundschaft heißt, das ist mein eigenes Problem, nicht das Problem von jemand anderem. Die Menschen bitten um Aufmerksamkeit und klopfen an meine Türe und an mein Herz.

In manchen Gegenden dieser Welt zerstören Dürren die Versorgung mit Lebensmitteln für die kommenden Jahre. Doch wenn wir Sprays mit Substanzen benützen, die Löcher in die Ozonschicht brennen, tragen wir selber zu den Dürren bei. Es sind nicht so sehr die Armen der Welt, die leiden. Wir produzieren die Armen der Welt, die um Hilfe schreien. Der Müll, der nicht entsorgt werden kann, besteht aus den von uns verwendeten Plastikbechern und aus den Blechdosen, die wir wegwerfen, anstatt sie nochmals zu gebrauchen. Was wir in unseren Gärten versprühen und unseren Tieren spritzen, zerstört die nationale Gesundheit.

Wirkliche Gastfreundschaft für unsere Zeit erfordert, dass wir uns überlegen, wie wir diese Anliegen zu unseren eigenen machen können, so dass auch andere in Sicherheit leben können.

Wenn Gäste in Benedikts Kloster kamen, erhielten sie Essen und Unterkunft und wurden wie Familienmitglieder umsorgt. Das erforderte Zeit und Mühe. Das war die Gastfreundschaft der offenen Hand. Es reicht nicht, einfach unsere Einstellung zu den Dingen zu ändern oder Mitleid zu haben mit etwas, das uns zuvor nie berührt hat, oder unseren Lebensstil zu ändern, um die Fragen anderer aufzunehmen. Wirkliche Gastfreundschaft besteht darin, dass wir Anstrengungen unternehmen, um Dinge zu ändern, um für die Hilflosen eine Zuflucht zu sein, eine Stimme für die Menschen, die nicht gehört werden. Wir müssen lernen, unser Familiengefühl anderen zu vermitteln. Was ich für meine eigene Familie und meine Freunde nicht möchte, das möchte ich auch nicht für andere; was ich für die Meinen tun würde, werde ich auch für andere tun:

- Wenn ich meinen Lieben keine vergiftete Nahrung gebe, werde ich unseren Gesetzgebern Postkarten schreiben und sie bitten, sich dafür einzusetzen, dass auch andere durch die Herstellung von Lebensmitteln nicht vergiftet werden.
- Ich werde mich freiwillig bei Stellen melden, die Essen ausgeben, oder bei einer Suppenküche, damit auch andere Essen bekommen.
- Ich werde einer Gruppe beitreten, die sich für Ökologie stark macht.
- Ich werde mein mühsam verdientes Geld für Gruppen spenden, die Hilfe brauchen, wenn die Welt für alle ein besserer Ort werden soll.

Mit anderen Worten: ich will mich einsetzen.

Ich kann dann nicht mehr meinen, es sei schon ein Zeichen von Gastfreundschaft, wenn ich auf dem Parkplatz den Nachbarn zunicke. Ich kann mir nicht vormachen, die Gastfreundschaft habe schon einen moralischen Aspekt, wenn ich zu jenen nett bin, die mir nahestehen und zu meiner gesellschaftlichen Klasse gehören.

Gastfreundschaft heißt, Menschen in den Raum hineinzunehmen, der unser Leben und unseren Geist, unser

Herz, unsere Arbeit und unsere Mühen ausmacht. Gastfreundschaft ist die Weise, wie wir aus uns selber herausgehen. Sie ist der erste Schritt, um die Schranken der Welt zu beseitigen; die Art und Weise, eine Welt voller Vorurteile umdrehen, Herz um Herz.

Rassismus wird es auf der Erde so lange geben, bis wir endlich anfangen, andere Völker aufzunehmen. Es wird Vorurteile geben, bis wir endlich andere Gruppen aufnehmen. Es wird Krieg geben, bis wir endlich anfangen, Feinde aufzunehmen. Es wird Klassendenken geben, bis wir endlich beginnen, Menschen aus anderen Teilen der Gesellschaft in unsere Welt und in unser Leben, auf unsere Parties und zu unseren Nachbarschaftstreffen mitzunehmen.

Die Regel Benedikts ist ein Heilmittel gegen menschliche Absonderung. Benedikt nimmt Arme und Pilger, Junge und Alte, Besitzende und Besitzlose, Glaubensgenossen und Passanten auf. Jeder Gast wird mit der gleichen Wärme und Achtsamkeit aufgenommen, mit der gleichen Ehrfurcht und Aufmerksamkeit.

Die Regel Benedikts ist auch in dieser Beziehung sehr einfühlsam. Die Mönche am Ort sollen die Gäste grüßen, sich aber nicht länger mit ihnen unterhalten. Wir leben unser eigenes Leben, müssen unseren Verpflichtungen nachkommen und unsere Termine wahrnehmen. Gastfreundschaft ist nicht eine Entschuldigung für das Fehlen von Organisation oder von Zielsetzungen im eigenen Leben. Nein, Gastfreundschaft ist die Bereitschaft sich stören und belästigen zu lassen, so dass andere mit ihrem Leben ebenso vorankommen.

Die Angestellten, welche ihre Kunden am Ladentisch nicht wahrnehmen, die Lehrer, welche die Eltern der von ihnen unterrichteten Kinder nicht sehen, die Reichen, welche den Türsteher, den Taxifahrer und den Koch nie beachten, die Mächtigen, welche die Ohnmächtigen nie hören, Seelsorger, die zu beschäftigt sind, um wirklich Seelsorger zu sein – alle sind sie Beispiele einer Welt, die den Geist der Gastfreundschaft nicht mehr kennt.

Wer das versteht, versteht auch, ohne das man das im Einzelnen erklären muss, warum das Kloster immer noch täglich frisches Brot bäckt, warum das eucharistische Brot in unserer Küche hergestellt wird und warum wir eine Suppenküche eröffneten, eine Stelle, die Essen ausgibt, und ein Lebensmittellager und warum wir einmal im Jahr gemeinsam Geschenke ausgeben. Gastfreundschaft ist nur möglich, wenn wir wenigstens einmal pro Tag aus uns heraus auf andere zugehen. Es gibt keine Gastfreundschaft, bei der ich nicht einen neuen Gedanken habe, einen neuen Blick bekomme, zu einer neuen Person spreche und einen Teil meines Selbst weggeben kann, und das Tag um Tag. Gastfreundschaft muss ständig praktiziert werden, sonst existiert sie auch nicht bei anderen, seltenen Gelegenheiten. Das Brot ist dafür ein lebenslängliches Symbol, eine bleibende Erinnerung, das ständige Maß für eine Gastfreundschaft, die versucht, auf jeder Ebene und immer wahr und wirklich zu sein.

Die Jünger übergingen Abba Arsenius bei der Verteilung der Feigen. Sie hatten vergessen, dass Gastfreundschaft bedeutet, was man hat, an alle weiterzugeben, die in den Blick kommen. Das sind keine großartigen Gesten zu festgelegten Zeiten, auch nicht Wohltätigkeitsbasare eines Mädchenpensionats. Das ist eine Sache des sorglosen und großzügigen Herzens.

11

Gehorsam – Heilige Verantwortung

So drängt sie die Liebe, zum ewigen Leben voranzuschreiten. Deshalb schlagen sie entschlossen den engen Weg ein, von dem der Herr sagt: „Eng ist der Weg, der zum Leben führt." (Mt 7,14) Sie leben nicht nach eigenem Gutdünken, gehorchen nicht ihren eigenen Gelüsten und Begierden, sondern gehen ihren Weg nach der Entscheidung und dem Befehl eines anderen. Sie bleiben im Kloster und haben das Verlangen, dass ein Abt ihnen vorstehe...

Ein Gehorsam dieser Art ist nur dann Gott angenehm und für die Menschen beglückend, wenn der Befehl nicht zaghaft, nicht saumselig, nicht lustlos oder gar mit Murren und Widerrede ausgeführt wird. Denn der Gehorsam, den man den Oberen leistet, wird Gott erwiesen.

RB 5,10-15

Die Professfeier in unserer Gemeinschaft ist etwas sehr Beeindruckendes. Die Schwester, die ihr Versprechen ablegt, steht in der Mitte der Kapelle und der dort versammelten Gemeinschaft und gibt ihre Absicht bekannt, sich ganz der Gemeinschaft anzuschließen. Wenn die Priorin sie ruft, kommt sie mit der Professurkunde vor die Altarstufe, wo die Priorin steht, liest laut ihr Versprechen, geht mit der Urkunde zum Altar, unterschreibt und besiegelt sie mit der Priorin. Sodann gehen beide um den Altar herum zurück. Jetzt trägt die Priorin die Urkunde und legt sie auf den Altar, während die Schwester, die Profess ablegt, dreimal abwechselnd mit der Gemeinschaft singt: „Nimm mich auf, Gott, und ich werde leben; lass mich nicht zuschanden werden in meiner Hoffnung."

Es ist ein sehr berührender und symbolischer Moment und bringt zum Ausdruck, dass sich jemand frei und unabhängig entschieden hat, sich „unter Regel und Oberin" und um des Evangeliums willen einer Gruppe zur Verfügung zu stellen. Die Frau kommt allein zum Altar und geht als Teil der Gemeinschaft zurück. Sie entscheidet sich, sich in die Hand eines anderen Menschen zu geben, der nun für den Rest des Lebens bei wichtigen Entscheidungen mit entscheiden wird. Mit anderen Worten: Eine Frau steht öffentlich auf und sagt: „Ich bin noch nicht vollständig." Dadurch wird sie mit einem Mal stärker und das Evangelium gewinnt so weiter an Überzeugungskraft.

Das hat sehr wenig mit wildem Individualismus zu tun. Es fragt sich: Ist das normal? Gesund? Natürlich? Ist das gut? Wie steht es darüber hinaus mit der persönlichen Entfaltung, wenn das Individuum die Kontrolle über sein Leben ganz aus der Hand gibt?

Die Antwort darauf ist, dass kein Mensch die volle Kontrolle über sein Leben hat. Wir alle sind immer irgendwie eingeschränkt. Der Unterschied besteht darin, dass manche Menschen selber darüber entscheiden, was sie bestimmen soll, und dass sich andere von den Marotten und Launen des Lebens bestimmen lassen. Wir alle haben mit Autorität zu tun und schlagen uns mit ihr herum. Die einzige Frage ist, welcher Autorität ich mich unterstelle und wie ich selber mit ihr umgehe, wenn ich sie habe. Autorität und Selbstbestimmung sind zwei der großen Probleme im geistlichen Leben. Sind wir unsere eigenen Meister oder nicht?

Die benediktinische Antwort ist einfach. Benediktinische Gemeinschaften lassen sich weder mit dem Bild einer Pyramide noch eines Kreises beschreiben. Sie sind nicht als etwas Hierarchisches oder Egalitäres gedacht. Sie werden besser im Bild eines Rades mit Narbe und Speichen dargestellt. In einer benediktinischen Gemeinschaft gibt es eine Mitte. Alle Mitglieder sind auf sie und auch aufeinander bezogen.

Nach benediktinischer Spiritualität soll die Autorität die Gemeinschaft vereinen und ihre Aufmerksamkeit auf Gott, die Mitte des Lebens der Einzelnen und aller, lenken. Es gibt keine benediktinische Autorität um ihrer selbst willen. Gehorsam um des Gehorsams willen kann reines Herrschen sein. Benediktinische Autorität hat nichts mit Militär zu tun. Es bedeutet nicht, Frauen, Kinder und Mönche durch einen geistlichen Reifen hüpfen zu lassen, nur um ihren Gehorsam auf die Probe zu stellen. Nein, benediktinische Autorität soll das Beste in uns zum Vorschein bringen, indem sie uns nicht in ein System, sondern zum Evangelium ruft. Mönche, die in früheren Zeiten und an längst vergessenen Orten lebten, zeigen den Unterschied gut auf:

In ein Kloster kam ein Gast, der nach dem Sinn des Lebens suchte.

Der Meister sagte zum Besucher: „Wenn du die Wahrheit suchst, dann musst du vor allem anderen eines haben."

„Ich weiß," sagte der Gast. „Wenn ich die Wahrheit suche, muss ich eine überwältigende Leidenschaft für sie haben."

„Nein," sagte der Meister. „Um die Wahrheit zu finden, musst du unbedingt bereit sein zuzugeben, dass du auf dem falschen Weg bist."

Die Geschichte dient als gutes Gleichnis für benediktinisches Leben. Der Mensch, dessen Mitte Christus ist, lebt in einem System, das er überwinden soll. Was uns schließlich zur Wahrheit führt, ist die Fähigkeit, nicht unsere eigenen Dinge, nicht Vergangenes, Gesichertes oder Akzeptables zu denken. Und dennoch zu tun, was wir erst lernen müssen, nämlich mit dem Wunsch zu herrschen zurechtzukommen. Wir müssen lernen, miteinander auf nicht-autoritäre Weise umzugehen. Den beständigen Drang, alles zu wollen, zu mäßigen. Mit anderen Worten: Wir müssen lernen, auf andere zu hören und ihre Wahrheit kennenzulernen.

Die Erzählung will sagen, dass die Gemeinschaft davon abhängt, ob wir die Dinge sein lassen, was sie sind; indem wir von den täglichen Kämpfen und Enttäuschungen lernen, können wir zur Fülle des Lebens gelangen, deren wir fähig sind. Wir müssen lernen, dass im Leben nicht immer alles nach unseren Wünschen geht, aber wenn wir lernen können, andere das machen zu lassen, was sie sollen, wird das Leben dennoch gut sein. Wir verlieren die Chance, die Wahrheit zu finden, wenn wir anderen zu viel oder zu wenig Kontrolle über unser Leben geben. Wenn wir von den Ideen und Anweisungen anderer auf blinde und ungeprüfte Weise ganz abhängig sind oder uns anmaßen, das Leben anderer zu beherrschen, dann ist das wirklich der Anfang unserer Probleme mit der Autorität.

Wenn ich nur um einer Autoritätsperson willen lebe, dann ist das Abhängigkeit. Wirkliche Wahrheit ergibt sich nicht daraus, dass ich etwas unbesehen schlucke, auch wenn es sich um Heiligkeit handelt. Das ist im besten Fall kindisch. Wirkliche Wahrheit ergibt sich, wenn ich mich von jemandem führen lasse, weil Herz, Verstand und Seele wissen, dass das – was immer die Beziehung von mir verlangt – mehr Integrität fordert und eher zum Guten führt, als wenn ich meinen eigenen, nicht so guten Weg gehe.

Wenn ich nur lebe, um mich gegen die Autorität aufzulehnen, ist das Anmaßung.

Bloßer Widerstand führt nicht zur Freiheit. Gegen etwas zu sein, nur um dagegen zu sein, ist, auch wenn ich im Recht bin, keine Wahrheit. Es bedeutet nur, dass mein Ich sich aufbäumt und auf lähmende Weise isoliert. Das wird mich schließlich gegenüber allem, was für mich nur gut sein kann, taub machen.

Kenne ich selber keinen besseren Weg, wird ein anderer Weg nicht nur genügen, er wird mich voranbringen, weit über den Bereich des eigenen, beschränkten Lichtes hinaus.

Wenn ich nur lebe, um über andere Autorität auszuüben, ist das weder Weisheit noch Führung, sondern Beherrschen. Wahrheit gibt es nur im Teilen der Autorität mit anderen Gliedern der Gemeinschaft. Die Wahrheit, die ich in anderen unterdrücke, wird mein eigenes Wachstum begrenzen.

Keine dieser Haltungen gegenüber der Autorität – Abhängigkeit, Anmaßung und Herrschaft – ist, benediktinisch gesehen, gesund. Die erste negative Form von Autorität, die Abhängigkeit, ist nur eine Weise, Verantwortung zu vermeiden, gleichzeitig aber sich heilig zu geben. Wenn ich die Zustimmung von anderen brauche, um jeden Schritt in meinem Leben zu rechtfertigen; wenn ich anderen die Last meiner eigenen Entscheidungen auflade; wenn ich die Zustimmung einer anderen Person brauche, um zu tun, was ich offensichtlich zu tun habe; wenn mich jemand anleiten muss, damit ich tue, was zu tun ist, ist das nicht Gehorsam, sondern Unreife. Oder Manipulation. Oder es ist sehr traurig.

Die Regel Benedikts will nicht Abhängigkeit. Ordensleute sollen „mit dem Ohr des Herzens hören“ und sich mühen zu tun, was von ihnen verlangt wird (RB Prolog). Mit anderen Worten: Gehorsam hat mit Hören, mit Bemühen und mit dem Wissen zu tun, was von uns gefordert wird. Beispielsweise ist ein Manager, der keine Entscheidung treffen kann, ohne sich zuvor zu vergewissern, dass alle einverstanden sind und hinter ihm stehen, der Gruppe gegenüber nicht notwendigerweise gehorsam. Es gehört zu den Leitungsaufgaben zu führen. Schwache Manager mögen bei anderen immer wieder nachfragen, weil sie unfähig sind zu führen, wo sie führen sollten. Benedikt sagt, der Abt oder die Priorin solle in wichtigen Angelegenheiten alle Glieder der Gemeinschaft fragen, „angefangen mit dem Jüngsten.“ Dann muss der Abt oder die Priorin jedoch selbst entscheiden und „tun, was ihm oder ihr das Bessere scheint“ (RB 3).

Dieses Fragen geschieht nicht aus Gründen der Abhängigkeit, sondern um der Einsicht und Information willen. Die Verantwortung bleibt.

Wenn die Zustimmung durch andere in meinem Leben solche Priorität hat, dass das Tanzen nach einer anderen Melodie nicht in Frage kommt, wird die Abhängigkeit zur schweren Last. Die Mehrheit der Menschen stellt nukleare Waffen nicht in Frage, warum sollte ich es also tun? Meine Gruppe lacht bei rassistischen Witzen am lautesten, warum sollte ich da nicht mitlachen? Die anderen kaufen alle das Neueste und Beste, warum sollte ich das nicht auch tun? In solchen Momenten muss meine innere Autorität zum Zuge kommen, sonst werde ich von jedem Windhauch, von sozialem Wandel und Druck umhergetrieben. Wer ich bin und wofür ich einstehe, wird dann nie klar und nie bekannt. Ich bin dann einfach den Entscheidungen anderer ausgeliefert.

Abhängigkeit ist kein soziales Zugeständnis, das mir in der Gesellschaft beim Vorankommen hilft oder meine Fähigkeit zu sozialem Verhalten beweist. Der abhängige Mensch ist nicht mehr er selbst. Abhängigkeit ist keine Tugend. Sie ist ein Ersatz für Charakter. Zu sagen: „Mein Gatte erlaubt mir nicht…" bedeutet, dass ich als Frau versagt habe, und es ist ein Zeichen dafür, dass ich noch kein erwachsener Mensch bin. Es besteht ein sehr großer Unterschied zwischen: „Wir sprachen darüber und haben beschlossen, dass ich nicht…" oder: „Ich fragte ihn, aber er erlaubt nicht…". Das gilt auch im öffentlichen Bereich. Die Aussage: „Ob richtig oder falsch, es ist mein Land", hat nichts mit Patriotismus zu tun. Es bedeutet vielmehr, die Verantwortung als Bürger abzugeben. Es erlaubt den Politikern, Entscheidungen über das Wohl der jetzigen und der künftigen Generationen zu treffen, ohne sich um meine Erfahrungen und Besorgnis zu kümmern. Es bedeutet: Soll doch ein anderer die Schuld daran tragen.

Verantwortung ist Gehorsam im besten Sinn des Wortes. Knechtschaft ist Gehorsam im schlechtesten Sinn. Das eine ist Interdependenz, das andere Abhängigkeit. Wenn der Meister sagt. „Wenn du die Wahrheit finden willst, musst du die unermüdliche Bereitschaft haben zuzugeben, dass du vielleicht im Unrecht bist," so meint er, dass die Fülle des Lebens davon abhängt, dass wir unser Herz offenhalten, um Gott zu finden, wieder und wieder, uns nicht selber einen ewigen, richtigen Weg zurechtzulegen und dann auf ihn fixiert zu sein. Benedikt mahnt, „es gibt Wege, die manche für richtig erachten, die am Ende aber zur Hölle führen" (RB 7). Benedikts Gehorsam ist nicht Abhängigkeit, sondern Gehorsam gegenüber dem Willen Gottes und gegenüber dem Geist, der in uns allen am Werk ist.

Das zweite negative Verständnis von Autorität, die falsche Selbstbestimmung, versteht Unabhängigkeit falsch. Sie besagt, dass ich nur mir gegenüber Rechenschaft schuldig bin. Das ist aber nicht nur sündhaft, es ist absurd. Wenn ich Auto fahre, bin ich nicht für mich allein sondern auch für die anderen Autolenker auf der Straße verantwortlich. Wenn ich koche, bin ich moralisch verpflichtet, an jene zu denken, die essen werden, was ich koche. Wenn ich am Fließband arbeite, hängt die Arbeit der anderen von mir ab. Die ganze Welt ist, mit anderen Worten, ein organisches Ganzes, ein System von untereinander verbundenen Teilen, die mich halten und gleichzeitig weiterbringen. Die falsch verstandene Unabhängigkeit ist ein Versuch, das System zu sabotieren und nur meine eigene, kleine Welt zu sein, mein eigener Maßstab für den Sinn des Lebens.

Die monastische Spiritualität ist ein Mittel gegen falsche Unabhängigkeit. In einer monastischen Gemeinschaft leben alle für alle. Der Pförtner muss den Gast immer mit Wärme und Frieden empfangen (RB 66). Nichts soll ohne Erlaubnis des Abtes getan werden (RB 5). Die Regel steht vor allem (RB 1). Alle, auch die Kranken und Schwachen, sollen eine Aufgabe für die Gemeinschaft bekommen und ihren Beitrag zum Wohl des Ganzen leisten (RB 35). So wird im monastischen Sinn Autorität als Verantwortlichkeit und Verantwortung definiert. Auch vielen Ehen, Geschäften, Familien und Nationen würde diese Definition helfen.

Eines der schwierigsten Probleme der westlichen Welt ist die Spannung zwischen Gruppe und Individuum. Unsere Kultur macht die Menschen zu Individualisten und verdammt sie dann dazu, immer in Gruppen, ja in großen Gruppen zu leben. Die Regel Benedikts dagegen erzieht die Menschen zum Leben in Gemeinschaft. Die Frage ist: Warum? Ist nicht das eremitische Leben ein Leben umfassender Vollkommenheit und totaler Hingabe an Gott? Die Antwort lautet: Ja, für Einzelne. Für die meisten nicht. Und auch dann nur, wenn sie die Tugenden gelernt haben, die sich aus dem Leben in Gemeinschaft ergeben (RB 1). Die meisten sind soziale Wesen und sollen, indem sie unter der Autorität der Gesellschaft leben, heilig werden. Die Gemeinschaft bildet in mir die gemeinsamen Tugenden und Werte. Die Gemeinschaft bietet den Rahmen für den gegenseitigen Halt. Sie zeigt mir, wie ich gut leben kann. In der Gemeinschaft wird die Theorie lebendig. Die Autorität soll in der Gemeinschaft eine Gabe, nicht ein Werkzeug der Unterdrückung sein. Nur in der Gemeinschaft kann ich wirklich lernen, in anderen Menschen die Stimme Gottes zu hören und sein Antlitz zu sehen, im Mitmenschen und in mir selber. Nur die Gemeinschaft lehrt mich Geduld und Kraft. Nur in der Gemeinschaft lerne ich, dem Gebot, einander zu dienen zu gehorchen.

Die Regel spricht von all dem in deutlichen Worten. „An dich richtet sich mein Wort, wer immer du bist, wenn du nur dem Eigenwillen entsagst, für Christus, den Herrn und wahren König kämpfen willst“ (RB Prolog). Die monastische Spiritualität dient nicht in erster Linie dem privaten Heil oder dem kontemplativen Rückzug. Sie will das Reich Christi in unsere Welt bringen durch ein Leben des gemeinsamen Wissens um den Willen Gottes.

Diese Spiritualität der Autorität gründet denn darauf, dass ich auf jene, die um mich herum sind, höre. Der klösterlich Eingestellte hört auf das Evangelium und auf bestimmte andere Personen – auf die Oberen, die Kinder, den Gatten oder die Gattin, den Chef – und auf die Regel und das Leben rundum. Hören und nochmals hören. Sie hören auf Gott, auf die Gemeinschaft, auf die Welt, um so über die Grenzen hinauszuwachsen, die in der Wirrnis der Wünsche und Launen nach Befriedigung rufen.

Monastische Spiritualität verwirft ein statisches Konzept von Vollkommenheit. Vollkommenheit – das lernen die Ordensleute – ist alles andere, als dem Gehorsam und der Autorität eines Kasernendrills verpflichtet zu sein. Im Gegenteil sie werden dafür sensibel, dass das Leben auf Veränderungen hin offen sein muss, immer und überall, denn Gott kann nicht durch das Gestern definiert werden. Gott offenbart seine Fülle ständig, heute mehr als gestern, morgen mehr als heute. Wenn wir also Gott finden wollen, müssen wir immer bereit sein, unser Herz umzubiegen, unsere Schritte zu ändern und den Geist zu öffnen. Abhängigkeit ist deswegen etwas Statisches, falsch verstandene Abhängigkeit ist blind. Und darum ist der Wille zur Macht zerstörerisch.

Das dritte negative Verständnis von Autorität, das Herrschen-Wollen besagt, nur ein Weg ist richtig: der meine. Noch schlimmer, Herrschen-Wollen sagt, ich muss von niemandem etwas lernen und du kannst mir nichts beibringen. Die Person, die andere beherrschen will, hat ein großes, menschlich unerfülltes Bedürfnis nach Sicherheit und Kontrolle. Wenn die Welt nicht so ist, wie ich sie will, dann liegt sie falsch. Ich will diese Ordnung und dieses Menü und diese Anordnung. Alles andere ist nicht vollkommen. Das ist aber eine lähmende, erstickende Lebensweise. Sie schaltet die Überraschung aus, hemmt das Wachstum und beseitigt den Wunsch nach Zukunft. Sie sehnt sich nach einer versteinerten Welt.

Noch mehr gilt: Der Zweck des Herrschens ist es, den Rest der Welt zu unterjochen. Niemand darf Visionen haben. Niemand darf mehr Fehler machen. Niemand bekommt die Chance, durch Erfahrung zu lernen. Die Welt muss sich nach meinem Takt bewegen. Alle anderen existieren nur meinetwegen. Meine Frau muss mir das Leben bequem machen. Mein Gott muss mir einen Status verschaffen und das Gefühl geben, wichtig zu sein. Mein Freund muss mögen, was ich mag, tun, was ich tue, denken, was ich denke, und sich bewegen, wie ich mich bewege.

Mit anderen Worten: solche Herrschaft führt andere nicht, sie zerstört sie. Die Regel Benedikts sagt aber: „Der Abt soll die ihm anvertraute Herde nicht verwirren und keine ungerechten Anordnungen treffen, als ob er die Macht hätte, zu tun, was er will" (RB 63). Und sie sagt das in der Zeit des römischen Patriarchats, als die Männer Macht über das Leben ihrer Kinder und Sklaven hatten.

Benediktinische Spiritualität versteht die Autorität als Charisma, nicht als Privileg. Gehorsam ist für sie ein Akt der Gemeinschaft, nicht Entzug von Leben oder Minderung der Person. Benediktinische Spiritualität erteilt der Abhängigkeit, der Zügellosigkeit und der Herrschaft eine Absage. Wie ein Lehrer, der uns sagt, die Wahrheit habe ihren Ursprung in unserer Fähigkeit zuzugeben, dass wir auch im Unrecht sein können. Benediktinische Spiritualität warnt, dass nicht Abhängigkeit, Herrschaft oder falsche Selbstbestimmung uns beherrschen dürfen.

Abhängigkeit sagt, dass außer mir alle zählen. Anmaßung sagt, dass außer mir niemand zählt. Herrschaft sagt, ich habe das Recht, allen zu sagen, worauf es überhaupt ankommt. Benediktinische Spiritualität bringt Licht in all diese verkehrten Ansichten vom Leben und schenkt neue Hoffnung.

Die Regel Benedikts will ein Leben der Umkehr. Eines der benediktinischen Versprechen, die auf dem Altar unterzeichnet werden, ist das Versprechen der *conversatio morum*, das Versprechen, einer Lebensform, bestimmten Werten und Haltungen zu folgen, die sich vom Lebensstil, den Worten und Haltungen unterscheiden, welche die Gesellschaft rundherum durchdringen. Wir sollen Menschen des Evangeliums sein. Wir sollen nicht unser eigenes Gesetz sein, nicht die Mitte unseres eigenen Universums; wir sollen nicht unwissend, unbekümmert und anderen gegenüber taub sein. Wir sollen die menschliche Gemeinschaft formen, uns von ihr aber auch formen lassen. Hier liegt die Aufgabe der Autorität.

Autorität ist mehr als Beobachten eines Gesetzes oder Aufrechterhalten der Ordnung. Autorität ist der Ruf nach Wachstum.

Die Aufgabe von Eheleuten ist es nicht, einander zu kontrollieren. Es ist nicht die Pflicht der Eltern, die Kinder einfach einzuengen. Es ist nicht die Verantwortung der Staatslenker, die Nationen einzuzwängen. Die Verantwortung derer, die Autorität ausüben, ist es, die kommende Generation auszubilden und nicht, sie im Kindsein zu belassen, zu zertifizierten Robotern und amtlich anerkannten Klonen zu machen.

Die Regel Benedikts sagt ganz klar, dass die Älteren die Jüngeren lieben, die Jüngeren die Älteren ehren sollen und dass Autorität delegiert werden muss (RB 71). Die ganze Gruppe soll um Rat gefragt werden, „angefangen mit den jüngsten Gliedern“ (RB 3,10). Das lehrt Jüngere, nicht eingeschüchtert, stumm und unbeteiligt zu verharren. Andererseits sollen die Strukturen der Regel den Jungen aber auch helfen, darauf zu achten, wie die erfahrenen Älteren laut über die von ihnen, den Jüngeren mit Eifer geäußerten, frischen und noch unerprobten Meinungen denken. Während die Jungen zuhören, werden ihre eigenen Gedanken und ihr Verständnis geschärft und das bereitet sie auf den Tag vor, an dem sie selber für die nächste Generation Verantwortung übernehmen werden.

Die Regel sagt, es gehöre zur Verantwortung des Abtes, die Schrift zu studieren, um „Neues und Altes hervorzubringen“ (RB 64,8). Nach der monastischen Spiritualität ist die Rolle der Autorität klar: Autorität soll fordern und Fähigkeiten vermitteln. Sie soll zum Fragen führen, zur Umkehr auffordern und in uns die christlichen Lebenswerte formen. Autorität, die nicht so wahrgenommen wird, ist keine Autorität, sondern purer Egoismus und potentielle Tyrannei. Im benediktinischen Denken haben ein autoritärer Vater, eine überängstliche Mutter oder Starmanager keinen Platz. Die Autorität ist ein Werkzeug, das uns zur Fülle unseres Selbst führen soll und seine Wurzeln in der Fülle der Gemeinschaft hat.

Indem wir in unserem Leben Autoritäten anerkennen, gehen wir das Risiko der Umkehr ein, das Risiko, von anderen zu lernen. Umkehr bedeutet, die Schöpfung ist weiter am Werk und niemand von uns darf den dynamischen Charakter des christlichen Lebens unterdrücken. Natürlich gibt es in jedem Jahrhundert Leute, die das versuchen. Nach den Revolutionen gab es diejenigen, welche die Monarchie wieder einführen wollten; nach dem 2. Vatikanum gab es diejenigen, die es vorgezogen hätten, im Geist des 1. Vatikanums zu leben; nach dem Aufkommen der Frauen-Bewegung gab es jene, die die patriarchale Familie wiederherstellen wollten. Das alles geschah im Namen der Autorität. Autorität, die zur Umkehr führt, führt uns aber immer über das begrenzte gegenwärtige Leben hinaus zu einem Leben neuer Einsichten in das Evangelium und zu neuen Möglichkeiten.

Mit anderen Worten: Umkehr ist die Bereitschaft loszulassen, uns über den Ort hinausführen zu lassen, an dem wir gerade sind; dorthin zu gehen, wo wir sein könnten. Umkehr ist die Einladung, nicht am Vergangenen zu hängen, weder an Aufgaben, noch an Beziehungen oder Umständen. Das waren die Götzenbilder unseres bisherigen Lebens und die Orte, an denen wir uns unterwegs ausgeruht haben. Umkehr öffnet uns jedoch für neue Fragen.

Umkehr verlangt somit Selbstdisziplin; sie sieht den Kampf vor; sie braucht Führung durch die Autorität. Irgendwo und irgendwann müssen wir lernen, darauf zu vertrauen, dass die Richtung, welche die Autorität vorgibt, die Fragen, die sie stellt und der von der Autorität inspirierte Ruf zum Wachsen ein Ruf zur Erfüllung des eigenen Selbst ist, nicht eine Übung in Knechtschaft um ihretwillen.

Diese Worte sind gut für Eltern, wichtig für Institutionen, entscheidend für Staaten, und bestimmend für die Kirche. Was wir in unserer Zeit brauchen, sind geistlich Erwachsene. Abhängigkeit, Zügellosigkeit und Herrschaft, das wusste der Meister genau, sind kein Ersatz für die selbstbestimmte, selbstgeführte Person, welche die Fährnisse des Lebens aushalten kann und nicht daran zerbricht; die den Zwängen, die das Leben mit sich bringt, widersteht und nicht erliegt; die auf die Lebenskräfte achtet und nicht verführt wird durch etwas, das weniger ist als das gereifte Selbst und die zur Ganzheit gebrachte Gemeinschaft. Alle haben etwas anzubieten, und wir müssen es anbieten.

Das versteht die benediktinische Spiritualität unter Autorität. Das ist es auch, was das Familienleben, das Land und die Kirche heute mehr denn je brauchen. Wenn wir uns selber erlauben, eine andere Person zu sein, unter Berufung auf den Gehorsam gegenüber einer Autorität, die uns nicht zu dieser Größe führt, ist das Verrat.

„Höre mit dem Herzen" (RB Prolog 1), sagt die Regel Benedikts. Höre mit Gefühl und Anteilnahme. Höre mit deinen Werten und deiner Leidenschaft. Höre auf die Wahrheit einer Sache, nicht auf ihre Machtposition. Höre und gehorche dem, was dein Herz menschlicher macht, nicht auf das, was dich absichert. Höre mit einem kritischen Ohr, ob dein Handeln dem Evangelium entspricht. Wenn es dem Evangelium widerspricht, tue es nicht, wer immer es dir auch auftragen mag und wie heilig die Institution auch scheinen mag. Denn so war ein Holocaust, eine Inquisition, ein Watergate möglich. Ziehe nicht Macht der Wahrheit vor.

Die moderne Welt ist ein Kampfplatz zwischen Abhängigkeit und Autorität, zwischen falscher Selbstbestimmung und Autorität, zwischen Herrschaft und wirklicher Autorität. Benediktinische Spiritualität besteht darauf, dass blinder Gehorsam, Gehorsam gegenüber dem Gesetzgeber anstelle des Gesetzes, die niedrigste Form von Dienst ist. Benediktinische Spiritualität ist auch ein Maßstab für Gesetzgeber. Benediktinische Autorität ist erfüllt von Respekt, von Demut, sie ist offen für Fragen und hat eine Vision, sie will Wachstum, nicht Kontrolle.

Die Welt mit ihren Familien, die Nationen mit ihren Menschen brauchen eine benediktinische Spiritualität der Autorität dringender denn je.

12

Beständigkeit – Offenbarung der vielen Gesichter Gottes

Die Werkstatt aber, in der wir das alles sorgfältig verwirklichen sollen, ist der Bereich des Klosters und die Beständigkeit in der Gemeinschaft.

Bei der Aufnahme verspreche er im Oratorium in Gegenwart aller Beständigkeit, klösterlichen Lebenswandel und Gehorsam.

RB 4,78; 58,17

Wo immer man sich in unserem Kloster befindet – man sieht Kreuze: für alle Welt sichtbar auf dem Glockenturm vor dem weiten Haupteingang, auf der Tür zur Kapelle, auf der Wand hinter dem Schreibtisch der Priorin. Ich war noch jung in der Gemeinschaft und hätte interessantere Zeichen vorgezogen – ein elegantes Ölbild vielleicht, eine schöne gotische Figur des Auferstandenen oder etwas Abstraktes oder Provozierendes. Sicher: das gab es auch. Aber das Erste, was ein Besucher sah, war ein Kreuz. Es wurde an gut sichtbaren Stellen angebracht und im Zentrum der für die Gemeinschaft symbolischen Orte – Haupteingang, Kapelle, Refektorium, Arbeitszimmer der Priorin – überall ein Kreuz. Etwas altmodisch, so dachte ich, und im Grunde makaber. Sollten wir unsere Augen doch lieber auf die hellen Dinge im Leben richten und die dunklen Aspekte der Religion eher meiden. Ich denke immer noch, dass das immer stimmt. Bis zu einem gewissen Punkt.

Tatsächlich wird es im Verlauf des Lebens immer deutlicher, dass das Kreuz nicht ein dunkler Aspekt der Religion ist. Es ist im Gegenteil die einzige Hoffnung, dass nämlich unser Leben durch Schwierigkeiten hindurch zum Sieg gelangt. Es hilft uns, stark zu bleiben und nicht aufzugeben, wenn Beständigkeit unmöglich und das Aufgeben unvermeidlich scheint. Das Kreuz ist der einzige Beweis, dass das Menschlichenmögliche tatsächlich gelingen kann. Das Kreuz sagt deutlich, dass alles gut wird, wenn wir uns bemühen, und dass alles zur Erfüllung unseres Lebens beiträgt. Das Kreuz sagt, dass wir aufstehen können, wenn wir nur durchhalten.

Und es ist offensichtlich nichts, was ich von der heutigen Kultur lernen könnte. In unseren Tagen und in dieser Zeit erwarten wir, dass alles sofort da ist, dass wir uns nicht gedulden müssen. Wir sind eine Gesellschaft des Fastfoods, des Automatenkaffees, der Mikrowellenernährung und der sofortigen chirurgischen Eingriffe. Wir wollen keine Erkältung mehr, keine Rückenschmerzen und keine Probleme mit der Magensäure. Und wir wollen die Dinge dann, wenn wir sie wollen. Wir tragen Kopfhörer und schaffen uns unsere eigene kleine Welt. Wir organisieren unser Leben, indem wir mit Zeitschaltung Fernsehsendungen aufnehmen, die Beleuchtung und den Backofen automatisieren, und schaffen uns so unsere eigene kleine, private Welt. Wir leben von Fertiggerichten, so dass die Familie sich nicht mehr absprechen muss und jeder sein eigenes Leben führen kann. Wir wechseln Schule, Beruf und Häuser so schnell, wie wir einst Kleider wechselten. Wir werden in dem einen Staat geboren, in einem anderen aufgezogen, wir heiraten in einem dritten und gehen in einem vierten in Rente. Was immer wir berühren, ist schnell, privat und veränderlich. Das Leben ist für uns etwas sehr Persönliches und Bewegliches. Es ist tatsächlich so mobil und privat, dass sich in dieser Kultur Einsamkeit, Fragmentierung und Selbstbezogenheit epidemieartig verbreiten. Wir kümmern uns nur um unser eigenes „Geschäft", während um uns herum betrogen, gelogen und gestorben wird. Wir können zwischen unserer kleinen Vorstadt und der Welt, zwischen unserem Leben und dem Wohl des Planeten, zwischen der heutigen Politik und dem Schicksal der Jahrhunderte und der Menschen, die erst noch kommen, keine Verbindung herstellen.

Als meine Novizenmeisterin verlangte, dass über Nacht nichts auf dem Tisch im Noviziat bleiben sollte, verstand ich den Grund nicht. Wenn ich den Auftrag bekam, mit mir unbekannten Leuten zusammen zu leben, verstand ich nicht, warum das für mich wichtig sein sollte. Als meine erste Hausoberin jeder von uns nur einen Kleiderbügel für den gemeinsamen Schrank gab, verstand ich nicht, warum meine Bedürfnisse nicht mehr berücksichtigt wurden. Als ich den Auftrag erhielt, mit Menschen zu arbeiten, deren Arbeitsweise ich nicht verstand und deren Persönlichkeit mir nicht entsprach, wusste ich nicht, warum es für mich wichtig war, mich überhaupt mit ihnen abzugeben. Und als man uns sagte, die Schreibmaschinen dürften nicht in den Schlafräumen verwendet werden, sah ich auch das nicht ein. Ich war als Einzelkind aufgewachsen und die Welt um mich herum gehörte mir. Alles lief, wie ich wollte, wenn auch nur deswegen, weil es keinen anderen Weg gab. Die Welt gehörte mir, ich konnte sie formen und kontrollieren. Ich war meine eigene Welt und das sollten auch die anderen alle wissen.

Mit der Zeit dann begann ich, die urklösterliche Spiritualität der Beständigkeit besser zu verstehen. Die Wüstenmönche erklären das so:

Abba Poimen sagte von Abba Johannes, er hätte zu Gott gebetet, er möge seine Leidenschaften von ihm nehmen, damit er frei wäre von Sorgen. Tatsächlich ging Abba Johannes zu einem der Alten und sagte ihm: „Ich bin im Frieden, ich habe keinen Feind." Und der Alte sagte zu ihm: „Dann geh und bitte Gott, er möge in dir einen Kampf anzetteln, damit du wieder Anfechtung und Demut erfährst, denn durch Kampf macht die Seele Fortschritte." So bat er Gott darum, und als der Kampf kam, bat er nicht mehr darum, er möge von ihm genommen werden. Er sagte vielmehr: „Herr, gib mir Kraft für den Kampf" (Johannes der Zwerg, Sektion 13).

Kassian erzählt eine andere Geschichte von der Spiritualität der Beständigkeit. Er schreibt, dass Abba Johannes, der Abt eines großen Klosters, zu Abba Paesius ging, der seit vierzig Jahren weit draußen in der Wüste lebte. Johannes liebte Paesius und konnte mit ihm sehr offen sprechen; Johannes sagte: „Hast du etwas Gutes getan, dass du hier schon so lange zurückgezogen lebst und dich von niemandem so schnell verwirren lässt?" Und Abba Paesius sagte: „Seit ich in der Einsamkeit lebe, hat mich die Sonne nie essen gesehen." Aber Abba Johannes sagte zu ihm: „Was mich betrifft, hat mich die Sonne nie wütend gesehen, solange ich in Gemeinschaft gelebt habe" (Kassian, Inst. V,27).

Mit anderen Worten, es ist einfach, ausgeglichen zu sein, solange man allein ist. Es ist einfach, tugendhaft zu sein, wenn man für sich allein lebt. Es ist einfach, stark zu sein, wenn man nie versucht wird. Ebenso einfach ist es, oberflächlich, auf sich selbst fixiert und eigenschaftslos zu sein. Auch ist es einfach, vor dem davonzulaufen, was ich dringend brauche, wenn ich mich dem Leben aussetzen und ganz werden soll. Monastische Beständigkeit hat mehr mit Tiefe als mit Wohlbefinden zu tun.

Benediktinische Stabilität verspricht eine frontale Begegnung mit dem Leben. Sie hat direkt mit drei Dingen zu tun: Mit der Ausrichtung auf die Mitte, mit Einsatz und mit Beziehungen.

Im Leben gibt es Dinge, die sich nicht vermeiden lassen: Tod, Krankheit, Veränderungen und persönliche Erwartungen. Ihre Wirkung auf uns hängt weitgehend davon ab, wie wir mit weniger wichtigen Dingen umgehen. Beständigkeit will uns auf etwas Größeres hinlenken, damit uns nichts wegschwemmen kann, was weniger wichtig ist als wir selber.

Beständigkeit heißt: Wo ich bin, da ist auch Gott für mich. Beständigkeit lehrt auch, dass ich Gott hier, mitten in all den Ereignissen, finden kann, selbst wenn es äußerst frustrierend oder hektisch läuft. Dazu muss nur mein Herz ausreichend still sein.

Die Mobilität stellt diese innere Stille aber bis zum Zerreißen auf die Probe. Jedes Schaufenster bietet ein besseres Sonderangebot. Jede Beziehung verspricht eine befriedigendere Partnerschaft. Jeder neue Ort, jede neue Person und Möglichkeit ist für mich eine neue Versuchung, es nochmals zu versuchen und noch einmal und einmal mehr, um den perfekten Ort zu finden oder wenigstens den Ort, der für mich am geeignetsten ist. Die Ausrichtung auf die Mitte ist ein Gegenmittel gegen die Zerstückelung, die daraus folgt, dass ich nicht da bleibe, wo ich bin, bei dem, was ich tue oder lernen soll.

Das Gelübde der Beständigkeit, das die Ordensleute ablegen, soll das wandernde Herz beruhigen. Im Leben kommt der Moment, da jede andere Familie besser zu sein scheint als meine eigene. Der Moment, da alles zu besitzen die einzige Weise zu sein scheint, dem Leben wieder einen Kick zu geben. Es kommt der Tag, da diese Arbeit, dieses Haus, diese Stadt, diese Familie, ja alles ärgerlich und unzulänglich und unerträglich erscheint. Es kommt eine Phase im Leben, da ich jede größere Entscheidung, die ich je getroffen habe, bereue. Gerade in solchen Momenten bietet die Spiritualität der Beständigkeit ihre größten Gaben an. Beständigkeit befähigt mich, die Eiszeiten zu überdauern, bis das Tauwetter einsetzt und dieser unwohnliche Ort wieder zu grünen beginnt. Damit das möglich wird, muss ich aber lernen, die Winter meines Lebens durchzustehen.

Die Schwierigkeit ist, dass Beharrlichkeit und Ausdauer Aspekte der Beständigkeit sind, die in der gegenwärtigen Welt wenig zählen. Wenn Kinder nicht lernen, geben wir den Lehrern die Schuld, statt zu erwarten, dass die Schüler mehr arbeiten. Wenn ein Buch schwierig ist, lesen wir es nicht, auch wenn die intellektuelle Auseinandersetzung es wert wäre. Wenn uns eine Veranstaltung langweilt, gehen wir früher weg, auch wenn damit das Geld für die Eintrittskarte verloren ist. Wenn die Arbeit hart wird, lassen wir sie. Dagegen bedeutet Beständigkeit, dass wir die Verpflichtung haben, Dinge durchzuziehen, bis wir getan haben, was wir konnten, und – was nicht weniger wichtig ist – bis sie für uns getan haben, was getan werden kann.

Beständigkeit heißt, wir wandern bis ans Ende der großen Straßen des Lebens, was immer geschehen mag. Zugegeben, es gibt auch eine Pseudo-Beständigkeit, die zerstörerisch ist. Das Versäumnis, aus Situationen auszubrechen, die ungerecht oder erniedrigend sind oder die Persönlichkeit zerstören, nur weil ich den Mut zum entsprechenden

Schritt nicht habe, ist nicht Beständigkeit. Diese Art von Verwurzelung ist eine Art von Unfreiheit oder Selbstmord, die aus Trägheit oder Unbeweglichkeit kommt, oder aus einer Liebe zum Schmerz, die eine falsche Sehnsucht nach Sympathie, Mitleid oder nach falschem Märtyrertum verrät. Beständigkeit heißt, wir bleiben dabei, um zu wachsen, nicht um kleiner zu werden. Treue ist sicher wertvoll, aber nicht auf Kosten der seelischen Gesundheit. Auch die Demut, aber nicht, wenn wir dadurch zu Masochisten werden. Das Gebet ist wertvoll, ja, aber nicht wenn es an die Stelle der Verantwortung gegenüber anderen tritt. Beständigkeit heißt: Über die Werte hinaus, die verfolgt werden müssen, gibt es noch andere Werte.

Beständigkeit sagt, wir bleiben beim Alltäglichen, auch wenn wir nur unsere Seelen fähig machen wollen, mit dem zu Rande zu kommen, dem wir im Leben nicht entrinnen können. Wir bleiben bei dem, was wir, wenn wir wollten, gut aufgeben könnten, so dass wir, wenn die Zeit kommt, mit dem zu Rande kommen, was wir nicht zurücklassen können.

Beständigkeit verlangt, dass unser Herz beständig ist und dass wir in unserem geistlichen Bemühen nicht nachgeben. Wir beten nicht, weil wir auf Visionen hoffen; wir beten, weil wir hoffen, betende Menschen zu werden. Wir mühen uns nicht ab, weil wir auf einen Sieg hoffen; wir mühen uns ab, weil wir innerlich wachsen wollen. Wir kämpfen nicht, weil wir mit Auszeichnungen rechnen; wir kämpfen, weil wir hoffen, so zu besseren und stärkeren Menschen zu werden. Wenn etwas es wert ist, getan zu werden, dann muss ich es tun. Wenn das eine Sache ist, zu der ich etwas beitragen kann, dann muss ich das tun. Wenn das ein Versprechen ist, das gehalten werden muss, dann musst du darauf zählen können, dass ich es halte.

Längerfristige Verpflichtungen sind jedoch nicht notwendigerweise das, was uns in diesen Tagen passt. Nichts in dieser Gesellschaft will sie, jedermann kämpft gegen sie. Es wird von uns auch nicht erwartet, dass wir weitermachen, wenn sich Widerstände ergeben und sich eine scheinbar bessere Chance eröffnet. Es fällt nicht leicht, bei einer schwierigen Arbeit zu bleiben und geduldig auszuharren, wenn alles um uns herum uns rät, doch an einen Ort zu gehen, wo es einfacher ist. Es ist schwierig, weiterzufahren, wenn es so viel leichter wäre, einfach fortzugehen. Aber die Frage stellt sich, was mit mir als Person geschieht, wenn ich nicht weitermache, nicht ausharre und keine Ausdauer zeige, etwas durchzustehen. Es gibt Tausende von Antworten.

Zum Ersten: Wenn ich etwas abbreche, bevor ich es beendet habe, werde ich über mich selber vieles nicht erfahren können. Ich werde meine Stärken und meine Qualitäten nicht kennenlernen können. Auch nicht die Schwächen, die nach Änderungen verlangen. Ich werde weniger sein als das, was ich sein kann. Der Polarforscher Robert E. Perry hat hundert Meilen vor dem Nordpol seine Reise abgebrochen; das verdunkelt sein Bild mehr, als wenn er zum Beispiel die Reise gar nicht unternommen hätte.

Zweitens werde ich die Chance zu wachsen verpassen. Beständigkeit ist die Haltung, die es mir erlaubt, mich mit Selbsterkenntnis und Selbsthingabe den Lebensfragen zu stellen. Nicht jede Frage zeigt sich sogleich. Nicht jedes Bemühen bringt beim ersten Versuch Erfolg. Nicht alles Gute kommt ohne beharrliches Ziel und fortwährendes Scheitern zustande. Zum Beispiel gab es nach dem 2. Vatikanum im Ordensleben, in den Pfarreien und in den persönlichen Glaubensvorstellungen eine große Verunsicherung. Menschen gingen nicht mehr zur Kirche, Männer und Frauen verließen ihre Ordensgemeinschaften, manche blieben auf den alten Wegen, um die Richtung nicht zu verlieren, andere warfen sich in das chaotische Jetzt, ohne Straßenkarte und ohne Vorsicht. Nicht wenige kehrten dem geistlichen Leben den Rücken. Die Kritiker sagten, Gott sei tot, das Ordensleben sei vorbei, die Kirche habe ihre Bedeutung verloren. Aber für jene, die dem Evangelium folgten, gab es nie eine aufregendere Zeit, eine hilfreichere Zeit, eine wichtigere Zeit als jetzt. Jetzt wurde die Spiritualität zu einer Gabe, sie entspricht nicht einfach mehr dem, was man erwartet. Für jene, für die das beharrliche Bemühen einen bewussten Einsatz ausschließlich für den Glauben verlangte, hat die Religion eine Bedeutung erlangt, die über sich selbst hinausgeht. In diesen Jahren ist denn auch die Suche nach Sinn, Bedeutung und Relevanz für viele etwas Schwieriges geworden und war selten eine klare Sache. Dennoch ist es ihr gelungen, etwas sehr, sehr Wichtiges zu bleiben. Das Ausharren ist denn auch oft die beste Seite des geistlichen Charismas gewesen. Die dunkle Nacht des Glaubens kann auf ihre Weise ein Segen sein, auszuhalten in einer Beziehung, in einer Krise oder einer Krankheit kann auch ein Geschenk sein, selbst wenn wir nur aus dem einen Grund ausharren, um mit offenem Geist und empfänglichem Herzen zu entdecken, wer wir sind und was in dieser Situation an Geben und Lernen erwartet wird.

Denen, die lauteren Herzens sind, jenen, die Gott sehen, wo er ist, jenen, die in der Gegenwart Gottes verharren, jenen, von denen die Regel Benedikts sagt, dass sie „die geistliche Kunst ohne aufzuhören, Tag und Nacht geübt haben" (RB 4,75-76), wird der Lohn verheißen, den der liebende Gott geben wird: Frieden des Herzens und ewiges Leben am Ende, wie oft uns auch jeden Tag der Tod begegnet.

Beständigkeit ist mit anderen Worten ein äußeres Zeugnis innerer Bereitschaft: Die Liebe zu Gott in allen Dingen, besonders aber im Alltäglichen und Weltlichen, im Hier und Jetzt und in diesem und jenem.

Stabilität meint offensichtlich mehr aus als die Bezogenheit auf die Mitte und Hingabe. Sie betrifft vor allem die Heiligung der Beziehungen und die Entdeckung tieferer Freundschaft, wo es bisher eher ein Hingezogensein gab. Stabilität enthält die Einladung, mehr aus der Tiefe als an der Oberfläche zu leben. In einer mobilen Gesellschaft ist die Versuchung groß, von einem Mensch zum nächsten, von einer Leidenschaft zur nächsten und von einem Ort zum nächsten zu flattern. Unsere Vorfahren übten einen Beruf lebenslang aus. Sie lebten ihr ganzes Leben an einem einzigen Ort. Es gab einfach keine größeren Wahlmöglichkeiten. Stabilität war ihre Lebenswirklichkeit.

Unsere heutigen Lebensbedingungen erschweren eine tiefere Bekehrung, die auch damit zu tun hat, dass wir jeden kennen und jeder uns kennt. Wir verwechseln heute regelmäßig Leben in Gemeinschaft mit dem Zusammenwohnen in einer Gruppe. Viele Menschen, die mit anderen zusammenzuleben scheinen, leben lediglich allein zusammen. Nachbarn, die jahrelang nebeneinander wohnen, kennen oft nicht einmal den Namen der anderen. Manche Leute arbeiten ihr ganzes Leben in demselben Unternehmen und haben sich noch nie getroffen. Viele gehen auf dieselbe Schule und sind sich noch nie begegnet. Wir leben oft nur oberflächlich zusammen, ohne dass eine richtige Gemeinschaft zustande kommt.

Ein dauerndes Bewusstsein von Gottes Gegenwart hat irgendwie auch mit Beständigkeit zu tun. Ich muss mir darüber klar werden, dass Gottes Hineinwirken in mein

Leben heute anders aussieht als früher und dass ich selbst anders handele als in früheren Zeiten. Um diese grundsätzlichen Erfahrungen zu machen, brauche ich Zeit. Ich kann an einem Montag einem lästigen Fremden durchaus freundlich begegnen. Es wird aber ganz anders sein, wenn ich dieselbe Freundlichkeit jeden Tag, jede Woche und jedes Jahr für einen lästigen Verwandten, einen muffigen Kollegen, ein nörgelndes Kind aufbringen muss und wenn ich gerade darin Gottes Willen entdecke, der mich in diesem Moment der größten Müdigkeit etwas über mich selbst verstehen lässt.

Was es einem Menschen möglich macht, immer wieder zu den schwierigen Momenten des Lebens zurückzukehren, ist zweifellos die Gewissheit, dass Gott treu ist. Ich halte die Versprechen, die ich gemacht habe, nicht, ich halte die Verträge nicht, die ich unterschrieben habe, die Garantien, die ich gegeben habe, weil ich mir meiner Kraft sicher bin. Ich stehe aber weiterhin zu Verträgen, die leicht übersehen werden könnten, weil ich der Beständigkeit Gottes sicher bin. Ich bin sicher, dass Gott sein Versprechen von Nähe und Gnade halten wird. Ich bringe meiner kränklichen Mutter tagtäglich Essen, weil ich überzeugt bin, dass Gott Gott ist. Ich hoffe weiterhin auf dieses schwierige Kind, weil ich glaube, dass Gott Gott ist. Ich versuche wieder und wieder, diese Ehe wieder zusammenzubringen, weil ich nicht zweifle, dass Gott Gott ist. Ich bete weiterhin, auch wenn das Gebet selber eine Bürde ist. Ich bin gewiss, dass Gott Gott ist. Ich setze nicht auf meine Kraft und meine Treue. Ich setze meine Hoffnung nicht auf mich, auf meine Kraft und meine eigene Treue. Ich setze meine Hoffnung auf die gewisse, garantierte und gnadenvolle Treue Gottes.

Das macht Beständigkeit möglich. Das macht Beständigkeit zu einer Forderung.

Wie man sieht, ist Beständigkeit für die bleibende Offenbarung der vielen Gesichter Gottes in meinem Leben wesentlich. Ich muss etwas ganz durchschauen oder ich werde nie verstehen, was ich dort finden soll, und ich werde nie das Antlitz Gottes, das dort verborgen ist, erkennen, und ich werde nie das sein, was ich sein könnte.

Beständigkeit gibt mir Zeit im Leben, Zeit für Gott und Zeit für andere. Wenn ich von Aufgabe zu Aufgabe eile, von Stadt zu Stadt und von Beziehung zu Beziehung, erkenne ich die verschiedenen Aspekte dieser Dinge nicht. Ich finde nie den Rhythmus des Lebens. Ich berühre nie die Dimensionen der Dinge. Ich strecke mich nie über mich selbst hinaus aus. Ich werde nie anderen verbunden sein. Ich werde nie zu etwas Neuem. Entfremdung beginnt.

Hier wird dann schließlich etwas klar. Der eigentliche Feind der Beständigkeit ist nicht die Mobilität, sondern die Entfremdung. Wenn mich nichts mehr tief genug berührt, dass ich mich ändere, kann mich überhaupt nichts mehr berühren. Ich werde zu einem Abziehbild, das atmet. Ich lerne vielleicht, die richtigen Worte zu sagen, aber ich lerne nie die Gnade kennen, die sich daraus ergibt, dass ich Zorn erleide, ohne auszuspucken, Schmerz ertrage und ihn nicht verleugne, oder Liebe lerne, sie aber nicht bezeugen kann. Ich gehe dann schnell, aber taub durchs Leben.

Die benediktinische Spiritualität der Beständigkeit ist ein ständiger Weckruf. Die Regel fordert dauernde Aufmerksamkeit für alles: für das Gebet, für den Dienst am anderen, für die Gemeinschaft als ganze, für Regelmäßigkeit und Kontinuität, für Handarbeit und intellektuelle Disziplin, für „gegenseitige, nüchterne Liebe“ (RB 7,28). Niemand ist von all dem dispensiert. Das Leben ist ein Paket, das als ganzes geöffnet werden muss, kein Büffet, von dem ich mir nehme, was mir passt.

Wenn es etwas gibt, das mich daran erinnert, dass ich nicht eine Welt für mich bin, ist es die Beständigkeit in meiner Gemeinschaft, der „Schule des Herrendienstes", der „Werkstatt, in der wir dem geistlichen Handwerk obliegen" (RB 4). Beständigkeit schließt ein, dass ich die menschliche Gemeinschaft, in der ich lebe, annehme und mich auf sie einlasse.

Es fällt vielen leicht, mit anderen zusammenzuleben, als lebten sie allein. Sie müssen nur aufhören, einander wahrzunehmen. Aber das ist alles andere als eine geistliche Gemeinschaft. Ich brauche die bewusste Nähe anderer, nur so kann ich für Gottes Nähe empfindsam werden, in meinem Leben das Wort des Evangeliums durch jene hören, die es rund um mich herum verkünden, nur so kann ich meine Liebe zu Christus wirklich zum Ausdruck bringen, im anderen, in der Welt. Beständigkeit ist ein entscheidendes Werkzeug, das sicherstellt, dass die Welt ein zu bestellender Garten und keine ausgeraubte Bank wird.

Beständigkeit, die Bereitschaft weiter zu wachsen, da wo ich bin, ist ironischerweise der Boden für die Umkehr, für die Bereitschaft, mich zu ändern. Mit diesen Menschen, an diesem Ort, zu dieser Zeit setze ich mich für spirituelle und psychologische Wiedergeburt, für Wachstum und Reife ein. Mit Hilfe dieser anderen kann ich mich der Treue eines Gottes hingeben, der auch unvorhersehbar ist.

Beständigkeit ist auch ein Maßstab für Liebe. Hier, in einer bleibenden Beziehung zu anderen, verstehen wir, dass die Fülle des Lebens mehr ist als nur die Bewahrung des eigenen Selbst, dass Liebe mehr ist als etwas Physisches, mehr als eine Mischung von Feuer und Dynamit. Durch Beständigkeit finde ich heraus, dass alle Liebe, wenn sie wahre Liebe sein will, wenigstens in einem gewissen Maße zölibatär sein muss. Wenn Liebe mehr sein soll als eine vorübergehende Mischung von Feuer und Dynamit, muss sie Tage, die ganz ohne Feuer und ohne Dynamit sind, überstehen. Sie muss in einem gewissen Maß mehr sein als sexuelle Anziehung und über sie hinausgehen. Sie muss aus Freundschaft und gegenseitigem Respekt und geistlicher Integrität bestehen, sonst wird das Durchhalten unmöglich, ja es wird etwas Zerstörerisches. Mit anderen Worten: Freundschaft ist der Ruf aus Isolation und Egoismus und will mich lehren zu lieben und zu dienen. Aber ohne Beständigkeit ist Freundschaft, wirkliche Freundschaft, die uns anstelle von Beherrschen und Vernarrtheit, Besitzdenken und Abhängigkeit das Wachstum und die Freiheit, die Tiefe, die Verantwortung und die Selbsterkenntnis wählen lässt, unmöglich.

Beständigkeit befähigt uns, mit anderen Worten, ganz in Gott und ganz für andere zu leben. Diese beiden Forderungen mögen tatsächlich unsere beiden einzigen Gegengewichte zu einem pathologischen Egoismus in unserer selbstbezogenen Welt sein, in der ganze Nationen auf dem Küchenfernseher zu Tode hungern, während wir gemütlich das Abendessen einnehmen, ohne mit der Wimper zu zucken. Wie soll dieses Maß an menschlicher Gefühllosigkeit erklärt werden, wenn nicht aus dem Mangel an menschlichem Mitgefühl, das nur entsteht, wenn wir mit anderen zusammen uns erproben? Was könnte die menschliche Rasse dazu geführt haben, im Namen der „Verteidigung“ die Aussicht auf nukleare Ausrottung zu akzeptieren, wenn es nicht diese Distanz zwischen unserer Welt und dem Leben der anderen um uns herum gäbe? Sie lässt uns ohne Wurzeln, unbekannt und unberührt durch das Leben gehen.

Ist Beständigkeit etwas Einfaches? Niemals. Die Wüstenväter haben uns aber gesagt: „Durch Kampf macht die Seele Fortschritte." Und wenn wir, als verantwortliche Glieder der menschlichen Gemeinschaft lebend, zu dem Punkt kommen, wo „die Sonne nie unseren Zorn sieht", dann werden wir die Fülle des Lebens erreicht haben.

Aus diesem Grund habe ich im Laufe vieler Jahre monastischen Lebens entdeckt, warum es in unserem Kloster an vier speziellen Orten Kreuze gibt: auf dem Glockenturm über dem Haus – um unsere Herzen und Bemühungen über das Weltliche hinaus zu erheben; auf den Türen zur Kapelle, um mich daran zu erinnern, worum es im Leben überhaupt geht; an der Wand im Refektorium, um das persönliche Wachstum sichtbar zu machen, das eine Gabe der Gemeinschaft ist; über dem Arbeitstisch der Priorin, damit ich im Leben hinter dem Menschlichen überall das Göttliche sehen kann. Immer, wenn ich diese Kreuze sehe, sprechen sie zu mir von Beständigkeit. Beständigkeit.

13

Monastische Praxis – Weg der Umkehr

Das sind also die Werkzeuge der geistlichen Kunst. Wenn wir sie Tag und Nacht unaufhörlich gebrauchen und sie am Tag des Gerichts zurückgeben, werden wir vom Herrn jenen Lohn empfangen, den er selbst versprochen hat: „Was kein Auge gesehen und kein Ohr gehört hat, hat Gott denen bereitet, die ihn lieben." (1 Kor 2,9)

RB 4,75-78

Meine Novizenmeisterin und ich verstanden uns nicht besonders gut. Sie wollte Schweigen, ich wollte Spaß. Sie wollte die Lichter ausschalten, ich wollte studieren. Sie wollte ungefragten Gehorsam, ich wollte diskutieren. Sie erwartete, dass ich fastete, ich hatte plötzlich Heißhunger auf eine Orange. Sie wollte ein intensives Bemühen bei Dingen, die ich eigentlich nicht so ernst genommen hätte. Damit das klar ist: Ihre Ansicht siegte immer, aber es gibt einen enormen Unterschied zwischen Tun und Verstehen. Und ich dachte, dass ich das nie verstehen würde. So sehr ich das monastische Leben liebte, es schien mir, dass alles Härte und Ritual war, dass es hier keine Zeit für den Menschen gab, für das Menschliche, für das Wirkliche. Im Gegenteil.

Vielleicht hätte ich das alles besser verstanden, wenn ich beim Aufnahmeritus der Übergabe der Regel und des Breviers etwas mehr Aufmerksamkeit geschenkt hätte. Man gab mir drei Bücher, nur drei: die Benediktusregel, das

Stundenbuch und das Buch mit den Gebräuchen der Gemeinschaft.

Die Regel sollte uns dazu fähig machen, die Gemeinschaft zu übersteigen, um die Vereinigung mit Gott zu erreichen.

Das Stundenbuch sollte uns helfen, mit der Gemeinschaft zu beten.

Das Buch mit den Gebräuchen sollte uns helfen, mit der Gemeinschaft zu leben.

Mit der Regel war das nicht ganz klar. Im Stundenbuch kam ich mit Hilfe der Novizen zurecht, die die betreffenden Teile des göttlichen Offiziums jeden Tag markierten. Das Buch mit den Gebräuchen verstand ich nur zu gut: Die Schwestern sollten die Kapelle in Reihen verlassen; sie sollten die Arme unter dem Skapulier gekreuzt halten; beim Betreten des Refektoriums sollten sie sich vor dem Kreuz verneigen. Es war eine endlose Liste von Vorschriften. Ein ganzes Handbuch, das sagte, wie man sich zu verneigen, zu sitzen und den Tag zu organisieren hatte, wie man mit der Priorin sprechen und wie man durch die Korridore gehen sollte. Das Buch der Gebräuche schien über alles, was das Leben betraf, zu sprechen und lange schien es mir wichtiger als die Regel.

Mit den Jahren wurde mir aber klar, dass die Art, wie die Hände zu falten sind, wie man gehen oder sich verneigen sollte, Teil der Rubriken sind und des Rituals, das einen Tag organisiert, der zwischen liturgischen, beruflichen und gemeinschaftlichen Pflichten aufgeteilt ist. So wurde denn auch die wahre Bedeutung der endlosen Liste gemeinschaftlicher Gebräuchen, die im Ausbildungsprogramm derart im Vordergrund standen, aufgedeckt: Es handelte sich um die Erfordernisse einer organisierten Institution, die Merkmale eines jedes wohlgeordneten, gemeinsam gelebten geistlichen Lebens sind. Schließlich begann ich zu verstehen, dass die wesentlichen Elemente der monastischen Spiritualität nicht in den Hausgebräuchen, sondern in der Regel enthalten waren. Das entsprechende Kapitel trägt den treffenden Titel: „Die Werkzeuge der geistlichen Kunst." Ich fing an, in der Regel zu entdecken, dass es wirklich Übungen gibt, die das Herz bewahren und die Seele für das Heilige öffnen. Die Wüstenmönche erklärten das so:

> *Es wird erzählt, dass Abba Isaiah eines Tages einen Stecken nahm und zum Dreschplatz ging um zu dreschen. Er sagte zum Besitzer: „Gib mir etwas Weizen." Der Besitzer fragte zurück: „Und, Vater, hast du auch selbst geerntet?" Abba Isaiah sagte: „Nein." Da sagte der andere zu ihm: „Wie kannst du erwarten, Weizen zu bekommen, wenn du nicht geerntet hast?" Abbah Isaiah erwiderte: „Willst du damit sagen, dass wer nicht arbeitet, keinen Lohn erhält?" Und der Besitzer antwortete: „Genau das." Da ging Abba Isaiah weg.*
>
> *Als die dortigen Mönche sahen, was geschehen war, verneigten sie sich vor ihm und fragten ihn, warum er so gehandelt habe. Abba Isaiah sagte zu ihnen: „Ich wollte damit ein Beispiel geben: Wer nicht gearbeitet hat, wird von Gott keinen Lohn erhalten."*

Meine Novizenmeisterin hatte recht. Das geistliche Leben ist etwas, um das man sich bemühen muss, nicht etwas, auf das man hoffen kann. Daran zu arbeiten erforderte Disziplin und monastisches Bewusstsein.

Die Frage ist nun, wie denn Bewusstheit erreicht werden kann inmitten eines Lebens, das voll ist von Druck und

Sorgen? Die „Werkzeuge der geistlichen Kunst" sind klar. Das Entscheidende in der benediktinischen Spiritualität ist nicht, das Leben ungewöhnlich, eigenartig, fremd, hart oder mystisch zu gestalten. Das Ziel ist vielmehr, das Leben bedeutsam, heilig und sinnvoll zu machen. Wenn ich in der Gegenwart Gottes leben will, sind dafür einige Vorbereitungen zu treffen. Zu den grundlegenden Aufgaben des geistlichen Lebens gehört es zu bestimmen, welche das sind und wie das zu machen ist.

Das Geheimnis liegt, ganz klar, im benediktinischen Bemühen um Umkehr. Ich kann nicht Gott und dem Mammon dienen, ich kann nicht zwei Meistern dienen, ich kann nicht in der Welt und von der Welt sein. Ich kann nicht ein geistliches Leben führen, ohne an ihm zu arbeiten. Das geistliche Leben ist nicht eine Sache der frommen Handfertigkeit. Es geht uns nicht darum, geistliche Tricks zu vollbringen. Wir müssen eine Geisteshaltung entwickeln. Es ist eine Form, uns leichtfüßig durch Bedrohungen hindurch zu bewegen, durch das, was uns bindet oder niederdrückt – das gehört zur wahren Spiritualität. Das ist Askese ohne Ketten.

Der Schock kommt, wenn wir schließlich entdecken, dass Spiritualität auch eine Versuchung sein kann. Benedikt spricht deutlich vom „bösen Eifer der Bitterkeit, der von Gott trennt und zur Hölle führt" (RB 72,1) und von der Gefahr, „heilig genannt zu werden, bevor wir heilig sind" (RB 4,62). Mit anderen Worten: Die Regel lehrt uns, uns an nichts zu binden, mit allem, auch dem Heiligsten, gelassen umzugehen.

Ich habe schnell gelernt, dass das große Problem im geistlichen Leben nicht die Wahl zwischen Gut und Böse ist. Zu lernen, das Gute statt das Böse zu wählen, war täuschend einfach. Nur wenige stehlen oder lügen. Von uns kennen nicht allzu viele ein unkontrollierbares Temperament oder zerstörerische Eifersucht. Die meisten von uns würden einem Streit aus dem Weg gehen, sich weigern, ihre Firma zu betrügen, oder sich hüten, Gerüchte auszustreuen. Es fällt leicht, das als unheilig zu verstehen und zu meiden. Ja, ich habe schnell gelernt, dass das wirkliche Problem des geistlichen Lebens nicht darin seine Wurzeln hat, dass wir lernen müssen, das Böse zu meiden und das Gute zu tun; das wirkliche Problem besteht darin, dass wir lernen müssen, das Gute vom Guten zu unterscheiden. Was ist besser: Den unerwarteten Gast aufzunehmen oder zum Gebet zu gehen? Wenn wir die Möglichkeit haben, das Leben bequemer zu gestalten oder einfacher zu leben, was ist besser? Vor die Wahl gestellt, uns für die Autorität oder das Gewissen zu entscheiden, was entspricht wirklich dem Evangelium? Das sind die großen geistlichen Entscheidungen. Mehr noch: Wenn wir die richtige Wahl getroffen haben, wie ziehen wir sie durch? Wie gestalten wir das Gebetsleben in der Familie, wenn die Familie wächst, wenn die Aufgaben zu verschiedenen Zeiten unterschiedlich sind? Wie sollen wir weiterhin Gutes tun, wenn unsere Haushaltung mehr Bedürfnisse hat? Wie gehen wir mit der Atomfrage um, wenn die Firma, für die wir arbeiten, Verträge mit dem Militär hat und wir zu alt sind, um den Arbeitsplatz zu wechseln?

Was hat die Regel zur Frage zu sagen, wie in einer materialistischen Welt ein geistliches Leben möglich ist? Wie bauen wir eine Gemeinschaft, in einer Welt, die auf sich selber fixiert ist? Was ist, mit anderen Worten, benediktinische Askese?

Was unterscheidet das geistliche Leben von jedem anderen Leben? Was macht unser Tun so anders, als was die übrige Welt tut? Die Antwort: Nicht das, was wir tun, unterscheidet das geistliche Leben von einem unbewusst gelebten Leben. Die Antwort ist: Das Merkmal des geistlichen Lebens ist, was wir sind und wie wir tun, was wir tun. Was wir sind, wenn wir das tun, was immer wir tun, das macht benediktinische Spiritualität zu einem Geschenk für alle Zeiten.

In unserer Noviziatszeit wurden wir gelehrt, vor allen, denen wir in den Korridoren begegneten, uns zu verneigen, nicht um damit Hallo zu sagen, wie ich zuerst meinte, sondern um Gottes Gegenwart in ihnen anzuerkennen. Die Älteren hatten den Vortritt an einer Türe, nicht weil sie die Älteren waren, sondern weil man uns lehrte, die Leitung anzuerkennen, welche aus der Erfahrung kam. Niemand sollte mehr als drei Habite und zwei Paar Schuhe haben, niemand sollte den Begriff der Ordensarmut leicht nehmen – Gott weiß, wir hätten viel mehr anhäufen können – man wollte uns das Prinzip der Genügsamkeit lehren. Mit der Zeit aber gingen diese Botschaften, so großartig sie auch waren, mit all ihrer Mechanik verloren, denn das Mechanische ist nicht benediktinisch. Die Regelkapitel sagen, wie das Stundengebet gefeiert werden soll, aber sie schließen mit den Worten: „Wenn jemand etwas Besseres weiß, soll es getan werden" (RB 18). Das ist der tägliche Tagesplan, sagt die Regel, aber „der Abt möge das anordnen, wie es am Besten scheint" (RB 47). Man soll darauf achten, dass jeder Mönch die genannten persönlichen Gegenstände bekommt, betont die Regel und sagt dann: Jene, die mehr brauchen, sollen darum bitten" (RB 55). Das zeigt deutlich, dass benediktinisches Leben etwas anderes ist als eine Anzahl Formen des Benehmens oder von täglichen Aktivitäten.

Warum gibt es in der Regel Benedikts keine Checkliste der Haupttugenden, von festen Verhaltensformen oder klaren Regeln für den geistlichen Weg? Die Antwort ist einfach: „Umkehr" ist nach Benedikts Vorstellung wichtiger, als in einem System gefangen zu sein; tatsächlich ist ein geistliches System oft ein Schutzschild, um die Umkehr zu umgehen. Umkehr fordert, dass wir wachsen und uns ändern. Systeme schließen uns nur zu leicht in gestrige Tugenden ein.

So nennt Benedikt ohne philosophische Erklärung oder Einleitung im vierten Kapitel der Regel, in den „Werkzeugen der geistlichen Kunst", jene Dimensionen benediktinischen Lebens, die zur Umkehr des Herzens, zur Weite der Seele, zu Tiefe der Einsicht und zur Fülle des Lebens führen. Die Werkzeuge der geistlichen Kunst, so scheint es mir, behandeln drei verschiedene Kategorien. Es sind die benediktinischen Formen von Askese: die zehn Gebote und die Werke der geistlichen und leiblichen Barmherzigkeit (RB 4,1-21), die Elemente des Gemeinschaftslebens (RB 4,22-33) und das Bemühen um persönliche Reife (RB 4,34-62).

Die Gebote Gottes und die Werke der geistlichen und leiblichen Barmherzigkeit bringen uns weit über die eigenartige Atmosphäre eines in Dosen abgefüllten Christentums hinaus, das so oft fälschlicherweise mit dem geistlichen Leben gleichgesetzt wird. Das geistliche Leben ist ein Ruf, das christliche Leben gut zu leben, nicht einfach indem wir uns selbst verleugnen oder uns vom eigentlichen Leben zurückziehen, um Christus zu folgen, so notwendig das ist, sondern auch indem wir uns auf andere hin öffnen. Im geistlichen Leben geht es nicht darum, dass wir anderen nichts Böses zufügen, das wahre geistliche Leben hängt davon ab, dass wir anderen Gutes tun. Wenn benediktinische Spiritualität verlangt, dass ich „den Armen helfe, die Nackten bekleide, die Kranken besuche und die Trauernden tröste“ (RB 4,14-18), dann ist mein geistliches Leben so lange unvollständig, als mich subventioniertes Wohnen, Suppenküchen, AIDS-Opfer und Flüchtlinge nicht interessieren. Das Gebet allein reicht nicht.

Benediktinische Spiritualität ist mit anderen Worten eine Spiritualität der kosmischen Verbundenheit. Die Zeit, das Land, die Menschen, die Dinge, alle müssen ehrfürchtig in den Händen gehalten und als Mittel des Heiligen verstanden werden.

Im zweiten Teil der „Werkzeuge der geistlichen Kunst“ nennt Benedikt die Qualitäten, die uns befähigen, gute Glieder der Gemeinschaft und der Familie zu sein. Wir sollen dem Zorn keinen Platz geben, nicht auf Rache sinnen, nicht ein Leben der Falschheit leben, nicht unfreundlich sein, unsere Feinde nicht hassen, auch wenn wir etwa Feinde haben, in schwierigen Zeiten die Geduld und das Ertragen nicht aufgeben.

Diese Haltung unterscheidet sich sehr von der, die uns im Namen des „Ich“ angeboten wird. Die Ich-Generation hat gelernt, „den Zorn zu zeigen“, „durch Einschüchterung zu gewinnen“, sich zu bemühen, die „Nummer Eins“ zu sein, „den Russen mit Atombomben zu kommen“, „unsere Rechte einzufordern“, unsere Eltern zu verklagen, unsere Vorgesetzten aufs Kreuz zu legen und unseren Weg zu gehen, was immer das auch kostet. Und wenn das alles vorbei ist, geben wir in diesen Tagen Geld aus, damit uns Psychologen und Psychiater sagen, dass der große Zorn, den wir in uns tragen, die Rollen, die wir spielen, die Ausreden, die wir uns zurechtlegen, uns selber viel mehr schaden als den Menschen, denen das alles zugedacht war. Benediktinische Spiritualität sagt, wir können nicht ganz sein, nicht frei, nicht glücklich, und wir können das Gemeinschaftsleben, das wir persönlich, privat, global und weiträumig suchen, nicht verwirklichen, wenn wir uns selber nicht zurücknehmen. Benediktinische Spiritualität sagt, wir können uns selber nicht zur einzigen Lebenssorge machen. Monastische Spiritualität macht uns fügsam. Sie sagt, mit anderen Worten, wir müssen mitten im menschlichen Kampf zu leben lernen, mit ruhiger Seele und offenem Herzen. Für Benediktiner ist das Leben in der Gemeinschaft die große menschliche Askese. Das Gemeinschaftsleben gut zu leben heißt, dass alle Kanten abgeschliffen und alle rauen Teile abgehobelt sind. Man muss also keine speziellen Techniken einüben. Das Leben selbst zeigt uns den Weg.

Die dritte Kategorie von „Werkzeugen der geistlichen Kunst“ geht noch weiter. Es sind die Instrumente, die mit persönlicher Reife und geistlichem Wachstum zu tun haben (RB4, 34-62). Hier sagt man uns, wir sollten nicht stolz sein, nicht andere beherrschen wollen, Abhängigkeiten widerstehen, unsere Energien richtig einsetzen, negative Gedanken und Arten des Redens vermeiden, unsere Geschöpflichkeit anerkennen, das innere Leben nähren, ernst und zielgerichtet leben, mit dem Wissen um die Letzten Dinge. Wir sollten auf andere zugehen, mit einer Liebe, die andere nicht ausbeutet, lieben, selber heilende Nähe sein, und schließlich, wenn wir uns in all dem verfehlen und wieder verfehlen, nicht verzweifeln. In diesem 1500 Jahre alten Dokument wird uns gesagt, was heute jeder gute Psychologe, jeder milde Heiler von Seelen sagt: Leben Sie das Leben für etwas, das größer ist als Ihre Befriedigung, und erlauben Sie nichts und niemandem, Sie soweit zu bringen, Ihr freies, nicht angekettetes Selbst aufzugeben.

Benediktinische Askese ist biblisch und gemeinschaftlich; sie ist psychologischem und geistlichem Erwachsensein verpflichtet. Eine benediktinische Spiritualität zu entwickeln, heißt, ein statisches Konzept von Vollkommenheit zurückzuweisen, das sich mit dem Einhalten von Regeln und äußerlicher Anpassung begnügt. Benediktinische Spiritualität taucht mich in die menschlichen Beziehungen ein, die mir den Willen Gottes offenbaren sollen, das Beste in mir aufrufen und für mich eine Quelle der Hilfe und eine Messlatte meiner persönlichen Reife sein wollen. Der beste Test in meinem Leben ist vielleicht die simple Frage: Wen habe ich wegen der letzten drei Dinge, die mir diese Woche zu schaffen machten, getadelt? Waren sie die emotionelle Energie wert, die ich dran gab? Es ist Zeit zu realisieren, dass nicht das, was in meinem Leben passiert, zählt. Maßstab meines Glücks ist das, was ich mit dem mache, was an mich herankommt. Für die einen ist das Leben eine Herausforderung; für andere ist es eine ständige Krise, deren Lösung in der Verantwortung eines anderen Menschen liegt.

Benediktinische Umkehr ist so nicht eine Bestätigung unserer Stärke oder unseres Charakters. Benediktinische Spiritualität gründet auf der einfachen Anerkennung, dass Gott in uns zum Leben kommen und auf unerwartete Weisen in uns wiedergeboren werden will, Tag für Tag, unser ganzes Leben hindurch. Wir müssen bereit sein, diesem Gott der Wälder und Autobahnen, der leichten Brise und der großen Stürme, der Privatheit und der Massen Antwort zu geben – wie immer dieser Geist kommt. Antwort ist das Wesen benediktinischer Spiritualität.

Aus diesem Wunsch nach Aufmerksamkeit und Präsenz kommen auch die äußeren Aspekte der monastischen Spiritualität. Wie Abba Jesaja zu seiner Zeit seinen Jüngern sagen wollte, gibt es Werke, die für lange Jahrhunderte den monastischen Geist dafür bereitet haben, dass es ohne sie keine Ernte gibt. Denn die Werkzeuge der geistlichen Kunst sind benediktinisches Schweigen, Gebräuche, der gemeinsame Tisch, *statio, lectio,* Handarbeit und verantwortungsvoller Dienst.

Schweigen ist ein Element monastischer Spiritualität und verlangt in unserer Zeit nach Wiederentdeckung. Hintergrundmusik füllt unsere Aufzüge, Hardrock tönt aus Autos, Booten und aus den Fenstern von Wohnblocks. Leute joggen mit Kopfhörern die Straßen entlang, sie radeln auf den städtischen Straßen, große Lautsprecherboxen auf den Gepäckträgern, und sitzen in den Flughäfen mit einem Radioknopf im Ohr; alle sind gegen den Rest der Welt und – vor allem – gegen die Fragen, die aus dem eigenen Innern aufsteigen, abgeschottet. Monastische Spiritualität sagt, dass wir lernen müssen, auf die Kakophonie in uns selbst zu hören, uns gegen ihren Anspruch zu wehren und uns ihrem Zugriff zu entziehen.

Monastische Spiritualität sagt, dass der Lärm des eigenen Selbst zur Ruhe gebracht werden muss, damit die Stille Gottes bewusst werden kann. Monastische Spiritualität sagt, dass Menschen, die mit der Stille nicht zurechtkommen, auch bei Lärm überfordert sind.

Aber das Schweigen hat etwas Beängstigendes an sich. Schweigen überlässt uns der Gnade des Lärms in uns. Wir hören die Ängste, denen wir uns stellen müssten. Wir hören den Zorn, der gekühlt werden will. Wir hören die Leere, die gefüllt werden muss. Wir hören die Schreie nach Demut, Versöhnung und Konzentration. Wir hören Ambitionen und Arroganz, und die Haltung der Gleichgültigkeit, die sich in den Falten der Seele breit macht. Das Schweigen verlangt nach Antworten. Es lädt uns zur Tiefe ein. Es heilt das, was vom Horten und Rennen nicht berührt wird.

So ruft uns die monastische Spiritualität dazu auf, in Stille zu leben: ruhig zu gehen, anstatt zu rennen; Türen leise zu schließen, anstatt sie zuzuknallen; andere Menschen direkt anzusprechen, anstatt in den Korridoren nach ihnen zu schreien; die Verschmutzung durch Lärm zu vermeiden; anderen das Geschenk des Schweigens zu geben.

Monastische Spiritualität ruft uns auf zu lernen, mit uns selber gut zu leben. Sie ruft uns auch auf zu lernen, ruhig und bewusst in die Gegenwart Gottes hineinzugehen, hörend, wartend und vertrauend.

Ein Leben, das dem Schweigen keinen Platz gibt, ist kein Leben. Wenn wir uns daran gewöhnt haben, die Fernseher in leeren Räumen eingeschaltet zu lassen, während wir zum Geräusch der Töne arbeiten, die durch das Haus ziehen, wenn wir nicht ohne das Radio Geschirr spülen können; wenn wir nicht eine einzige Minute am Tag allein sind und nicht einfach dastehen und eine Blume in ihrem Wachsen betrachten können; wenn wir im Auto nicht durch die Stadt fahren können, ohne dass gleich das Radio eingeschaltet wird, und wenn es äußerst schwierig ist, dreißig Minuten lang still auf einem Stuhl zu sitzen und einfach nachzudenken, dann mag das Schweigen genau das sein, was wir brauchen, um die wilde Lebensenergie zu stillen und den Sturm zu besänftigen.

Eines ist sicher: Wenn es tagtäglich auch nicht einen Anschein von Schweigen gibt, gibt es so etwas wie monastische Spiritualität überhaupt nicht. „Immer müssen sich die Mönche mit Eifer um das Schweigen bemühen," sagt die Regel, „vor allem aber nachts" (RB 42,1). Besonders nachts sollen wir den Tag gesammelt beenden und in unserem Innern auf das hören, was der Tag uns antat, und darauf achten, was er uns lehren will, und auf das Wort hören, das in uns Mensch geworden ist. Aus dem Schweigen, so die Regel, erwächst Milde und Geduld, sorgfältige Arbeit und ernste Zielstrebigkeit und das Wissen um das, was das Leben ist.

Stellen Sie sich vor, was in unserm Land geschehen würde, wenn die Kinder nicht aus Familien kämen, wo man sich vom Morgengrauen bis zur letzten Nachtstunde anschreit. Stellen Sie sich vor, wie es in den Städten aussehen würde, wenn einmal die Lautsprecherboxen schweigen würden, die von Mitternacht bis zum Morgen dröhnen. Stellen Sie sich vor, wie es um unsere Seelen bestellt wäre, wenn der letzte Gedanke, den wir uns am Abend machen, nicht vom örtlichen Fernsehsender käme. Stellen Sie sich vor, wie es um unser Leben, um unsere Arbeit und unsere Beziehungen stehen würde, wenn sie nicht vom Lärm besetzt und von purer Aktivität bestimmt wären.

Monastisches Schweigen ist ein Gegenmittel gegen den Lärm, der produziert wird, um uns von den wichtigen Dingen des Lebens abzuhalten. Ohne Schweigen kann die monastische Spiritualität die Seele nicht durchdringen.

Aber das Schweigen ist nicht das einzige Werkzeug, das in der geistlichen Kunst der benediktinischen Spiritualität hilft. Gemeinschaftliche Gebräuche sind monastische Übungen, dazu bestimmt, eine Gemeinschaft im Glauben, der sie eint, zusammenzuschweißen und auch die weltlichsten Lebensaktivitäten zu etwas Bewusstem zu machen. Als ich noch eine junge Schwester war, pflegten wir in unserer Gemeinschaft bei den Mahlzeiten das Brot auf den Tellern in drei Teile zu brechen, um uns die drei Personen der Dreifaltigkeit ins Gedächtnis zu rufen, und in Erinnerung an das Kreuz legten wir die Messer kreuzförmig neben die Schüsseln. Wenn wir im Flur unterwegs waren, falteten wir die Hände unter dem Skapulier, um den gefesselten Jesus zu ehren. Wir verneigten uns beim Verlassen des Refektoriums vor dem Kreuz. Wir nannten unsere Schlafzimmer „Zellen". Wir bekamen bei der Aufnahme ins Noviziat neue Namen, die den Wechsel in unserem Leben symbolisieren sollten. Wir trugen Kleidung, die aus früheren Jahrhunderten stammte, um damit auszudrücken, dass wir uns einer über Jahrhunderte bewährten monastischen Lebensweise weihten.

Nun, die Zeiten haben sich geändert, Gebräuche, die der neuen Zeit entsprachen, kamen auf. In unserer Gemeinschaft ist es nun Brauch, am Neujahrstag mit Weihrauch und Weihwasser durch das Haus zu gehen, Lieder zu singen und Gebete zu beten und das Kloster zu segnen. Dieser Brauch ist in sich nicht neu, aber das Ritual, das ihn umgibt, ist es. Als ich Novizin war, ging der Hausgeistliche von Tür zu Tür, besprengte die Korridore mit Weihwasser und sprach Gebete, während wir mit unserer täglichen Arbeit fortfuhren. Jetzt geht die ganze Gemeinschaft, von der Priorin geführt, in Prozession von der Krankenabteilung zu den Zimmern, zum Gemeinschaftsraum, dann zum Speisesaal, zum Vorraum der Kapelle und betet, dass das neue Jahr, unser Alterungsprozess, wir selber, unsere Gemeinschaftstreffen und unsere Gäste an diesem Ort gesegnet sein mögen.

Das Gleiche tun wir am Vorabend von Weihnachten, bei der Segnung der Weihnachtskrippe, um uns daran zu erinnern, dass Weihnachten nicht wirklich Weihnachten ist, bis Christus in jeder von uns und in der Gemeinschaft als ganzer wiedergeboren wird. Am Ende jeder Gebetszeit, zum Abschluss des gemeinsamen Gebetes, segnet die Priorin die Gemeinschaft als solche und erinnert uns an Gottes bleibende Gegenwart in uns und an unsere Verpflichtung, ein erwähltes Volk zu sein.

Das Anzünden der Kerzen auf dem Adventskranz, die Verneigung beim „Ehre sei", das tägliche Memento beim Chorgebet für die als nächste sterbende Schwester und für die Schwestern, die seit der Gründung der Gemeinschaft (1856) am betreffenden Tag gestorben sind, die Konferenzen der Priorin, die dreimal pro Jahr organisierten gemeinsamen Studientage, das tägliche Lesen der Regel und der Konstitutionen, die jährliche Abgabe von unnötigen Kleidern und anderen Dingen für die Armen, das Verteilen der Fastenlesung durch die Priorin, die Schaffung eines gemeinsamen Raums, in dem Kleider, die den Schwestern von örtlichen Familien geschenkt werden, allen Mitgliedern der Gemeinschaft zur Verfügung stehen, das alles sind Gemeinschaftsgebräuche, welche die monastischen Werte von Gemeinschaft, Einfachheit, Studium, Demut, Armut und Gebet im täglichen Leben zum Ausdruck bringen. Sie machen die Familie zu einer Familie. Es sind die Dinge, die wir miteinander tun, die uns sagen, wer wir miteinander sind.

Sie sagen uns, wofür wir uns einsetzen, wo wir unsere Kraft bekommen und warum wir Tag für Tag weitermachen. Sie sagen uns, dass sich all die Jahre hindurch nichts wirklich geändert hat, weder unser Versprechen, noch unsere Werte, auch nicht unser Leben miteinander. Sie sagen uns, dass Gemeinschaften wachsen und sich verändern, wie wir selber, so wie wir wachsen und uns ändern, dass es aber einen nicht rostenden Unterbau von Werten, Verpflichtungen, Traditionen und Zielen gibt, die uns tragen, solange wir hier sind. Die kleinen Dinge, die uns im Leben umgeben, sagen uns, dass wir lernen müssen, das Heilige, das in all dem liegt, nicht zu übersehen.

Menschen, die keine Gebräuche kennen, sind entwurzelt und oft blind. Gebräuche helfen uns, das Gewöhnliche durch die Linse des Göttlichen zu sehen. Warum muss ich am Erntedankfest unbedingt ausgehen, wenn ich ebenso gut zu Hause bleiben kann? Wenn es keine Möglichkeit gibt, das Gewöhnliche mit dem Wundervollen zu verbinden, was kann dann den kleinen Dingen des Lebens geistliche Bedeutung geben? Das besondere Lied, eine spezielle Blume, ein eigenes Gebet und ein eigenes Gute-Nacht-Ritual, das sind die Dinge, aus denen das Sakrament des Lebens gemacht ist. Meine Mutter pflegte bei starken Gewittern, das Haus mit Weihwasser zu besprengen. Meine Tante hielt jedes größere familiäre Ereignis auf einem gemalten Teller fest. Es ist polnischer Brauch, Körbe mit Osteressen vor der Osternachtfeier zu segnen. Auf jeden Fall sollen uns solche Handlungen helfen, die Verbundenheit von Menschlichem und Heiligem zu erkennen.

Gemeinschaftliche Gebräuche, verehrt und praktiziert und sich weiter entwickelnd, sind ein grundlegendes Element einer Spiritualität, die das Leben als etwas Gutes und die Erde als den Anfang des Himmels versteht. Es kommt nicht so sehr darauf an, *was* wir tun, sondern *dass* wir etwas tun und die gewöhnlichen Dinge des Lebens zu Zeichen dafür machen, dass das Leben außerordentlich gesegnet und begnadet ist. Benediktinische Spiritualität ist voll von Gebräuchen, die uns unter den Augen Gottes auf dem rechten Weg vorangehen helfen, ganz sicher von einem Jahr zum anderen und einem Lebensabschnitt zum nächsten.

Ein anderes Werkzeug der geistlichen Kunst ist der gemeinsame Tisch, eine monastische Praxis, die sich hartnäckig hält. Er ist eines der wenigen Dinge für die die Regel, im Falle der Abwesenheit eine ausdrückliche Erlaubnis fordert (RB 43). Eines der wenigen Dinge, bei denen das Zuspätkommen ein ausdrückliches Vergehen darstellt (RB 43). In der monastischen Spiritualität ist der gemeinsame Tisch nichts Unwichtiges. Essen ist nicht eine Sache des Überlebens. Essen ist ein Akt der Gemeinschaft.

Das 20. Jahrhundert kennt Parties und Fastfood, Koch-Shows und die Mikrowelle, aber es hat keinen Sinn mehr für das Familienmahl. Wenn hektisch Verpflichtungen eingegangen werden, wird das Essen in der Familie als Erstes gestrichen. Wenn Pläne gemacht werden, hat ein gemeinsames Abendessen selten Priorität. Wenn die Arbeit, die Praxis, Einkaufen und Treffen wachsen, ist das Essen in der Familie das erste Opfer. Wenn Menschen allein leben, dann fallen auch die Einladungen zum Abendessen weg.

Benediktinische Spiritualität sieht das anders. Das tägliche gemeinsame Essen ist im benediktinischen Verständnis der Moment, an dem Liebe, Dienst, Selbsthingabe, das Wort des Lebens, alles, was die Eucharistie zum Ausdruck bringt, im persönlichen Leben wieder wirklich werden kann. Der Akt des Zusammenkommens, des Teilens und des gemeinsamen Feierns des Tages ist der Moment, an dem wir würdigen, was uns füreinander gegeben ist. Alle haben zu diesem lebenserhaltenden Moment etwas beigetragen, indem sie das Essen bereitet, das Essen bezahlt haben, die Nahrungsmittel wachsen ließen, das Essen gebracht, den Tisch für das Essen gedeckt haben, das Essen auftragen, das Spülen nach diesem Familienmahl übernehmen. Hier, am gemeinsamen Tisch, werden unsere Sorge und die Arbeit füreinander greifbar.

Der gemeinsame Tisch ist auch die Quelle der ersehnten emotionalen Nahrung und Aufmerksamkeit. Wenn die Arbeit chaotisch, der Laden erdrückend, das Haus unerträglich und die Organisation neurotisch ist, wenn unsere Freunde uninteressiert und unsere Bekannten unfreundlich sind, dann gibt es immer den Familientisch, an dem wir willkommen sind, an dem man für uns da ist und wir von den schlechten Erinnerungen des Tages geheilt werden. Am gemeinsamen Tisch erhält das Evangelium eine neue Bedeutung. Hier bekommen wir Unterricht, Lebensgeschichten werden erzählt und es geschehen Wunder der Liebe. Hier werden der Älteste und der Jüngste gehört. Hier lernen wir zu teilen: das letzte Stück Kürbiskuchen, die einzige Flasche Wein, das Rezept, das Gespräch und die Zeit. Hier sind die Leute, die all die mechanischen Verrichtungen machen, regelmäßig den Müll wegbringen, das Gras mähen, die Möbel abstauben und die Überstunden zu etwas Wertvollem machen. Hier, am gemeinsamen Tisch, sehen wir neues und altes Leben, den Prozess des Wachsens und Alterns, unser Versagen und unser Hoffen. Hier, am gemeinsamen Tisch, erinnern wir uns, dass auch die beste Arbeit der Welt wertlos ist, wenn sie nicht für jemanden getan wird.

Am gemeinsamen Tisch lernen wir auch Selbstkontrolle. Es gibt nur so und so viel Gemüse zum Herumreichen. Alle sollen etwas bekommen. Niemand soll sich zu viel nehmen. Nichts soll verkocht sein. Nichts soll vergeudet werden, nichts, was für uns zubereitet wurde, sollte zurückgewiesen werden. Hier werden Disziplin und Fasten wirklich. Hier denken wir jeden Tag an jene, die nichts von dem haben, was wir essen, und wir verpflichten uns wieder, uns für sie einzusetzen.

Wenn es tatsächlich einen Hinweis gibt, dass der Industriekultur etwas fehlt, ist es wohl der Verzicht auf das Essen in der Familie und auf den gemeinsamen Tisch; das Private hat den Platz des Gemeinschaftlichen eingenommen, persönliche Verpflichtungen überschatten das gemeinsame Wohl. Und so essen wir im Auto, auf Barstühlen, vor billigen Fernseh-Shows, Tag um Tag, und wundern uns, dass wir einsam sind, dass sich niemand um uns kümmert und dass die Frohe Botschaft so weit weg zu sein scheint. Statt Kartoffeln zu schälen oder Gemüse für eine Mahlzeit herzurichten, öffnen wir Konservendosen; wir essen im Laufen und nicht am Tisch; wir essen allein und nicht mit jemand anderem und fragen uns, wohin die Wunder des Lebens verschwunden sind. Monastische Spiritualität sagt, dass die Wunder des Lebens um uns herum sind; wir müssen nur unsere Mitmenschen zu uns einladen und lernen, ihnen mit Ehrfurcht zu begegnen.

Zum Schweigen, zur Gemeinschaft, zu den Gebräuchen und zum gemeinsamen Tisch kommen noch *statio* und *lectio* als Werkzeuge der geistlichen Kunst. *Statio* ist ein vor Jahrhunderten entstandener monastischer Brauch, der ganz klar in unser Jahrhundert hinein gehört. *Statio* besteht darin, dass wir etwas zu Ende führen, bevor wir etwas anderes anfangen. Sie ist die Zeit zwischen den Zeiten. Sie ist ein Heilmittel gegen die Drehtüren-Mentalität einer Kultur, die sich auf Rädern bewegt. Es ist selbstverständlicher monastischer Brauch, dass sich die Gemeinschaft schweigend vor der Kapelle einfindet, bevor das Gebet beginnt, oder wenigstens für ein paar Minuten in der Kapelle zusammenkommt, bevor der Eröffnungshymnus des Chorgebetes beginnt.

Meine Novizenmeisterin bestand denn auch darauf, dass wir fünf Minuten vor dem Zeichen zum Gebet in der Kapelle sein sollten. Lange Zeit entging mir die Logik dieses Wunsches. „Ein müßiger Geist ist eine Werkstatt des Teufels“, so wusste der Puritaner in mir nur zu gut. „Jede Minute zählt“, lernte ich irgendwann auf meinem Weg. „Zeit ist Geld“, lehrten die Vorbilder. Man denke nur an all die Dinge, die man in diesen zusätzlichen fünf Minuten täglich hätte tun können. Das machte in der Woche 35 Minuten aus, zwei Stunden und zwanzig Minuten im Monat oder 28 Stunden pro Jahr: Ein weiteres Kapitel hätte abgetippt, ein weiterer Stapel von Dankeskarten gestaltet, eine weitere Menge Wäsche gebügelt, eine weitere Reihe von Arbeiten korrigiert werden können. Arbeit, wertvolle Arbeit hätte getan werden können und ich hätte es noch immer zum Gebet geschafft.

Ich brauchte tatsächlich Jahre, bis ich verstand, dass ich das alles hätte tun können und trotzdem rechtzeitig für das Gebet in der Kapelle gewesen wäre. Aber es ist alles andere als wahrscheinlich, dass auch mein Geist dort gewesen wäre. Die Praxis der *statio* hat den Zweck, uns zu besinnen und uns bewusst zu machen, was wir tun wollten, und uns in die Gegenwart Gottes zu versetzen. *Statio* ist der Wunsch, bewusst zu tun, was ich sonst mechanisch tun würde. *Statio* ist die Tugend der Präsenz.

Wenn ich einem Kind nahe bin, bevor ich es ankleide, wird das Ankleiden zu einem Akt der Schöpfung. Wenn ich meinem Ehepartner im Wohnraum nahe bin, dann wird die Ehe zu einem Akt der göttlichen Einheit. Wenn ich der Blume nahe bin, bevor ich sie schneide, dann wird das Leben kostbar. Wenn ich der Zeit des Gebetes nahe bin, bevor ich bete, wird das Gebet zur Verbindung des Menschlichen mit dem Göttlichen.

Wir haben in unserer Zeit gut gelernt, nonstop durch das Leben zu gehen. Jetzt ist es Zeit zu lernen, uns von Zeit zu

Zeit zu sammeln, so dass Gott uns auch in den sehr hektischen Momenten berühren kann.

Die monastische Praxis der *statio* will helfen, unsere Aufmerksamkeit zu gewinnen, bevor das Leben wie ein großer Klecks vorbeigeht und Gott irgendwo draußen eine Idee und nicht mehr eine hier gegenwärtige Realität ist.

Die monastische Praxis der *lectio* oder heiligen Lesung will unseren Blick auf die Momente der Umwandlung des Lebens lenken. Sie mag in der benediktinischen Tradition sehr wohl die Mitte des geistlichen Tuns und das von allen Elementen der geistlichen Kunst Notwendigste sein. Das besinnliche Lesen der Schrift schließt mit ein, dass die Bibel für mich nicht weniger geschrieben wurde als für das Erwählte Volk oder für die frühe christliche Gemeinde. *Lectio* ist nicht so sehr ein Versuch, Gott in der Geschichte oder Jesus in Israel zu kennen, als vielmehr der Versuch, Gott in meinem Leben und Jesus in mir kennenzulernen.

Unsere Gesellschaft ist voll von Büchern, Filmen und Videos, die uns etwas zeigen, lehren oder uns helfen abzuschalten. Die heilige Lesung will uns dagegen nichts lehren: Sie will uns erleuchten. Sie will uns von Angesicht zu Angesicht mit dem Jetzt konfrontieren, sie will, dass uns im Leben nichts entgeht, und sie will uns ermöglichen, uns jetzt zur Fülle zu bringen. Wie Paulus waren viele von uns mehr an den Dingen dieser Welt interessiert als am geistlichen Leben. Wie Petrus haben manche von uns in Verwaltungssitzungen und bei Familienpicknicks den Geist Christi verraten. Wie Maria werden die meisten von uns gebeten, etwas Schwieriges, ja Unmögliches zu tun, in unserem täglichen Bemühen, Gottes Wort zur Welt zu bringen.

Die monastische Praxis der *lectio*, das tägliche Lesen der Schrift, will uns immer daran erinnern, wer wir sind und in was wir immer noch hineinwachsen wollen an diesem besonderen Punkt des Lebens; wir sind ja auch Träger des Wortes. Aber es genügt nicht, zu hören, zu lesen, das Leben mit anderen zu teilen. Benediktinische Spiritualität fordert zum Tun und zum Sein heraus.

Ein weiteres Werkzeug der geistlichen Kunst ist die Sorgfalt. Diese monastische Praxis besagt, dass wir das, was gut ist, zu erhalten suchen müssen. In meinem Kloster haben wir Möbel, die beinahe hundert Jahre alt sind. „Ihre alten Möbel sind wunderbar," sagen die Leute. „Alte Möbel?" Die Tatsache, dass etwas alt ist, macht aus ihm nicht notwendigerweise etwas Veraltetes. Im Gegenteil, benediktinische Spiritualität glaubt einfach nicht an ein Konsumdenken, das die Unterscheidung nicht kennt. Wenn etwas seinen Dienst noch tut, behalten wir es und gehen sorgfältig mit ihm um, damit es auf noch längere Zeit dient. Ist es beschädigt, reparieren wir es; wenn es noch verwendbar ist, restaurieren wir es, ist es noch erhältlich, teilen wir es mit anderen. Diese Sorgfalt verbindet die Geschöpfe auf eine echte und Leben schaffende Weise mit dem Schöpfer.

Schließlich ist auch die Handarbeit Einsatz im Sinne der Sorgfalt für die Erde, und zwar in einem solchen Maße, dass wir die Verantwortung für sie an unserem Leibe tragen. Keine Arbeit ist unmonastisch. Keine Arbeit ist zu gering. Keine Mühe ist denen zuviel, welche die Erde achten und die Verantwortung für sie ernst nehmen.

Mehr noch: Die Handarbeit macht uns alle gleich. Die Reichen fegen nicht schneller als die Armen; die Gebildeten waschen die Kleider nicht besser als die Analphabeten; der Spezialist schaufelt nicht geübter Schnee als der Landarbeiter; der Kleriker wechselt das Öl am Wagen nicht sorgfältiger als der Mechaniker. Handarbeit ist praktische Demut.

Benediktinische Askese – die Treue zu den Geboten Gottes, zur Schaffung einer menschlichen Gemeinschaft, und das Bemühen um persönliche Reife – zeigt sich in einer ganz bestimmten Lebensweise, die das Schweigen, die Gebräuche, *statio* und *lectio*, Sorgfalt, Handarbeit und das gemeinsame Mahl schätzt. All diese Dinge sprechen von der Heiligkeit des Lebens. Alle fördern in uns nicht so sehr das Lernen als vielmehr die Einsicht. Alle tauchen uns in das Leben ein, sie nehmen uns nicht aus dem Leben heraus. Alle verlangen von uns, auf die Dinge zu schauen und nochmals zu schauen, bis wir sie richtig sehen. Von Abba Antonius wird erzählt, er habe einmal gesagt. „Einige haben ihren Leib durch Askese geschädigt, ihnen fehlt die Gabe der Unterscheidung, und so sind sie fern von Gott." Das Ziel der benediktinischen Askese ist nicht geistliche Vertröstung, sondern Bewusstheit und Weisheit.

Kurz gesagt: Der Sinn benediktinischer Spiritualität ist ganz einfach die Pflege der monastischen Bewusstheit.

14

Friede – Zeichen eines freien Herzens

Willst du wahres und unvergängliches Leben, „bewahre deine Zunge vor Bösem und deine Lippen vor falscher Rede! Meide das Böse und tu das Gute; suche Frieden und jage ihm nach!“ (Psalm 33,14-15)

RB Prolog 17

Nach einem Streit noch vor Sonnenuntergang zum Frieden zurückkehren.

RB 4,73

Einem Gerücht zufolge, welches dem geistlichen Leben von Mönchen und Laien geschadet hat und es ordentlich verfälscht, ist das geistliche Leben ganz frei von Stress. Es herrscht ständig Ruhe, und das Klosterleben ist ein einziger Spaziergang mit Jesus, auf einem mit Rosen bestreuten Weg. Als ob das Leben im Kloster nicht etwas Menschliches wäre. Als ob es nicht eine eigene Art von Bemühen um Wachstum wäre. Als ob es, wie Benedikt sagt, nicht der Ort wäre, an dem wir „kämpfen“, um das Reich Gottes in unser Leben und in unsere Welt zu bringen (RB Prolog). Über dem Haupteingang großer europäischer Klöster steht zu Recht das Wort „Pax“, Friede. Aber was bedeutet das?

Obwohl ich meine ganze Jugendzeit hindurch auf eine Chance gewartet hatte, in eine Ordensgemeinschaft einzutreten, fiel es mir nicht leicht, ins Kloster zu gehen. Ich erinnere mich an die Angst und den Schmerz, als ich Familie und Möglichkeiten hinter mir ließ, zugunsten des geheimnisvollen und disziplinierten Lebens einer Gemeinschaft. Ich war ja eine junge Frau und was ich unternahm, war groß und beängstigend, wie magnetisch es mich auch anzog und wie bedeutungsvoll es auch war. War es schwierig gewesen, das monastische Leben zu beginnen, so war es dann noch schwieriger zu bleiben. Das magnetische Geheimnis wurde zur Alltäglichkeit und die Disziplin zur Frustration, Veränderungen erschütterten die Kirche, und was Gemeinschaft war, schien sich vor unseren Augen aufzulösen. So wurden all die Versprechen von Treue erneut auf die Probe gestellt und erwiesen sich manchmal als sehr unbeständig. Sogar jetzt, in einer anderen Phase meines Lebens, ist die Spannung oft nicht weniger groß. Können wir jemals sagen, dass wir das, wofür wir gelebt haben, erreicht haben: Essen für die Hungrigen, Wohnungen für die Obdachlosen, das Weiterkommen für die unteren sozialen Klassen, Gerechtigkeit für die Menschen, Frieden für die Welt? Wo ist die hundertfältige Frucht, wo die Befriedigung, wo das Gefühl von geistlichem Erfolg? Was ist dieser benediktinische Friede überhaupt? Wenn es ihn nicht hier gibt, wo dann? Und wie?

Ich habe entdeckt, dass es leicht ist, eine Antwort zu geben, wenn man auf das grundlegende Zeichen für die Gemeinschaft achtet. In den Vereinigten Staaten tragen wir Benediktinerinnen alle den gleichen Ring; seine Form kommt von der Klostergemeinschaft auf dem Nonnberg in Salzburg und wird dort seit 1348 dort getragen. Alle folgenden Generationen haben ihn seither in Gebrauch.

Der Ring ist sehr schlicht und sehr benediktinisch. Er sagt alles, was wir vom benediktinischen Frieden wissen müssen.

Die Form des Ringes ist klar und deutlich. Auf dem Ring sind die Buchstaben IHS, das griechische Zeichen für Jesus, eingraviert. Darunter drei Nagelköpfe, darüber das Kreuz, das Ganze ist von einem Kranz von Palmblättern umgeben. Nicht das, was man einen eleganten Ring bezeichnen würde, tatsächlich aber unterscheidet er sich von allen anderen. Er ist denn auch das Zeichen für alles, was das Erbe des benediktinischen Friedens ausmacht. Der Ring, so lernt man im Laufe der Jahre allmählich, ist der Ring des Kreuzes und ebenso der Palmblätter, Karfreitag und Ostersonntag. Ein Zeichen für Ausdauer und Hingabe, durch Gutes und Böses hindurch, durch Kampf und Zweifel, Leid und Hoffnung, mit der Gewissheit des Herzens, die sagt, dass sich der Kampf lohnt und das Bemühen gesegnet ist, ja dass selbst der Kampf Freude bedeutet.

Die Botschaft ist klar, und wer den Ring die meiste Zeit des Lebens getragen hat, beginnt schließlich besser zu verstehen. Wahrer benediktinischer Friede ergibt sich daraus, dass wir das österliche Geheimnis gut leben, dass wir bereit sind, Dinge loszulassen, die uns von der Fülle des Lebens abhalten, die uns davon abhalten, unsere Kultur und das Kreuzesgeheimnis einander gegenüberzustellen. Die Dinge, die uns davon abhalten, ganz in Christus in einem Maß einzutauchen, dass am Ende nichts anderes mehr wichtig und nur noch das Zeugnis gefordert ist.

Benediktinischer Friede ergibt sich, wenn wir mit der Schöpfung eins und in Harmonie mit dem Universum sind, wenn wir uns über uns selbst auf den Frieden Christi hin erheben, den die Welt nun wirklich nicht gibt; der Menschen verwirrt, die gelehrt wurden, Friede sei die Abwesenheit von Konflikten, von Kontrolle und Gewalt. Benediktinischer Friede stellt sich ein, wenn wir immer wieder versuchen, unseren Platz im Universum zu finden, ohne Gewalt, ohne Egoismus, und ohne Forderungen zu stellen.

Zum benediktinischen Frieden gelangt man nicht ein für allemal. Er muss ehrlich und ausdauernd gesucht werden. Er liegt im Suchen, nicht im Finden. Er kommt von innen, nicht von außen. Von der richtigen Einstellung des Herzens, nicht von der Selbstverliebtheit. Er hat damit zu tun, wie wir das Leben betrachten, nicht wie wir es kontrollieren. Mit der Haltung, die wir den Dingen entgegenbringen, nicht mit der Gewalt, die wir über sie haben. Von den Wüstenvätern ist eine Geschichte überliefert, die diese Unterschiede gut aufzeigt:

> *Als eine Armee einmal ein Dorf besetzte, legten die Soldaten den Unterworfenen gegenüber große Grausamkeit an den Tag. Gegenstand ihrer Grausamkeiten waren in erster Linie die Mönche. Wo die fremden Truppen die kleinen Städte und Siedlungen überfielen, flohen die Mönche in die Berge.*
>
> *Als die Besetzer in einem der Dörfer ankamen, berichtete der Dorfälteste dem Anführer: „Als die Mönche von eurem Kommen hörten, flohen sie in die Berge."*
>
> *Der Anführer zeigte ein breites und kaltes Lächeln. Er war stolz darauf, dass er den Ruf hatte, besonders furchterregend zu sein.*
>
> *Aber dann sagte der Älteste: „Alle, bis auf einen."*
>
> *Der Anführer wurde wütend. Er ging zum Kloster und stieß mit dem Fuss gegen das Tor. Im Hof stand ein einziger Mönch. Der Anführer starrte ihn an. „Weißt du nicht, wer ich bin?" fragte er. „Ich bin der, der dich ohne mit der Wimper zu zucken mit einem Schwert durchstoßen kann."*

Der Mönch fixierte den Anführer mit einem gelassenen und geduldigen Blick. „Und du weißt nicht, wer ich bin? Ich bin der, der dir erlaubt, mich mit dem Schwert zu durchstoßen, ohne dass ich mit der Wimper zucke."

Mit anderen Worten, monastischer Friede ist die Kraft, sich der Gelassenheit des Glaubens und dem Mut der Hoffnung zu stellen, der Sicherheit, dass aus dem Bösen Gutes kommen kann, der Gewissheit, dass das Gute siegen wird. Friede ist die Frucht benediktinischer Spiritualität. Das Zeichen eines gewaltfreien Herzens.

Benediktinische Spiritualität hat es bewusst darauf abgesehen, das Herz zu entwaffnen. Benedikt will, dass die Mönche im Frieden sind mit dem, was ihnen gegeben ist, mit dem, was sie tun sollen, mit denen, die sie anleiten, miteinander und mit sich selber. „Wer mehr braucht, soll darum bitten, wer es nicht braucht, sei dankbar" (RB 34). „Die Älteren ehren, die Jüngeren lieben" (RB 4). „Wenn von ihnen Hartes oder Schwieriges verlangt wird und wenn die Situation es erfordert, sollen sie tun, was zu tun ist" (RB 68). „Sie sollen den Zorn nicht zur Tat werden lassen, keine Arglist im Herzen tragen, nicht unaufrichtig Frieden schließen" (RB 4). Sei freundlich zu anderen und du wirst im eigenen Herzen Frieden haben, sagt die Regel. Sei zurückhaltend in deinen Wünschen und du wirst im Herzen Frieden haben, lehrt die Regel. Sei demütig in dem, was du vom Leben erwartest, und du wirst im Herzen Frieden haben, mahnt die Regel. Gib dem Leben, was du von ihm annimmst, und du wirst Frieden haben im Herzen. Setz den Kriegen in deinem Innern ein Ende, und du wirst Frieden haben.Das lehrt die Regel. Mit anderen Worten: Es ist diese

Fähigkeit, leicht durch das Leben zu gehen – ohne negative Gefühle, ohne Geiz und Eifersucht –, die zum benediktinischen Leben führt.

Benediktinische Spiritualität schenkt auch dem Denken Frieden. Im benediktinischen Leben muss es von allem etwas, aber nicht zuviel geben. Gemäß benediktinischer Tradition muss das Leben von Ausgeglichenheit und Ruhe geprägt sein. Es muss nicht perfekt sein; man soll es aber ehrfürchtig behandeln.

Leute, die Türen zuschlagen, wissen nichts von benediktinischem Frieden. Schlimmer noch: Türen zuzuschlagen erhöht die Spannungen im Leben. Leute, die immer sehr laut sprechen, können unter Stress nirgendwohin gehen, es sei denn in eine noch wildere Angst oder in erbitterte Schwarz-Weiß-Malerei. Leute, für die das Leben eine Ansammlung von Kleidern, Büchern, liegengelassenen Projekten und Tagen ohne Ordnung ist, lassen den Frieden in Vergessenheit geraten.

Friede ist das Resultat eines maßvollen Lebens. Friede wird, wenn ich alles, was mein Leben ausmacht, auf eine sakramentale Weise angehe. Meine Beziehungen sind nicht einfach das, was ich dann mache, wenn neben der Arbeit noch etwas Zeit bleibt. Meine Familie ist nicht etwas, dem ich nur dann Aufmerksamkeit schenke, wenn alle anderen Arbeiten, wie Spülen, Wäsche, der Garten, Partys, Nachbarn, Clubs, Karriere und Hobbys erledigt sind. Die Lesung halte ich nicht erst, wenn das Leben ruhiger wird. Ich bete nicht, wenn ich mich entsprechend fühle. Das alles sind für mich Kanäle von Hoffnung und Wachstum. Alle müssen zu ihrem Recht kommen. Sie dürfen aber auch nicht mehr als zu ihrem Recht kommen.

Die Regel macht deutlich, was es braucht, um in Frieden zu leben: Man muss nicht alles unter Kontrolle haben, man muss nicht alles besitzen, nicht alle anderen überholen, nicht alles wissen, und es müssen nicht alle anderen wie ich sein. Friede ergibt sich aus dem Suchen nach Gott im Gegenwärtigen und aus dem Verstehen der Welt als eines Ganzen. Wenn wir nur einen einzelnen Bestandteil des Lebens so behandeln, als ob er das Ganze wäre, verengt sich unser Blick auf ein einzelnes Gut. Diese Verengung verzehrt uns und lässt auf fanatische Weise einen gesunden Lebensrhythmus auseinanderbrechen.

Benediktinische Spiritualität legt die Betonung auf das Gebet und die Arbeit, auf das Hören und den Mitmenschen, die Ordnung, das Schweigen und die Ausgeglichenheit, auf Demut, Gehorsam und kontemplatives Bewusstsein, und ist so eine Einladung zu persönlichem Frieden. Sie besagt, dass das Leben ein Weg zur Bewusstheit, Qualität und zur Ruhe ist. Nur das mit einer Leidenschaft für alle Dimensionen gelebte Leben kann uns möglicherweise zum Gespür für Harmonie führen.

Einem verbreiteten Klischee zufolge leben wir in Frieden, wenn wir vor dem Stress fliehen, Verantwortung ablehnen oder unsere Überlegenheit absichern können. Wahrer Friede kommt, so die Benediktusregel, davon, dass wir nicht zulassen, dass ein Teil von uns alles andere in uns verschlingt. Wenn uns die Angst vor dem Versagen bedrückt, kann es keinen Frieden geben. Wenn die Angst vor anderen unsere Fähigkeit zu vertrauen untergräbt, kann es keinen Frieden geben. Auch nicht, wenn wir das Leben immer mit Höchstgeschwindigkeit leben. Ebenso wenig, wenn das Haben wichtiger ist als das Sein. Wenn Ehrgeiz am Herzen, an Plänen und Zielen und am Gefühl für uns selber nagt, kann es keinen Frieden geben. Auch nicht, wenn Konsum wichtiger ist als Kontemplation.

Wenn Menschen uns nur zur Last fallen und nicht mehr eine Offenbarung sind, gibt es keinen Frieden. Ebenso wenn unsere Vision vom guten Leben im Müßiggang besteht und nicht in schöpferischer Schaffenskraft oder wenn Profit wichtiger ist als die Lebensqualität. Wenn das alles an unseren Nerven zehrt, unsere Tage kaputt macht und unsere Nächte durcheinanderbringt, dann wird unsere Seele ausgetrocknet und kalt.

Der Regel Benedikts geht es um eine ganz andere Lebensweise. Nimm dir Zeit für alles, sagt die Regel. Vergiss nicht, dass in allem etwas Gutes liegt. Denke daran, dass das Leben viele Dimensionen hat, erforsche sie alle. Sei dir bewusst, dass das Leben nicht hier endet. Das Leben hier ist nicht unser einziges Ziel. Leben ist nicht etwas, das man hortet; es ist etwas, das man auskostet und mit anderen teilt. Die Regel zeigt uns, dass der Friede kommt, wenn wir den Krieg in unserem Innern beenden.

Der Krieg in unserem Innern ist immer ein Vorspiel zum Krieg außerhalb unser selbst. Jeder Krieg beginnt im eigenen Herzen. Wenn unser Ego aufgeblasen ist und unsere Wünsche unersättlich sind, ziehen wir gegen andere in den Krieg, nur um der traurigen Freude willen, unsere eindimensionale Welt aufrechtzuerhalten.

Angesichts all dessen bietet die Regel Benedikts ein Modell des Friedens. Dieser hängt davon ab, dass wir mit uns selber, mit anderen und mit der Welt gut umgehen.

Die benediktinische Spiritualität bietet eine Vision von Gewaltlosigkeit für eine Welt, in der Gewalt die Luft ist, die sie atmet, die Lieder bestimmt, die sie singt, die Helden ausmacht, die sie anbetet, die Geschäfte prägt, die sie betreibt.

- Stell dir eine Welt vor, in der im Supermarkt die kleinen Kinder nicht ständig zusammengestaucht werden.
- Stell dir eine Welt vor, in der man eine ganze Nacht Fernsehen schauen kann, ohne im Namen der Unterhaltung Schlägereien, Schießereien und Überfällen ausgesetzt zu sein.
- Stell dir eine Welt vor, in der Jugendliche gute Arbeitsplätze finden können, ohne Teil einer Kriegsmaschinerie sein zu müssen, welche die Erde unter dem Vorwand der Verteidigung zerstört.
- Stell dir eine Welt vor, in der andere Rassen, Nationen und Völker nicht dämonisiert werden, um unseren Militarismus zu rechtfertigen.
- Stell dir eine Welt vor, in der Differenzen mit Charakter statt mit Waffen ausgetragen werden.
- Stell dir eine Welt vor, in welcher der Friede Christi mit seiner prophetischen Ehrlichkeit, seinem rückhaltlosen Mitleiden und mit gewaltfreiem Widerstand gegen das Böse das Land regiert.
- Vielleicht ist es im Moment aber noch wichtiger, sich einfach eine Familie vorzustellen, deren Angehörige einander nicht anschreien, einander nichts wegnehmen, die Bewegungsfreiheit nicht einschränken, einander nicht bis zur Unterwerfung schlagen, einander nicht zum Gehorsam zwingen oder mit häuslicher Sklaverei bedrohen. Das wäre ein benediktinisches Zuhause.
- Stell dir ein Zuhause vor, in dem Kinder gelehrt werden, dass all das falsch ist, auch wenn es im Namen der Liebe zum eigenen Land geschieht. Das wäre ein benediktinisches Zuhause.

- Stell dir ein Zuhause vor, in dem ein kleines Mädchen zu sein nicht heißt, dass es ein weniger vielversprechendes Kind mit weniger Zukunftschancen ist. Das wäre ein benediktinisches Zuhause.
- Stell dir ein Zuhause vor, in dem ein kleiner Junge zu sein nicht bedeutet, sich mit Fäusten und Muskeln beweisen zu müssen, oder bereit zu sein, Schmerzen zuzufügen und auszuhalten. Das wäre ein benediktinisches Zuhause.
- Stell dir ein Zuhause vor, in dem Männer und Frauen weinen können. Das wäre ein benediktinisches Zuhause.
- Stell dir ein Zuhause vor, in dem die Kinder gelehrt werden, staatliche Gesetze und Anordnungen anhand der Gebote Gottes zu bewerten: Du sollst nicht lügen, nicht stehlen, nicht töten, nicht begehren, dir nicht falsche Götter machen. Das wäre ein benediktinisches Zuhause.
- Gleichberechtigung, Ehrfurcht, Anerkennung der Verschiedenheit der Menschen, der Aufbau von Gemeinschaft und das Hören auf Gottes Wort wären an einem solchen Ort zuhause. Eben das Wichtigste. Und das wäre sehr benediktinisch.
- Stell dir ein Haus vor, von dem diese benediktinischen Werte in die Nachbarschaft und die Nation hinausgehen würden und in dem gewaltfreier Widerstand zu einer Lebensform würde. Stell dir eine Nation vor, in der wir einander helfen würden, für Wahrheit und Gerechtigkeit zu kämpfen und keine Mordgedanken im Herzen oder Blut an unseren Händen zu haben.
- Stell dir vor, wie schwierig es dann wäre, Krieg zu führen, Rassentrennungen durchzusetzen oder hun-

gernde Flüchtlinge zurückzuweisen. Regierungen wären gezwungen, Farbe zu bekennen und zuzugeben, dass sie unbewaffnete Unschuldige öffentlich dahinschlachten, anstatt solche Verbrechen als legitime Selbstverteidigung gegen irrende und böswillige Revolutionäre zu rechtfertigen. Niemand war zum Beispiel sicher, ob der militante Malcolm X in seinem bewaffneten Krieg gegen den weißen, rassistischen Staat im Recht war. Aber sogar in der Zeit vor den Bürgerrechten wusste in Amerika jedermann, dass es eine Sünde war, auf Mittelschüler und Prediger an einer Imbissecke in Atlanta bissige Hunde loszulassen oder Gewehre und Bomben gegen junge Sängerinnen eines Kirchenchors einzusetzen. Jedermann wusste, dass es unrecht war, Feuerwerfer gegen friedliche Demonstranten einzusetzen, und jedermann wusste, dass eine müde schwarze Dame am Ende ihres Arbeitstages das Recht hatte, sich im Bus hinzusetzen, Rassentrennungsgesetze hin oder her. Gewaltfreiheit ist eine starke Verteidigung; Gewaltfreiheit ist ganz einfach nicht-zerstörerisch.

Die benediktinische Weltanschauung sagt, sei gut zu dir selbst, zu den anderen, zur Erde. Gib anderen, was sie brauchen (RB 34). Nimm dich um den Fremden an, gib ihm das Beste, was du hast (RB 61). Hört aufeinander (RB 3). Sprecht anständig miteinander (RB 31). Nimm dich des Gastes, des Kranken, der Kinder, der Reisenden, ja aller in der Gemeinschaft an, wer immer sie sind, reich oder arm, jung oder alt, ob sie einen Titel haben oder nicht (RB 30, 38, 53, 55, 59, 63). Geh mit allem behutsam um (RB 32). Arbeite für das Wohl aller (RB 48).

Im Mittelalter strömten Flüchtlinge in die Benediktinerklöster. Es waren die Benediktiner, die damals versuchten, die Kriegsführung zu einer Frage der Moral zu machen. Sie zeigten, dass alle Klassen der Gesellschaft – Kleriker und Laien, Junge und Alte, Sklaven und Freie, Römer und Fremde – als Schwestern und Brüder in Christus miteinander leben konnten.

Benediktinische Spiritualität will eine gewaltfreie Welt, in der die am wenigsten Begünstigten, die Bedürftigsten, die Hilflosen beschützt und gehört werden und in der ihnen Gerechtigkeit widerfährt. Im Buch des Propheten Baruch nennt Gott die Erwählten „der Friede der Gerechtigkeit". Benediktinische Spiritualität bringt dieses Modell von „Frieden durch Gerechtigkeit" überall hin, wo sie etwas erstellt und wo sie atmet.

Friede ist keine Klosterromantik. Friede ist eine monastische Sendung. Benediktinischer Friede entsteht aus der biblischen Vision, aus der Aufgabe, das Reich Gottes mitzuschaffen, „den Garten zu bebauen und zu hüten" (Gen 2,15). „Der Himmel gehört dir", sagt Psalm 18 im klösterlichen Stundengebet, „aber die Erde hast du uns gegeben". So ist es.

Wie sollen wir diesen Frieden in unseren Herzen, in unseren Familien und in unserer Nation zustande bringen? Die Symbole des Ostergeheimnisses – das Kreuz, die Palmblätter und die Nägel auf unserem Ring geben die Antwort. Wir können vielleicht kein Leben ohne Kämpfe erwarten. Wir können nicht erwarten, dass das Leben vollkommen ist. Aber wir können erwarten zu sehen, dass aus Tod Leben kommt, auf die Nacht der Tag folgt. Wir können erwarten, dass das Ja zum Kampf zum Sieg über das Selbst führt. Dass aus dem

Einsatz im Kampf gegen die chaotischen Mächte in uns und um uns herum die Energie wächst, welche die Liebe mit sich bringt. Wir können erwarten, dass das Sterben für andere neues Leben in unserem Innern bringt. Dass ein Feind das Antlitz Gottes sieht, wenn die Reaktionen gewaltlos sind.

Die Beweise mehren sich, die dieses Geheimnis unterstützen. Historiker weisen auf die Wirksamkeit des gewaltlosen Widerstandes gegen die Deutschen in Frankreich, gegen die Engländer in Indien und die Vertreter der Rassentrennung in den Vereinigten Staaten hin. Psychologen warnen davor, dass ungezügelter Zorn nur zu noch mehr Zorn führt. Kommunikationsforscher weisen unablässig darauf hin, dass Menschen im Allgemeinen in dem Ton antworten, mit dem sie angesprochen werden. Und Sozialpsychologen bezeugen klar, welche Auswirkungen Gewalt für das emotionale, soziale und intellektuelle Wachstum von missbrauchten Kindern, von geschundenen Frauen und geschlagenen Hunden hat.

Gewalt bringt uns in keiner Weise weiter. Benediktinische Spiritualität ruft uns über all das hinaus, indem sie auf der persönlichen Würde, auf gegenseitigem Respekt und auf dem Hören besteht. Ein geordnetes Leben, Ruhe, Regelmäßigkeit, Bibelarbeit, um das Kommen des Gottesreiches in unsere Herzen und in unsere Welt vorzubereiten, bewahren uns davor, überschwänglich, narzisstisch und fordernd, ja unsere eigenen Götter zu werden. Friede stellt sich ein, wenn wir unseren Platz im Universum einnehmen und uns dagegen wehren, ihn unnötig vergrößern zu wollen.

Lassen Sie sich aber nicht auf eine falsche Fährte führen. Frieden ist nicht Passivität. Es braucht große Anstrengungen und das Auf und Ab von Jahren der Alltäglichkeit, wenn die Welt zu ihrer eigentlichen Gestalt finden und Liebe und Gleichberechtigung in Familie und Welt bestimmend sein sollen. Das bedeutet, dass wir jeden Tag lernen müssen, unseren Drang nach Macht zu mäßigen und der Propaganda zu widerstehen, die aus Fremden Feinde machen will.

Frieden ist eine Begleiterscheinung der Demut. Und Demut ist immer aufrichtig, nie arrogant, sie bedrängt nicht, sie ist nie zerstörerisch. Demut überführt einfach durch ihre anklägerische Präsenz und die mutige Bewertung des offensichtlich Falschen, sie ist aber nie zur Diskussion bereit: Bezüglich des Wettrüstens, der Sklaverei, des Verprügelns von Frauen, der nationalen Schuld, der menschlichen Armut in einer Kultur, in der es alles zur Genüge gibt.

Der Friede, der sich im Leben Christi zeigt, ruft nach Gerechtigkeit, so dass wir und die anderen ihren eigenen, richtigen Platz im Universum einnehmen können. Benediktinischer Friede will, dass wir auch den anderen schätzen. Er gründet auf der Gerechtigkeit: Gib dem Armen, sei offen für den Fremden, sorge dich um den Schwachen, respektiert einander, seid gut zueinander, arbeitet für die Gemeinschaft, tragt Verantwortung für die Erde. Die Regel fordert das.

Dann stellt sich die ruhige Gelassenheit dessen ein, der sich ohne mit der Wimper zu zucken vom Schwert durchbohren lässt. Dann ergibt sich die Fülle des auf dem Ring dargestellten Geheimnisses.

15

Die monastische Vision – Geschenk für eine bedürftige Welt

Brüder, wir haben also den Herrn befragt, wer in seinem Zelt wohnen darf, und die Bedingungen für das Wohnen gehört. Erfüllen wir doch die Pflichten eines Bewohners! Wir müssen unser Herz und unseren Leib zum Kampf rüsten, um den göttlichen Weisungen gehorchen zu können. Für alles, was uns von Natur aus kaum möglich ist, sollen wir die Gnade und Hilfe des Herrn erbitten. Wir wollen den Strafen der Hölle entfliehen und zum unvergänglichen Leben gelangen. Noch ist Zeit, noch sind wir in diesem Leib, noch lässt das Licht des Lebens uns Zeit, all das zu erfüllen. Jetzt müssen wir laufen und tun, was uns für die Ewigkeit nützt.

RB Prolog 39-44

Die Kapelle nimmt einen ganzen Flügel unseres Klosters ein. Hoch oben erhebt sich die Decke majestätisch über dem abfallenden Boden. Die Ost- und Westwände, die den Raum umfassen, bestehen aus Farbfenstern, die von der Decke bis fast zum Boden reichen. Der Altar steht betont in der Mitte des Altarraums. Große Pflanzen wachsen an den Ecken, wie von der Quelle lebendigen Wassers genährt.

Es ist eine schöne Kapelle und auch mehr oder weniger traditionell. Mit einer Ausnahme: Die Türen sind aus Glas. Nur Glas. Leute sind schon in diese Türen hineingelaufen, nicht darauf achtend, dass sie ganz aus Glas sind. Vom Altar sieht man deutlich den Vorraum. Vom Vorraum aus wirkt der Altar wie ein magnetisches Zentrum. Beide bedingen einander. Am Altar stehen heißt, vom Altar weggezogen werden. Vom Vorraum wird man hineingezogen. Mir scheint, dass damit alles über benediktinische Spiritualität gesagt ist, was zu sagen ist.

Eine alte Erzählung erklärt das Geschenk des benediktinischen Lebens für die moderne Welt.

> *In einer Stadt, so beginnt die Geschichte, waren einmal suchende Menschen. Sie stellten einem Mönch am Ort die Frage:*
>
> *„Wie sucht man die Vereinigung mit Gott?"*
>
> *Und der Weise sagte: „Je mehr ihr sucht, desto weiter entfernt ihr euch von Gott."*
>
> *„Was kann man dann gegen diese Entfernung tun?" fragten die Suchenden.*
>
> *Und der Alte sagte: „Versteht einfach, dass es sie nicht gibt.»*
>
> *„Heißt das, dass Gott und das Ich eins sind?" fragten die Suchenden weiter.*
>
> *Und der Mönch sagte: „Nicht eins, nicht zwei."*
>
> *„Wie ist das denn möglich?" fragten sie weiter.*
>
> *Und der Mönch antwortete: „Das ist wie die Sonne und das Licht, der Ozean und die Wellen, der Sänger und das Lied. Nicht eins. Aber auch nicht zwei."*

Als Benedikt von Nursia im 6. Jh. seine Regel schrieb, verfasste er kein Handbuch für geistliche Übungen und kein kirchliches Gesetzbuch. Die Regel ist nicht eine Reise in eine okkulte, mystische oder gar grimmige Askese. Die Regel Benedikts ist einfach ein Dokument, das dazu dient, Menschen das Leben mit Gott bewusst zu machen, in das sie schon hineingenommen sind. Die Regel Benedikts will das Gewöhnliche und Natürliche zu Stufen für das Heilige machen. Sie wurde von einem Laien geschrieben, von einem Propheten in der Kirche, der das Menschliche verstand und es konsequent lebte.

Benediktinische Spiritualität beruht somit auf Elementen, die in unserer eigenen Zeit wichtig sind: Gebet, *lectio* (besinnliches Lesen der Bibel), Gemeinschaft, Ausgeglichenheit, Demut, Bewusstheit, gehorsames Hören, Sorge um die Erde. Nie zuvor in der Geschichte sind diese Elemente notwendiger gewesen.

Benedikt lehrt uns auch heute, dass das Beten mehr ist als Bittgebete zu rezitieren. Beten heißt den Geist Christi anziehen, so dass wir lernen, die Welt mit den Augen Gottes zu sehen. Benediktinisches Gebet will nicht Gott ändern oder ihn dazu bringen, mich von meinem eigensüchtigen Ich zu retten. Nein, das Gebet, wie die Regel Benedikts es versteht, will mich ändern, mich für das Einbrechen des Geistes im heutigen Leben öffnen, mich über meine eigenen Pläne hinausführen, damit ich das mitfühlende Herz Jesu annehme. Gebet ist in der benediktinischen Spiritualität weder eine Übung noch eine Disziplin. Im Gebet anerkenne ich, dass das Leben vom Göttlichen durchdrungen ist und dass ich, wer immer ich bin, mehr sein kann. Das Gebet will nach der benediktinischen Spiritualität nicht nur Trost geben und Mut machen, es dient als Herausforderung.

Lectio, die besinnliche Lesung der Bibel, die Benedikt vom ernsthaften Christen verlangt, soll mich erkennen lassen, dass die Schrift für mich und im Blick auf mich hin geschrieben wurde; dass mein Leben eine Exodus-Geschichte ist, eine Geschichte der Erlösung, eine Kreuzigungs-Geschichte, eine Auferstehungsgeschichte. Geschrieben, damit ich lerne, im Auf und Ab der Lebensphasen immer wieder anders zu werden. Ich habe gelernt, was es heißt, Nathan zu sein, und doch meinen Einfluss nicht dafür eingesetzt, um die Armen zu retten, die auf mich angewiesen sind. Ich weiß, was es heißt Samuel zu sein, gerufen und wieder gerufen zu werden, und die Stimme nicht zu erkennen. Ich weiß, was es heißt, Maria zu sein und abgewiesen zu werden, nur weil ich tue, was der Wille Gottes von mir jetzt fordert.

In der *lectio* lerne ich, mein Leben neu zu verstehen. Manchmal habe ich es vorgezogen, wie Nikodemus nachts zu Jesus zu gehen, statt bei Tageslicht, im Büro, auf einer Party oder im Club von seinen Seligpreisungen zu sprechen. In der *lectio* entdecke ich aber auch, dass Nikodemus schließlich mit den sozialen Erwartungen brechen kann, dass er selber alles tut, um den toten Jesus zu bekommen, für ihn zu sorgen und die dafür nötigen Kosten zu übernehmen. *Lectio* gibt uns, anders gesagt, tiefes Verstehen, Energie und Verheißung.

Die Gemeinschaft war für Benedikt von Nursia der Ort, an dem wir unsere Verantwortung wahrnehmen und die Aufgabe, eine gerechte und freundliche Welt zu schaffen, weiterführen. Benediktinische Spiritualität fordert von uns, einander zu ertragen und zu stützen und zum Wachstum zu rufen, und so selber ganz und heilig zu werden. Gerade in der Gemeinschaft meiner Nachbarschaft und Familie lerne ich meine eigenen Schwächen kennen und kann all meine Gaben zur Verfügung stellen. Gerade in der Gemeinschaft entdecke ich, welche Folgen die kaputte Ozonschicht auf alle anderen hat, und ich kann daran arbeiten, sie und mich selber zu retten. Gerade in der Gemeinschaft sehe ich das Übel des Sexismus mit seinen unnatürlichen Einschränkungen für Frauen und Männer, und ich kann mich dafür einsetzen, das Buch Genesis zu vollenden. Gerade hier erkenne ich die Lüge des nationalen Chauvinismus und kann daran arbeiten, dass meine eigene Nation freundlich wird. In meiner eigenen Lebensgemeinschaft kann ich anfangen an einem besseren Leben zu arbeiten.

Einer Nonstop-Welt bringt die Regel Benedikts Ausgeglichenheit und Einfachheit. Angesichts einer komplexen Welt mit ihren 24-Stunden-Arbeitstagen und der ständigen Mobilität ruft die Regel nach einem Leben, das sich mit allem, aber im richtigen Maß befasst: mit Arbeit, Gebet, Alleinsein, Beziehungen. Die Regel ist, mit anderen Worten, ein Mittel gegen Exzesse und menschliches Sich-Kleinmachen. Ein Sprichwort sagt: „Wo es Exzesse gibt, da fehlt etwas." Die Regel Benedikts will ein maßvolles Leben.

Die Regel Benedikts sagt unserer Zeit auch, dass Demut wichtiger ist als Macht, dass Arroganz den menschlichen Geist und – in unserem Fall vielleicht auch die Welt – zerstört. Demut ist jene Haltung, die uns aufruft, Gott im persönlichen Leben Gott sein zu lassen und unter all den Geschöpfen der Erde unseren wahren Platz einzunehmen. Demut sagt, dass es eine zur hohen Kunst verfeinerte Arroganz ist, die Welt durch nukleare Waffen gefangen zu halten, wenn sie doch Lebensmittel, Wohnraum, medizinische Versorgung und Verhandlungen braucht. Dass wir alle lernen müssen zuzuhören, zu verstehen, zu verhandeln, statt Gewalt zu gebrauchen. Zu vertrauen, statt Terror auszuüben, sowohl in unserer Nachbarschaften als auch in anderen Ländern.

Monastische Bewusstheit konzentriert uns auf das, was im Leben richtig ist. Wenn wir lernen, uns bewusst zu sein, was es um uns herum und in uns gibt, fangen wir an, uns mit dem Rest der Welt auf eine neue Weise zu verbinden. Dann achten wir auf die kleinen Dinge und ihre Schönheit. Wir sehen auch die dunklen Dinge und ihren Sinn. Dann können uns die stillen Dinge und ihre Kraft berühren.

Wenn wir lernen, da zu sein, wo wir wirklich sind, weitet sich unser Blick auf das Leben. Das Gestern verliert seine Macht über uns und das Morgen seinen Anspruch. Der Platz, an dem wir stehen, wird zum Ort unserer Erlösung, zum Grund für unsere Freude und zum Inbegriff unserer Errungenschaften. Monastisches Bewusstsein beruhigt die Lebensstürme und gibt ihnen Sinn. Es macht das Gegenwärtige gegenwärtig und gibt uns die Energie zurück, die uns ob der endlosen Sorgen und der ständigen Berechnungen abhanden gekommen ist. Sie sammelt ein, was zerstreut ist, und bringt uns zu uns zurück.

Gehorsames Hören lehrt uns kritische Unterscheidung. Wenn wir ob dem Lärm der Werbung, der unaufhörlichen Forderungen und der fragwürdigen Ratschläge unserer Gesellschaft müde sind, hilft uns das gehorsame Hören, aus all diesen Botschaften zu filtern, was zählt: Das Gute, Wahre und Schöne. Gehorsames Hören wägt alles ab, nicht im Licht dessen, was für mich, sondern was für uns alle gut ist. Es ist der Ruf, die verrückten Maßstäbe des Evangeliums in die Themen unserer Zeit einzubringen. Dieses Hören ist dazu bestimmt, uns zum Wachstum, zur Wahrheit und zur heiligen Verantwortung zu bringen – für unser eigenes Leben und für das Leben der ganzen menschlichen Gemeinschaft.

Die Forderung, „alles wie ein Altargefäss zu betrachten" (RB 31,10) ist die Forderung, der Erde zu dienen, mit ihr respektvoll umzugehen, sie liebend in Händen zu halten. Die Forderung, zu behalten, was noch brauchbar ist, sich um das Beschädigte zu kümmern und das, was auf diesem

Planeten zerbrechlich ist, zu schützen. Die Forderung, die Umwelt zu erhalten, unsere Häuser, Straßen, Wälder zu reinigen und die Verschmutzung zu stoppen. Die Forderung, die Erde für unsere Kinder zu retten.

Das 21. Jahrhundert ist in der Tat ein benediktinisches Jahrhundert. Wir brauchen beständige Beziehungen. Was wir tun, muss schöpferisch sein, nicht zerstörerisch. Es braucht eine christliche Einstellung dem Leben gegenüber und den Einsatz für das Maßhalten, um das verrückte Tempo unseres Lebens, unseres Familienlebens und des staatlichen Lebens zu verlangsamen. Benediktinische Spiritualität bietet all das und noch viel mehr.

Benedikt schrieb seine Regel als geistliches Dokument für im kaiserlichen Rom erzogene Römer, die einer patriarchalen Kultur angehörten und die man gelehrt hatte, dass das Herrschen, dass Status und Macht zu ihren Geburtsrechten und zum Sinn des Lebens gehörten. Die Regel legt demgegenüber Wert auf neue Ideale: Demut, Hören, Gemeinschaft, Gleichberechtigung und Dienen. Das war damals eine sehr weibliche Vision. Eine Vision, die aber noch heute sehr notwendig ist.

Auch in unserer Zeit braucht es Familien, nicht gesellschaftliches Leben. Nicht das Herrschen, sondern Gleichberechtigung trägt etwas zum Kommen des Gottesreiches bei. Hören, nicht Fordern ist der Kern des menschlichen Gehorsams in einer Welt, die nicht nur von Weißen, von Männern und Menschen im Westen beherrscht werden darf. Das Schöpferische, nicht Produktion und Profit sind die Mitte des Evangeliums.

Benediktinische Spiritualität ist so zuerst und vor allem eine praktische Weise, die gute Botschaft des Evangeliums zu leben.

Unsere Gesellschaft ist eine komplexe Konsumgesellschaft; wir können aber auf einfache Weise leben, die Schöpfung achten. Wir können uns weigern, auch nur etwas zu haben, was wir nicht brauchen. Wir können uns weigern zu horten, was wir weggeben könnten. Wir können uns weigern zu behalten, was wir nicht brauchen.

Für alles, was wir bekommen, können wir etwas weggeben.

Unsere Gesellschaft ist sehr anspruchsvoll und verrückt, wo es um eigene Ziele geht. Wir dagegen können in Beständigkeit leben und mit unserem Leben zeigen, dass sich gewisse Dinge – unsere gegenseitigen Beziehungen, die Gott-Suche, der Sinn des Lebens – nie ändern.

Unsere Gesellschaft ist ausbeuterisch. Sie bricht die Rücken der Zuckerarbeiter; sie zerstört die Arbeiter auf den Farmen; sie lässt die Arbeitenden verschwinden, verzichtet auf die mittleren Jahrgänge und vergisst die Älteren. Wir dagegen können der Welt dienen, indem wir Gerechtigkeit fordern.

Die Gesellschaft ist herrschsüchtig und egoistisch; was ihrem Leben Kraft gibt, sind die Ziele, die sie verfolgt. Wir aber können durch unser Leben zeigen, dass es Zeiten gibt, da für uns ein Schritt zurück wichtig ist, damit andere etwas gewinnen.

Unsere Gesellschaft ist auf Macht angewiesen. Wir können die Gewalt der Gewaltlosen praktizieren, die uns zeigen, wie wenig es wirklich zum Leben braucht, wie reich ein Leben ohne Schätze ist, wie stark jene sind, die man nicht haben kann, wie klar das Evangelium von den Rechten der Armen spricht. Wir können die Stimme derer sein, die nicht gehört werden, die Hände derer, die kein Brot haben. Wir können die Familien sein für jene, die allein sind, und die Kraft derer, die schwach sind. Wir können Zeichen menschlicher Gemeinschaft sein.

Schließlich hat diese Gesellschaft Angst, ist zornig und lärmig. Wir dagegen können mitten im Chaos kontemplativ sein, wenn die Schrift in unseren Herzen ist, wenn wir der *lectio* treu bleiben und am Jesus-Leben in unserer Seele arbeiten. Wir können Gott sehen, wo er ist. Und er ist überall.

Das sind heutzutage die neuen Formen von Askese, die neuen Gnaden und die neuen Offenbarungen Gottes. So müssen wir in unserer Zeit den Glauben zum Ausdruck bringen. Sie sind das Eigentliche der neuen Spiritualität, die Elemente der benediktinischen Vision, welche über Jahrhunderte die westliche Welt immer wieder gerettet hat. Sie können uns einmal mehr vor uns selber retten. Benediktinische Spiritualität will nicht geistliche Athleten; sie will große geistliche Menschen, die wissen, dass Gott in unserem Alltag ist, dass er uns ruft und zu einer Vision bekehrt, die weit über unsere eigene hinausgeht.

Am besten können uns die Wüstenväter die Dynamik und das Wesen benediktinischer Spiritualität erklären:

> *„Wo soll ich nach Erleuchtung suchen?“, fragte der Jünger.*
>
> *„Hier“, sagte der Alte.*
>
> *„Wann geschieht das?“, wollte der Jünger wissen.*
>
> *„Gerade jetzt“, sagte der Alte.*
>
> *„Warum erfahre ich es dann nicht?“, fragte der Jünger.*
>
> *Der Alte antwortete: „Weil du nicht danach suchst.“*
>
> *„Aber nach was soll ich suchen?“, wollte der Jünger wissen.*
>
> *Der Alte lächelte und sagte: „Nach nichts. Schau einfach.“*

„Worauf?“, bestand der Jünger.

„Auf alles, was deine Augen sehen“, fuhr der Alte fort.

„Gut. Muss ich denn auf eine bestimmte Weise schauen?“, sagte der Jünger.

„Nein“, sagte der Alte.

„Warum denn nicht?“, hakte der Jünger nach.

Und der Alte sagte ruhig: „Weil du hier sein musst, wenn du sehen willst. Das Problem ist, dass du meist anderswo bist.“

In jeder dieser Einsichten mag das Wesen der benediktinischen Spiritualität liegen.

Spiritualität war im Lehrplan der durchschnittlichen Theologie kaum je eine größeres Thema und auch keine vorrangige Sorge der kirchlichen Gemeinschaft. Was die Klassiker vom Gebet sagten, schien zu genügen. Gott war so zu finden, wie es feste Formeln der Gottsuche sagten. Für alle. Zu allen Zeiten. Und zwar besonders für die Laien: Sie sollten Konsumenten, nicht Anbieter von Religion, geistlichen Übungen oder geistlicher Leitung sein. Benedikts will jedoch, dass wir für uns selber bestimmen und darlegen, wie Gott im eigenen Leben wirklich und präsent ist, mit oder ohne Formeln, mit oder ohne die gewohnten Bilder und Übungen.

Offensichtlich setzen die asketischen, mystischen und liturgischen Formen von Spiritualität voraus, dass von hier nach dort heilige Brücken gebaut werden. Benediktinische Spiritualität sagt aber, dass Gott im Gewebe unseres gewöhnlichen Lebens da ist; nicht so sehr im Weihrauch und im Purpur, wie man meinen könnte, als vielmehr in den Menschen und Orten, die das Wort Gottes zum Leben bringen, indem sie direkt unsere Welt berühren. Gott handelt durch andere, so sagt die gemeinschaftliche Spiritualität. Gott handelt im Jetzt. Gott ist hier.

Die benediktinische Spiritualität legt sehr viel Wert darauf, dass man sich für Gott Zeit nimmt, Geist und Herz für die Gegenwart Gottes bereit macht. Ebenso viel Wert wird aber auch auf das Bewusstsein gelegt, dass Gott geschieht, wenn er geschieht. Das geht nicht unbedingt nach Plan. Bei Menschen, deren Leben von anderen bestimmt ist und die oft kaum Zeit für sich selber haben, auch nicht im Gebet, führt die Frage des Jüngers „Wann geschieht das?" oft zu Verzweiflung und Leere. Aber niemand hat sich je die Zeit genommen, ihnen die Schuldgefühle zu nehmen oder das Gefühl, seelisch gebrochen zu sein. Gott war für die Kontemplativen in den Klöstern, die Klosterleute im Allgemeinen oder überhaupt für die Ordensleute und selbstverständlich für die Priester eine Wirklichkeit. Die Arbeitsbienen-Menschen – Laien, Mütter, Väter mit zwei Berufen, Sekretärinnen – gingen am Sonntag zur Kirche, erfüllten ihre Osterpflicht, beteten Novenen und warteten auf den Himmel. Gott hatte mit ganz anderen Menschen intimen Umgang. Benediktinische Spiritualität ruft aber alle dazu auf, sich selber und ihr Tun als etwas Heiliges zu verstehen. Den Klosterpförtner und den Priester, den Tischdiener und die Priorin, den Letzten in der Reihe und den Abt.

Jean-Pierre de Caussade, ein geistlicher Schriftsteller des 19. Jahrhunderts, schrieb viel über das Sakrament des Jetzt. Auch die Psalmisten gingen ohne Zweifel mit Gott durch ihr tägliches Leben. Und doch wurde Kontemplation zumeist als etwas sehr Schwieriges betrachtet: Etwas, das man studieren und üben musste. Doch da lesen wir in der Regel Benedikts, dass die Demut, das Hören und der einfache

Dienst die Ecksteine der Heiligkeit sind, und wir erhalten mit dem alten Mönch den Eindruck, dass das, was im geistlichen Leben als volkstümliche Währung galt, auch eine falsche Währung gewesen sein kann.

Wenn Gott einmal zu einem Geschäft geworden ist, können wir nur schwer Vertrauen fassen und verstehen, dass er wirklich ein persönlicher Gott ist. Ein Gott, der uns als Einzelne anrührt, ein Gott, der uns so nahe ist, wie wir das möchten. Wir haben gut gelernt, dass Gott weit weg ist, er hat so lange hinter der Kommunionbank, den Altarstufen, den Türen der Seminare und den Kanzleipulten gelebt, dass die Gotteserfahrung, wie groß sie auch war, immer eher ein privates Geheimnis statt ein Gegenstand öffentlicher Erwartung war.

Die meisten von uns brauchen jemanden, der sie auf die eigenen Talente hinweist; nur so wird uns bewusst, dass es in uns etwas gibt, das es wert ist, entfaltet zu werden. Mit dem geistlichen Leben ist es nicht viel anders. Wie sollen wir wissen, ob wir überhaupt eine Spiritualität haben, wenn uns niemand danach fragt und uns niemand einlädt, unser Geheimnis mitzuteilen? Wie ein Musiker, der nie gelernt hat zu spielen, wie ein Künstler, der nie Zeichenunterricht genommen hat, wie ein Schriftsteller, der nicht gelesen wird, so lernt ein Mensch nie, auf die eigenen Gaben zu vertrauen, wenn sein geistliches Leben ganz unerkannt bleibt. Benediktinische Spiritualität lädt uns ein, unser geistliches Leben miteinander zu teilen, es miteinander zu nähren und voneinander zu lernen. Wenn es für jemanden schwierig ist, im eigenen Leben Gottes Wege zu verstehen, sagt die Regel, soll jemand, der weise und klug ist, zu ihm gehen und ihm helfen, das Problem durchzugehen (RB 27,2-3). Offenbare alle deine Gedanken dem Abt, so mahnt die Regel, und zerschmettere, was nichts wert ist, an Christus, dem Felsen, bevor es wachsen und deinem Geist schaden kann (RB 4,50).

In der Spiritualität ist nichts einfacher, als Menschen auf dem Weg bestimmter Gebetsformen zu führen, ohne sie je zu fragen, was das in ihnen bewirkt. In der Folge hat man am Ende betende Menschen, aber nicht immer geistliche Menschen vor sich. Betende Menschen sprechen ihre Gebete und warten, dass Gott sie auf wunderbare Weise von ihren privaten Dämonen erlöst. Geistliche Menschen warten auf die Dämonen. Sie suchen eine Weise, Gott sogar dort zu finden. Die Regel Benedikts sagt uns, wir sollen unsere persönlichen Schwächen annehmen, sie als Weg zu Demut und Gemeinschaft verstehen und den Kurs halten, wie immer auch die Meeresströmung auch sein mag.

„Lerne zu sehen, wonach du ausschaust und sage dann, was du siehst," sagte mir einmal ein alter, weiser Professor. Dieser Rat, wollte der alte Mann wohl sagen, gilt auch für das geistliche Leben. Lernen, auf unsere Welten so zu schauen, als wären sie wirklich von Gott gemacht, als wäre Gott jetzt wirklich in ihnen und als würde Gott uns von der anderen Seite der Ereignisse und Situationen rufen, ist etwas anderes, als umher zu rennen und Gott an einem anderen Ort finden zu wollen. In einer hoch technologisierten Gesellschaft, die ganz darauf aus ist zu reparieren, was gar nicht kaputt ist, ist das Sehenlernen aber schwierig. Nichts ist hier je gut genug. Das, was sein könnte, ist ja soviel wichtiger als das, was ist. So wird „Gegenwart" zu einer weit entfernten Möglichkeit statt zu einer persönlichen Wirklichkeit. Dagegen sagt die benediktinische Spiritualität, das Jetzt sei heilig und von Gott erfüllt, es müsse verkostet werden und vom Wissen um den Gott der Zeiten durchdrungen sein.

Worauf müssen wir uns konzentrieren, wenn wir Gott finden wollen? Sollen wir auf den Gott der theologischen Bücher schauen? Auf den Gott, den die Kirchenmänner als Geisel festhalten? Sollen wir uns auf den Gott der Syllogismen und der philosophischen Schulen konzentrieren? Sollen wir bloß auf männliche Vaterfiguren schauen, die nichts Weibliches an sich haben? Oder gibt es irgendwo tief in uns einen Platz, wo ein größerer Gott, der jedes und kein Geschlecht hat, durchsickert, um die ganze Welt mit Leben und Güte zu umgeben? Benediktinische Spiritualität sagt, dass wir unsere eigenen weiblichen Züge finden müssen, wenn wir Gott finden wollen, im gehorsamen Hören, in einer Gemeinschaft von Beziehungen und in der Kraft der Demut. Sie sagt, Gott sei dort, wo ich bin. Mehr noch: Gott ist da, wo du bist. Das sind harte Worte für die Rationalisten, für jene, die sich weltlich geben, für die Chauvinisten, für jene, die kein eigenes Selbst haben, keinen Selbstwert kennen, keine Selbstachtung und keine eigene Identität.

Die Frage: „Wie wird man heilig?" ist so alt wie der Exodus und die Antworten sind sehr unterschiedlich: Halte die Gesetze; geh auf den Berg hinauf; gehe mit Gott; verehre keine Götter; folge der Wolke bei Tag und dem Feuer bei Nacht. Aber nicht alle haben das getan. Und nicht alle haben das eine oder andere auf die gleiche Weise getan. Sie waren ein zusammengewürfeltes und doch erwähltes Volk. Jahrhundertelang sind wir den Lichtern anderer gefolgt. Die Regel Benedikts sagt, wir müssten lernen, unserem eigenen Ruf, unserem eigenen Leben zu folgen und auf diese Weise finden, was uns heilig machen kann.

Wahre geistliche Weisheit weiß, dass Gott für jeden Einzelnen einzig ist. Sie weiß, dass Spiritualität nichts Abgepacktes ist, es gibt sie nicht in Konserven und sie wird nicht für den Massenmarkt produziert. Wahre Spiritualität bringt uns hier und jetzt mit Gott in Berührung. Dafür braucht es keine Formeln und kein *Imprimatur.* Es braucht Bewusstheit.

Natürlich ist es einfacher, das ganze Paket zu kaufen. Religiöse Formeln statt Spiritualität. Wir können anderen gestatten, unseren Gott für uns vorzukauen. Die starke, die engagierte und begnadete Option lautet, dass wir Gott in uns halten können. Wir sind aber anders gelehrt worden. Wer immer wir sind, man hat uns gesagt, Gott sei ein wenig jenseits, ein wenig über uns und ein wenig anders wie wir. Es ist Zeit herauszufinden, wo Gott wirklich für uns da ist.

Ein Prediger rannte einmal, so beginnt eine Geschichte, durch die Straßen einer Stadt und rief: „Wir müssen Gott in unser Leben hineinlassen. Wir müssen Gott in unser Leben hineinlassen." Ein alter Mönch hörte das, erhob sich auf dem Hauptplatz der Stadt und sagte: „Nein, mein Herr, Sie liegen falsch. Sehen Sie, Gott ist immer schon in unserem Leben. Wir müssen einfach nur lernen, das zu sehen."

Gott in unserem Leben wahrzunehmen, dazu ruft uns die Regel Benedikts auf.

Nachwort: Das benediktinische Mönchtum, seine Entstehung und Regel

Das benediktinische Mönchtum ist in der westlichen Kirche die einflussreichste Form des klösterlichen Ordenslebens. Männer und Frauen, die vor der Zeit Benedikts, d.h. ca. 480 n. Chr., ein geistliches Leben führen wollten, verwirklichten dieses als Einsiedler oder als Jünger, die sich um einen geistlichen Meister sammelten. Benedikt dagegen führte seine Schüler in festen Gruppen zusammen, in denen die Spiritualität ebenso von den gegenseitigen Beziehungen wie von der Unterordnung unter den Abt abhing. Damit wurde sowohl ein Gefühl für Gemeinschaft als auch der persönliche geistliche Weg gefördert.

Die Regel Benedikts ist eines der ältesten Dokumente der westlichen Welt, das weiterhin lebensprägende Kraft hat. Es entstand im Italien des 6. Jahrhunderts und dient seit mehr als fünfzehn Jahrhunderten als geistlicher Leitfaden. Auch heute noch folgen ihr Tausende von Frauen und Männer in der ganzen Welt. Darüber hinaus lassen sich Tausende von Laien, Benediktineroblaten und Freundeskreise im katholischen und anglikanischen Raum überall in der Welt in ihrem Leben und ihrem Alltag von den Werten dieser alten Regel inspirieren.

Leider findet die große Öffentlichkeit kaum Zugang zur Regel, es sei denn durch persönliche Kontakte zu Benediktinern hat oder über akademische oder historische Studien. Der Text ist zwar nicht lang – etwa 100 kleinformatige Seiten – und wirkt eingängig, wirft allerdings aufgrund der Sprache und vieler Entwicklungen beachtliche Verständnisprobleme auf. Beispielsweise werden nur wenige heutige Menschen das siebte Kapitel „Über die Demut“ lesen und sofort einen tieferen Zugang dazu finden können. Daher versuchen meine Darlegungen, die Grundgedanken der Regel modernen Menschen nahezubringen.

Dafür ist es auch wichtig, die Geschichte und die Struktur der Regel besser zu verstehen.

Benedikt von Nursia wurde um das Jahr 480 in Italien geboren. Er studierte in Rom zu einer Zeit, als das Kaiserreich zwar weiterhin materiell blühte, sich aber in einem moralischen Verfallsprozess befand. Seine Erfahrungen dieser Zustände brachten ihn zu dem Entschluss, dass ein Leben in einem solchen Umfeld keine tiefere Erfüllung mit sich bringen könne. Er verließ daher Rom und zog sich in eine ländliche Gegend südlich der Hauptstadt zurück, um sein Leben zu überdenken, seine Grundbedürfnisse auf einfache Formen zurückzuführen und um seine Haltungen und deren Ausdruck neu zu ordnen.

Es dauerte nicht lange, bis ihn viele andere Menschen aufsuchten, die mit dem säkularen Klima ihrer Zeit nicht glücklich waren, aber nicht wussten, welche neuen geistlichen Formen angemessen waren. Daraus entstand das, was wir heute westliches Mönchtum nennen, nämlich die Suche nach geistlicher Erfüllung in Gemeinschaft anstatt in den verborgenen Behausungen der Einsiedler. Die eremitische Lebensform war nämlich bis dahin in der Wüste Ägyptens und im Nahen Osten vorherrschend gewesen. Unter dem Einfluss von Papst Gregor dem Großen verbreitete sich die Benediktsregel in weiten Teilen Europas. Wegen ihrer maßvollen Haltung und der einfachen Sprache sprach sie auch einfache Menschen an, und viele Herrscher förderten sie, da sie die dort festgehaltenen Werten der Arbeit und Stabilität als vorteilhaft für die Erschließung ihrer Länder erkannten. Im Lauf der Zeit wurden Klöster zum Ausgangs- und Mittelpunkten von Dörfern und Städten überall in Europa. Bei den Mönchen vor Ort sahen die Menschen, wie sie ihr Leben, ihre Arbeit und ihr Gebet gestalten konnten. Der Benediktinerorden wurde daher oft dafür gerühmt, dass er das kulturelle Überleben Westeuropas während der Völkerwanderung ermöglicht habe. Benedikt selbst wurde zum Patron Europas erhoben. Anders zusammengefasst, könnte man sagen, dass für Benedikt und seine Mönche Spiritualität eine wichtige soziale Bedeutung hat.

Die Regel, die sich aus solchen Erfahrungen des Gemeinschaftslebens entwickelte, enthält 72 Kapitel, die darlegen, wie man zusammenleben kann, wie man mit den grundlegenden Lebensbedürfnissen umgeht, wie man eine Spiritualität entwickelt, die den Dialog mit der Wirklichkeit aushalten kann und gleichzeitig geistliche Achtsamkeit garantiert.

Die Regel lässt sich in vier Teile unterteilen: Im ersten Teil enthalten die Kapitel 1 bis 7 geistliche Grundlagen, welche die Grundwerte des benediktinischen Lebens entwickeln. Der zweite Teil mit den Kapiteln 8 bis 20 ordnet das Gebetsleben der Gemeinschaft. Teil 3 mit den Kapiteln 21 bis 70 legt dar, wie die Grundwerte der Regel im täglichen Leben und der Organisation des Klosters zu verwirklichen sind. Der vierte Teil mit den Kapiteln 71 bis 72 enthält allgemeine Überlegungen über das Verhältnis von Regel und Leben und entwickelt die Lehre vom guten Eifer oder ernstgemeinter Spiritualität inmitten zahlreicher Widerstände.

Seit ihren Anfängen wurde die Regel sowohl von Mönchen in Klöstern als auch von geweihten Jungfrauen in ihren Häusern praktiziert. Es wurde das spirituelle Modell für ganze Landstriche, so wie es bei uns Musterpfarreien gibt.

Ausgehend vom Frankreich des 6. Jahrhunderts bis hin zu Irland und England und unter dem Patronat der Karolinger auf dem ganzen europäischen Kontinent war die Regel Benedikts die bevorzugte Lebensordnung und ersetzte nach und nach die anderen Klosterregeln. Im 11. Jahrhundert legte die große Vielfalt benediktinischen Klosterlebens, das Männer und Frauen, Edelleute und Bauern, Gebildete und Ungebildete, schwarze Benediktiner und weiße Zisterzienser einschloss, Zeugnis für die Vitalität und ihre spirituelle Verbreitung ab.

Eine Vielzahl neuer Entwicklungen – Entstehung von staatlichen Gebilden, Verstädterung, demokratische Tendenzen, Migrationen – begünstigten das Aufkommen anderer Ordensformen. In dieser Zeit führten auch die Pest und Kriege zur Verödung mancher Klöster. Im 16. Jahrhundert wurde beinahe die Hälfte aller Klöster durch die Reformation unterdrückt. Beispielsweise wurden in England sämtliche Klöster aufgehoben. So erging es auch den Klöstern Frankreichs, als dort die Revolution von 1789 ausbrach. Im Frankreich des 19. Jahrhunderts begann jedoch auch eine Neubelebung des benediktinischen Ordens dank des Wirkens von Dom Prosper Guéranger, des Gründers der Abtei Solesmes. Die meisten heutigen Benediktinerklöstern sind in irgendeiner Weise von diesem Aufbruch in Solesmes geprägt worden.

Zur selben Zeit führte eine Wiederentdeckung der missionarischen Seite des Mönchtums und die massive deutsche Auswanderung nach Amerika dazu, dass von Deutschland aus Klöster in den USA gegründet wurden. Abt Bonifaz Wimmer von der bayerischen Abtei Metten und die Priorin Benedicta Riepp von St. Walburg in Eichstätt legten um 1850 den Grundstein für die benediktinische Präsenz in den USA durch Klostergründungen in Pennsylvania.

Nach dem Catalogus des Benediktiner von 2010 gibt es 427 Männerklöster mit insgesamt 7825 Mönchen* und 457 Frauenklöster mit 15.438 Schwestern und Nonnen.** Zu diesen einzelnen Gemeinschaften kommen viele Oblatengemeinschaften oder Freundeskreise, die mit bestimmten Klöstern eng verbunden sind und die benediktinische Spiritualität als Ehepaare oder Singles leben.

---

* Catalogus Monasteriorum O.S.B., Editio XXI (2010).

** Catalogus Monasteriorum O.S.B. Sororum et Monialium, Editio II (2006).

Glossar

Abt	Gewählter Leiter eines benediktinischen Männerklosters, ursprünglich auf Lebenszeit, inzwischen zunehmend auf Zeit.
Äbtissin	Gewählte Leiterin eines benediktinischen Frauenklosters.
Akedia	Lethargischer Zustand, der verstärkte Bemühungen um ein geistliches Leben erschwert.
Basilius	Bischof von Caesarea (Kleinasien) und Kirchenlehrer bzw. herausragender Theologe (328/329 bis 378/379). In seinen Vorschriften für das klösterliche Leben unterstreicht er Gemeinschaftseigentum und Nächstenliebe und bekämpft Klassentrennungen.
Benedictus	Lobgesang des Zacharias aus Lukas 1,68-79 auf das Kommen des Messias, das üblicherweise im Stundengebet das Morgengebet, die Laudes abschließt.
Brevier	Liturgisches Buch, welches das Stundengebet enthält.
Conversatio Morum	Die „Bekehrung der Sitten“ oder „monastische Lebenswandel“ gehört zu den Gelübden, mit denen sich Benediktiner auf Zeit oder lebenslang für ein Leben unter Regel und Abt verpflichten.
Ehre sei...	Üblicher Abschluss aller Psalmen innerhalb des Stundengebets: Ehre sei dem Vater und dem Sohn und dem Heiligen Geist.

Eremit	Mönchsleben in der Einsamkeit anstatt in einer Gemeinschaft. Diese vorherrschende Form des Mönchtums wurde seit dem 4. Jahrhundert zunehmend von kirchlichen Autoritäten reguliert. Heute wird sie unter anderem von den Kartäusern und den Kamaldulensern weitergeführt.
Festtag	Bei einem Kirchenfest wird ein Heiliger oder ein bestimmtes kirchliches Ereignis liturgisch besonders begangen.
Gehorsam	Gelübde, durch das sich Mönche/Nonnen/Schwestern dazu verpflichten, der Regel, dem Abt und der Gemeinschaft durch die gewissenhafte Einhaltung ihres klösterlichen Lebenswandels zu gehorchen.
Gelübde	Feierliches Versprechen von Beständigkeit, Gehorsam und klösterlichem Lebenswandel. Die Gelübde sind entweder auf Zeit (üblicherweise 3 Jahre) oder nach Ablauf dieser Erprobungszeit lebenslang (ewige Gelübde).
Habit	Klösterliches Gewand, das auf eine römische Kleiderform der Spätantike zurückgeht. Über einem Gewand (Tunika) mit Kapuze, das den ganzen Körper bedeckt, wird das sogenannte Skapulier getragen, eine Stoffbahn, die an den Seiten des Körpers offen ist und ursprünglich eine Schürze darstellte. Die Tunika wird durch einen Gürtel (Cingulum) aus Stoff oder Leder zusammengehalten, der bei den Zisterziensern/Trappisten über das Skapulier läuft.

Hausgebräuche	Sammlung von Vorschriften und Gebräuchen, die nur für ein bestimmtes Kloster gelten (gelegentlich auch Instruktionen oder Consuetudines genannt).
Jansenismus	Einflussreiche geistliche Strömung des 17. Jahrhunderts, wonach die Schlechtigkeit der menschlichen Natur nur durch radikale Askese und Selbstkontrolle überwunden werden könne.
Kapitel	Gesamtversammlung aller Mönche eines Klosters mit ewiger Profess unter Leitung des Abtes. Dem Kapitel sind die wichtigeren Entscheidungen des Klosters vorbehalten.
Kassian	Mönch des 5. Jahrhunderts, dessen Werke über die „Einrichtungen der Klöster" und die „Gespräche" der Wüstenväter grundlegend für die frühen Klöster waren.
Klausur	Teil eines Klosters, den nur Mitglieder der Gemeinschaft betreten dürfen. Eine Gemeinschaft mit strenger Klausur verlässt diesen Bereich nur unter besonderen Umständen.
Komplet	Nachtgebet im klösterlichen Stundengebet.
Lectio	Meditative Lesung der Heiligen Schrift.
Magnificat	Lobgesang Marias in Lukas 1,46-55 angesichts ihrer Erwählung als Mutter des Erlösers. Es hat seinen Namen nach dem ersten lateinischen Wort erhalten und schließt innerhalb des Stundengebets die Vesper ab.
Monastisch	Lateinischer Ausdruck für „klösterlich".

Non	Siehe „Stundengebet“.
Novene	Neuntägige Abfolge von Gebeten, meist als Vorbereitung auf ein besonderes Ereignis.
Novize	siehe Noviziat.
Novizenmeister	Mönch bzw. Nonne/Schwester, die für die Ausbildung von Klosterkandidaten verantwortlich sind. Der lateinische Name für dieses Amt ist „Magister“ oder „Magistra“.
Noviziat	Ausbildungs- und Probezeit für Klosterkandidaten, in der Regel 1-2 Jahre. In der Noviziatszeit ist es dem Kandidat jederzeit freigestellt, das Kloster zu verlassen. Diese Probezeit endet mit der Ablegung der Zeitlichen Gelübde. Während des Noviziats erfolgt neben dem Einüben in monastische Gebräuche und der Integration in die Gemeinschaft vor allem ein sorgfältiges Studium der benediktinischen Spiritualität.
Oblate	Mit einer Klostergemeinschaft eng verbundener Laie, der das geistliche Leben des Klosters teilt.
Officium divinum	Lateinischer Ausdruck für das Stundengebet der Klostergemeinschaft.
Opus Dei	Wörtliche Bedeutung: „Werk des Herrn“. Im Sprachgebrauch der Benediktsregel Ausdruck für das Stundengebet.
OSB	Lateinische Abkürzung für den Benediktinerorden: Ordo Sancti Benedicti – Orden des heiligen Benedikt.
Ostervigil	Liturgische Feier in der Nacht vor Ostern.

Postulat	Erste Probezeit eines Klosterinteressenten. Der Postulant lebt bereits mit der Klostergemeinschaft mit, ist aber im Unterschied zum Novizen noch nicht förmlich aufgenommen und nicht mit dem monastischen Habit bekleidet.
Prim	Siehe „Stundengebet“.
Prior	Hausoberer, der vom Abt eingesetzt wird und ihn vertritt.
Scholastika	Schwester des hl. Benedikt, die als erste benediktinische Nonne verehrt wird.
Sext	Siehe „Stundengebet“.
Skapulier	Monastisches Kleidungsstück, siehe „Habit“.
Stabilität	Monastisches Gelübde der Beständigkeit in einer Gemeinschaft.
Statio	Aufstellung der Mönche vor dem gemeinsamen Einzug in die Kirche zum Stundengebet. Die Statio geschieht im Schweigen, um vor Gebetsbeginn eine kurze Zeit der Sammlung zu ermöglichen.
Stundengebet	Gemeinschaftsgebet der benediktinischen Klöster, das sich aus Psalmen und Schriftlesungen zusammensetzt. Zu den traditionellen sieben Stundengebeten gehören vor allem das Morgenlob (Laudes) und das Abendlob (Vesper). Daneben gibt es noch die kleinen Stundengebete Prim, Terz, Sext, Non, das Nachtgebet Komplet und die Vigilien, manchmal auch Matutin genannt. Siehe

	auch die lateinische Begriffe „Officium divinum“ oder „Opus Dei“.
Talmud	Sammlung rabbinischer Schriften, die im Judentum in verbindlicher Weise die Torah für den Alltag auslegen.
Terz	Siehe „Stundengebet“.
Trappisten	Reformzweig der benediktinischen Ordensfamilie, der sich im 17. Jahrhundert von den Zisterziensern abspaltete („Zisterzienser der strengeren Observanz“). Siehe „Zisterzienser“. Abkürzung: OCSO – Ordo Cisterciensis Strictioris Observantiae (Orden der Zisterzienser der strengeren Observanz).
Vigilien	Die nächtlichen Gebete, Vigilien oder Matutin genannt, wurden ursprünglich um ca. 2.00 Uhr nachts gebetet. Dieser Tradition folgen nur noch wenige Gemeinschaft, da es die Arbeitsfähigkeit stark einschränkt. Die meisten Gemeinschaften beten daher die Vigilien früh am Morgen oder spät am Abend.
Weihwasser	Gesegnetes Wasser (die Weihe erfolgt üblicherweise in der Osternacht), das für Segenshandlungen benutzt wird.
Wüstenväter	Männer und Frauen, die in den ersten christlichen Jahrhunderten die Wüsten des Nahen Orients aufsuchten, um dort meist unter einem geistlichen Vater ein asketisches Leben zu führen. Viele ihrer Aussprüche und Lebensgeschichte wurden als vorbildhaft empfunden und sind in eigenen Sammlungen überliefert.

Zisterzienser — Im Jahr 1098 in Cîteaux (Frankreich) gegründeter Reformzweig der Benediktiner, der eine strengere Auslegung der Regel anstrebte und sich vor allem unter Bernhard von Clairvaux zu einem eigenen Orden entwickelte. Die Trappisten sind eine weitere Reformbewegung innerhalb der Zisterzienser, die sich von diesem im 17. Jahrhundert abspalteten. Abkürzung: OCist – Ordo Cisterciensis (Zisterziensischer Orden nach dem französischen Ursprungsort Cîteaux).

Zönobit — Mönch eines Klosters, dessen Schwerpunkt auf dem Gemeinschaftsleben liegt. Von Apostolischen Einrichtungen unterscheiden sich zönobitische Gemeinschaften darin, dass ihr Wirken direkt aus ihrem Gemeinschaftscharakter erwächst.

zönobitisch — Adjektiv für jemand, der in einer Gemeinschaft unter Regel und Abt lebt.